FRANCISQUE

PARIS. — IMPRIMERIE Vve P. LAROUSSE ET Cie

19, RUE MONTPARNASSE, 19

FRANCISQUE

HISTOIRE CONTEMPORAINE

DE L'ENSEIGNEMENT ET DE L'ÉDUCATION CLÉRICALE

ET MONASTIQUE

Par l'Abbé JEAN

DOCTEUR EN THÉOLOGIE

Ou homme! (TÉRENCE.)
Ou cadavre! (IGNACE DE LOYOLA.)

PARIS

LIBRAIRIE SANDOZ ET FISCHBACHER

G. FISCHBACHER, SUCCESSEUR

33, RUE DE SEINE, 33

1879

Tous droits réservés

PRÉFACE

En publiant ces pages, l'auteur ne vise pas au style ; encore moins recherche-t-il un succès de scandale.

Il désire uniquement faire connaître dans leur vrai jour et dans leur réalité entière *l'enseignement et l'éducation* que Rome donne à ses clercs, à ses novices et, jusqu'au sein de la société, à la jeunesse et aux populations qui lui sont confiées.

Pour atteindre ce but, il n'a qu'à retracer avec une impartialité sévère la vie, souvent bien émouvante, parfois terrifiante et singulièrement exceptionnelle, d'un jeune prêtre-moine contemporain du nom de Francisque ; dépeindre dans leur exactitude historique les hommes et

les institutions qui l'ont formé et au milieu desquels il a vécu; décrire la science dont on l'a
nourri, les principes et les habitudes sous l'influence desquels se sont développés son caractère, les tendances de son esprit et la direction
de son activité; enfin révéler le génie de l'ascétisme qui est venu jeter la guerre dans son
âme d'homme, la diviser contre elle-même et y
allumer, durant des années, une guerre désespérée.

Lire cette biographie, c'est surprendre du
même coup Rome cléricale dans sa vie intime
et comme au foyer domestique; c'est découvrir
les ressorts invisibles de son action sur la société
et les secrets de sa puissance sur elle; c'est
enfin voir, dans tout l'éclat de l'évidence, l'impuissance de l'idéal et de l'éducation catholiques
à satisfaire une grande moitié des plus nobles
aspirations de l'âme humaine, et par cette évidence arriver à se rendre compte de la haine de
Rome contre la civilisation et de son incompatibilité absolue avec la vie libre des nations et
des individus.

Sauf les noms propres, que nous devons cacher momentanément, tout, dans ce livre, sera la reproduction aussi fidèle que singulièrement originale des faits, des choses et des hommes, tels que les a perçus, sentis l'âme idéale, confiante et sérieuse de Francisque.

La publication de ces pages n'est point, ce semble, sans à-propos dans un temps où les esprits cultivés de notre âge cherchent des faits et des points de vue nouveaux sur la grande question qui divise le plus notre société contre elle-même; dans un moment surtout où le public se demande avec une vive curiosité et une sérieuse inquiétude : « Qui l'emportera? — Rome ou l'Esprit qui palpite au fond des entrailles des générations modernes? »

LIVRE PREMIER

———

SAINTE-CROIX

OU LE

PETIT SÉMINAIRE

CHAPITRE PREMIER

Je n'oublierai jamais le jour et les circonstances dans lesquels Francisque, enfant de dix à onze ans, fut enlevé à ses parents, à son village et à ses habitudes instinctives, pour être placé au petit séminaire de N..., où il devait être transformé en un nouvel être et apprendre à vivre pour une autre famille et un autre monde que ceux de la terre.

Ce fut par une matinée de mai 1836 que l'abbé Vaillant se présenta chez le père de l'enfant pour lui demander son fils au nom de l'Église.

L'abbé Vaillant était le curé du charmant village de S... C'était un homme de trente à quarante ans, de haute stature, aux traits mâles et au teint brun; quoique d'humeur parfois bizarre et assez souvent grondeur, il possédait un fond de bonté dont se ressentaient surtout ses privilégiés. Son bagage scientifique était fort léger; il ignorait à peu près le latin, parce que les guerres de la Révolution et de l'Empire avaient amené le désordre et l'interruption dans ses études. Mais, à défaut de connaissances approfondies et variées, un désir ardent de servir l'Église suppléa aux examens et lui valut la prêtrise à l'époque de la Restauration.

Une fois consacré, l'abbé Vaillant imprima au zèle qui lui avait obtenu les ordres sacrés un caractère de gratitude envers cette Église qui l'avait élevé à l'honneur du sacerdoce. Trouver de nouveaux sujets pour son clergé et ses couvents devint une des préoccupations constantes de son ministère. En cela, il entrait dans les vues et prenait part à une pratique séculaire du clergé catholique, qui regarde comme une nécessité et un devoir de se recruter lui-même.

L'abbé Vaillant avait déjà fourni un contingent de quelques lévites à son évêque, lorsqu'il se présenta chez le père de Francisque, avec la résolution d'obtenir de lui l'offrande à Dieu de son fils aîné. Les voies étaient déjà préparées ; depuis quatre ans, Francisque n'avait plus de mère ; son père s'était remarié ; la belle-mère était poursuivie du désir d'éloigner l'enfant du foyer domestique, et le père songeait depuis quelques mois à placer son garçon dans un pensionnat quelconque.

Le curé, attentif, avait pesé toutes ces circonstances.

Il me semble le voir encore entrer gravement dans le magasin du père de Francisque ; je l'entends encore préludant à son entreprise par un petit achat agréable au négociant, puis abordant directement son sujet par ces paroles :

— Je voulais vous parler en ami de votre fils. Le voici déjà entré dans sa onzième année ; il surpasse en instruction tous ses compagnons et il n'a plus rien à faire au village. Ne voudriez-vous point lui faire donner un peu plus d'instruction que celle qu'il peut recevoir ici... Quelles sont vos intentions à l'égard de Francisque ?

— Le placer dans un petit pensionnat des environs, répondit le père.

— Et pourquoi ne pas le faire entrer au petit séminaire de N...? repartit le prêtre. Cette maison est connue pour l'éducation soignée et l'instruction solide qu'on y donne. D'ailleurs Francisque me paraît appelé à une carrière plus élevée; je connais votre fils; je le chéris de toute mon âme, non seulement parce qu'il est mon enfant de chœur, mais aussi parce que j'ai remarqué en lui une conscience et des aptitudes propres au saint ministère. Enfin le petit séminaire de N... est situé dans la ville natale de madame votre épouse; elle y a toute sa famille, et celle-ci pourra être utile à l'enfant.

En cet instant, Francisque, qui avait remarqué la visite de son maître, montrait à demi sa tête brune par une porte voisine entre-bâillée.

— Eh! cher Francisque, ne voudrais-tu pas être prêtre comme moi? lui dit en souriant l'abbé Vaillant; puis, sans attendre la réponse : Mon fils, rends-toi de suite à l'église; là, mets-toi à genoux devant la madone et prie notre sainte mère qu'elle daigne disposer ton bon père à t'envoyer au petit séminaire de N... Va avec confiance, te rappelant que nous sommes au beau mois de Marie et que durant ce mois la mère du Sauveur exauce d'une manière toute spéciale ceux qui l'implorent.

Francisque docile, vivement agité d'ailleurs par cet incident nouveau et considérable dans sa vie, obéit et courut au temple. Là, il se prosterna devant l'image de Marie immaculée. Les traits de la madone sont doux, ses bras ouverts. L'orphelin la considère avec émotion et il l'invoque de tout son jeune cœur, comme on le lui a dit. Au milieu de sa prière, il croit voir dans ces bras étendus vers lui un appel particulier et tendre; il se réfugie instinctivement dans ce sein maternel et sent en même temps, comme par un vif pressentiment, qu'il sera *un jour prêtre*.

Se relevant alors, il retourne tout joyeux vers les deux interlocuteurs qui l'attendaient.

— Eh, que t'a dit notre tendre et puissante dame ? s'empressa de lui demander l'abbé Vaillant. N'est-ce pas que tu seras prêtre, et, à l'exemple de Samuel, tu veux consacrer ta vie au Seigneur ?

— Oui, répondit l'enfant avec simplicité.

— Vous l'entendez, continua le prêtre en regardant le père, c'est la mère de Dieu qui appelle votre fils.

Dès lors l'envoi de Francisque au petit séminaire fut décidé, à la satisfaction de tous. Francisque, en particulier, s'en réjouit parce qu'il vit s'ouvrir devant lui et sourire à son imagination impressionnable un horizon lointain, tout rempli de promesses mystérieuses. J'ai dit devant son imagination, car sa conscience ne prit point une part sérieuse dans cet événement décisif de sa carrière. Elle n'était qu'à l'aube de son jour. Elle restait encore impuissante à discerner la réalité et l'étendue de l'avenir qu'allait parcourir son existence. C'était donc la nouveauté et l'inconnu qui surtout attiraient son âme.

Rien en lui, du reste, ne trahissait le futur lévite. Si, d'un côté, il possédait un caractère docile, son cœur, de l'autre, était fort sensible au plaisir, et j'ai souvenance de certaine enfantine faiblesse qui lui faisait mettre à part sa portion de dessert pour l'offrir à la jeune fille du meunier dont les attraits naissants avaient captivé notre garçon ; je le vois aussi de temps à autre dérobant quelque obole à la bourse de son père, soit afin de se procurer un gentil oiseau au plumage enchanteur, soit pour acheter, le dimanche, au sortir de l'église, à la marchande de friandises, maint gâteau qu'il aimait à partager à la dérobée avec quelques amis. Le gaillard avait non moins que ses camarades une forte propension à goûter la douceur de ce dicton : « Bien défendu vaut mieux que bien permis. »

Il est vrai encore que l'âme de Francisque renfermait un fond de simplicité et de rectitude; mais sa timidité, par contre, l'entraînait parfois à couvrir de petites infidélités du voile d'un mensonge dont la naïveté seule pouvait détourner un instant l'attention des parents de ce qu'il renfermait de dangereux. C'est ainsi qu'un jour, sa poche gonflée de sucreries ayant trahi quelque méfait de ce genre, il répondit au regard scrutateur de sa belle-mère, qui s'était aperçue de la disparition d'une partie du dessert :

— Non, maman, je n'ai rien pris; vois mes mains et ma poche.

Et la mère de regarder la poche et de la désemplir, à la grande confusion du jeune drôle.

Rien, certes, dans tout cela n'annonçait l'homme aux mœurs sévères, à la probité inflexible.

Cette absence de signes positifs de la vocation ecclésiastique n'inquiéta point toutefois l'abbé Vaillant. Il lui suffisait de savoir que Francisque était intelligent et serait soumis à l'action exclusive de l'Église. Une fois renfermé dans le petit séminaire, la main de cette mère prévoyante saurait jeter, faire germer et grandir la semence de l'apostolat dans la conscience réceptive de l'enfant.

Cette confiance absolue de l'abbé Vaillant en la vertu de l'éducation cléricale était-elle sans dangers ? J'accorde volontiers que le petit et le grand séminaire catholiques sont de précieuses oasis, des serres admirablement cultivées au milieu de ce siècle. Dans ces oasis, dans ces serres privilégiées et séparées du monde, se trouvent réunis avec une science supérieure tous les éléments favorables au développement de plusieurs vertus sacerdotales ; l'obéissance, la pureté et la simplicité des mœurs, l'habitude d'un travail régulier, celle des pratiques de la piété y produisent

en abondance des fleurs exquises et des fruits savoureux. Mais cette végétation, due en grande partie à un
art savant, atteindra-t-elle la vigueur de celle qui a
crû en plein vent? N'avons-nous aucune ruine à signaler au sortir du séminaire? aucun naufrage à dé-
plorer à la porte du cloître?

D'un autre côté, certains germes vivaces, mais
secrets de telle grande passion ou de tel vice hideux,
que peut apporter avec lui en entrant au séminaire le
cœur de maint élève, resteront, je l'avoue, durant les
années d'études comprimés par la forte discipline du
noviciat. Mais, un jour, ces germes longtemps étouffés
retrouveront le grand air libre et seront rendus au
vaste champ de la société, qui est leur sol natal; à ce
contact ils se ranimeront, ils se développeront et
deviendront semblables à ces fiers Titans, qui, dans
leur lutte terrible contre les dieux, retrouvaient, en
touchant la terre leur mère, une vigueur redoutable
au ciel même.

Que deviendront alors les vertus du séminaire écloses
à l'abri des aquilons?

Que de déchéances sacerdotales!... Mais le zèle de
l'abbé Vaillant ne tint pas compte de ces faits, cependant trop nombreux.

Avant de décider l'appel de Francisque, il aurait dû
se poser sérieusement cette question : « L'âme de
l'enfant ne cache-t-elle pas dans un de ses replis
quelque ennemi, futur destructeur de l'œuvre de ses
maîtres? Il importe donc de la scruter de part en
part. »

Mais les réflexions du brave curé n'allèrent pas si
loin. Il ne songeait qu'au bonheur d'avoir fait une
nouvelle recrue à l'Église. Aussi fut-ce sous l'influence
d'un sentiment de satisfaction et de confiante sécurité
que le bon abbé, à quelque temps de là, au moment

où l'on remettait son enfant de chœur entre les mains du supérieur du petit séminaire de Sainte-Croix, écrivait ces mots à ce dernier : « Je vous envoie un sujet remarquable et qui annonce de belles espérances. »

Nous serons plus réservé que le bon abbé Vaillant, et, en présence du fardeau redoutable qu'on prépare aux épaules de cet enfant, nous chercherons à pénétrer jusqu'au fond de cette âme à la fois malléable et ardente, où Dieu avait déposé un germe de générosité en même temps qu'une invincible inclination pour la tendresse et l'amour. Ces sentiments formaient l'essence même du caractère de Francisque.

Un exemple d'héroïque compassion fut le moyen dont la Providence se servit pour faire arriver jusqu'au cœur de l'enfant le sentiment d'une pitié généreuse.

Quelques mois avant la mort de la mère de Francisque, le soir d'une triste journée d'automne, un étranger, vêtu de haillons, couvert d'ulcères, atteignit, en se traînant péniblement, le seuil du foyer paternel de l'enfant. Mourant de faim et transi de froid sous les lambeaux souillés qui couvraient à peine son corps flétri, l'étranger demanda d'un œil éteint et suppliant de soulager sa douleur. A la vue d'un tel abîme de misères, l'âme sensible de la mère de Francisque se sentit déchirée, ses yeux versèrent des larmes. Après avoir, par ses douces et pénétrantes paroles, ramené la confiance et l'espoir dans le cœur de ce malheureux, ses soins délicats, prodigués pendant quelques jours, lui rendirent des forces. L'infortuné pèlerin, soulagé, vêtu de nouveaux habits et armé d'un nouveau courage, continua sa route après avoir béni la mère et son enfant.

Peu de temps après, la mère de Francisque mourut du choléra, léguant à son fils âgé de sept ans le souvenir impérissable de son aumône miséricordieuse et l'étincelle sacrée de sa générosité compatissante.

Cette étincelle devait un jour s'échapper en flammes de sa poitrine.

Mais quelque estimable que soit ce trésor naissant de la pitié qui se dépouille, cette belle qualité de l'âme ne constitue pourtant point à elle seule tout le sacerdoce catholique. Il manque encore un élément indispensable, la vertu du célibat. Le *sine quâ non* des ordres sacrés est, en effet, dans l'Église romaine, le *vœu de chasteté*.

Vœu effrayant et sublime à la fois! Par lui un jeune homme de vingt et un ans jure de conserver durant une longue carrière, souvent battue par l'orage des passions, une pureté virginale dans un corps fragile et ardent; de mener la vie des anges et des purs esprits, dans un cœur aimant et sensuel! Vœu sublime! mais aussi vœu effrayant, s'il n'est pas des plus insensés; car malheur au prêtre sacrilège qui le viole ou en ternit seulement la beauté délicate par une affection de la femme. A lui honte et malédiction de Dieu et des hommes!...

Or, si Francisque a reçu le don qui fait le bon Samaritain, possède-t-il également celui qui fait les vierges?

Personne n'y songea! Et pourtant..

Que le lecteur en juge par les deux faits suivants; ils datent de la huitième et de la onzième année de Francisque.

Notre bambin posséda durant quelques mois une mésange aux vives couleurs qu'il avait eue je ne sais où. La gentillesse de l'oiseau, la légèreté de ses mouvements, l'éclat de ses plumes ravissaient l'enfant. Dans son ravissement, il passait des heures entières à contempler le prisonnier chéri, à sauter de joie autour de sa cage, à le couvrir de baisers. Son plus grand bonheur était de pouvoir se répéter cent et cent fois :

— Oh ! joli petit oiseau, tu es à moi, à moi tout seul !

Toute sa vie s'était concentrée dans celle de son aimable et gracieux captif ; pour lui il oubliait livres, repas et jusqu'à ses autres jeux... La pauvre mésange tomba malade ; Francisque en devint triste, très triste, et un soir qu'il pensait devoir être le dernier du pauvre petit être, il lui fit son adieu suprême en l'embrassant et en le caressant avec tous les signes du désespoir. Mais le lendemain, ayant retrouvé vivant celui qu'il croyait ravi à son affection, le cœur de l'enfant retrouva lui-même la vie avec la joie ; il pressa avec une tendresse indicible le petit ami contre ses lèvres tremblantes d'émotion et, se jetant à genoux, il poussa comme un cri de profonde reconnaissance vers Dieu. Cette prière fut la première qui sortit réellement de son âme. Le bonheur et la gratitude l'avaient conduit au Créateur.

Ce trait dépeint l'âme de notre séminariste.

En voici un autre qui précède de quelques mois la visite de l'abbé Vaillant dont nous avons parlé. Il est plus caractéristique encore :

Un soir, avant de s'endormir, Francisque rêvait, mais il rêvait les yeux ouverts. Son âme cherchait instinctivement le bonheur. Celui-ci lui apparut sous les traits d'une gracieuse jeune fille qui lui demandait son cœur, et lui, frémissant, lui donnait tout le sien. Puis se déroulait toute une longue vie de félicité. Francisque s'y reposait avec délices, lorsque soudain la mort parut devant son esprit, lui montrant d'une main décharnée l'enfer comme châtiment de cette existence !... Francisque, arraché à son rêve par cette apparition de la mort, revint à la réalité. Alors il lui sembla qu'une voix intérieure lui posait cette question :

— Francisque, il te faut choisir entre une vie d'affection longue de soixante à soixante-dix ans ou l'enfer éternel. Et le cœur de Francisque, malgré les frayeurs de sa conscience, répondit distinctement : « Soixante ans sont bien longs; je préfère aimer! »

Cet idéal de l'existence que rêva Francisque au sortir de sa première enfance n'est-il pas séparé par un abîme de l'idéal du sacerdoce catholique?

Qui comblera cet abîme?

En partie le petit séminaire de Sainte-Croix.

CHAPITRE II

La création des séminaires est intimement liée à un
ordre de choses essentiel à la société.

Parmi les institutions que celle-ci présente aux regards et sur lesquelles elle repose, se placent au
premier rang la famille, la patrie et la religion.

Le culte religieux, aussi bien que celui du foyer domestique et national, s'impose à l'évidence, comme un
fait social universel et indestructible.

Mais quels en ont été les prêtres ?

Les annales primitives des peuples nous montrent
chaque famille humaine, lorsqu'elle se réunissait devant son autel, y présentant son offrande et sa prière
par l'organe de son chef naturel, le père, et, à son
défaut, par celui du fils aîné.

Plus tard, l'agglomération des familles en peuplades donna au culte une extension plus grande et
un caractère national. Il fallut alors, pour remplacer
les chefs de famille dont l'activité était toujours plus
absorbée par les occupations d'une civilisation se
compliquant sans cesse, choisir des hommes spéciaux,
particulièrement ou uniquement voués aux fonctions
du culte et mandataires de la tribu auprès de la divinité. Ces hommes, exclusivement consacrés aux
intérêts religieux de la nation, finirent par constituer

des castes et des ordres nombreux et puissants, d'autant plus respectés qu'on s'accoutuma toujours davantage à en considérer les membres comme des êtres privilégiés, en rapport direct avec le ciel et jouissant auprès de lui d'une faveur toute particulière.

Mais tout corps, pour pouvoir se perpétuer, est soumis à la nécessité de posséder des institutions destinées à lui préparer et à lui fournir des successeurs. Ces institutions, pour la magistrature, s'appellent écoles de droit ; pour le corps des officiers, elles se nomment écoles militaires ; et, relativement au clergé catholique, elles ont pris depuis des siècles le nom de *séminaires*.

Ces institutions diverses ont commencé avec les grands corps qui sont leur but, et elles se propagent avec eux.

De là cette perpétuité des écoles sacerdotales auprès des temples antiques, des églises épiscopales au moyen âge, puis, enfin, dans chaque évêché et au sein de chaque confession depuis les temps modernes.

Ces institutions sacerdotales ont en particulier dans l'Église romaine subi, depuis le concile de Trente, des modifications considérables au point de vue de leur caractère et de la clôture. D'un côté, elles sont universellement devenues des internats dans l'acception rigoureuse du mot, de véritables cloîtres. De l'autre, elles se sont dédoublées en *grands séminaires*, dont le but est la préparation immédiate à la prêtrise par l'étude de la théologie et les exercices de la vie ecclésiastique proprement dite, et en *petits séminaires*, qui ont en vue la préparation éloignée au sacerdoce par une culture classique et l'habitude de la piété chrétienne.

Le concile de Trente, dans sa vingt-troisième session, trace l'esquisse fondamentale de ces établissements, et Charles Borromée et surtout l'ordre des jésuites les réalisent les premiers sur le terrain pratique.

Le même concile fixe à la douzième année l'entrée des jeunes lévites dans les petits séminaires.

Le petit séminaire de Sainte-Croix, qui devait recevoir Francisque, avait été fondé en 1819 ou 1820. C'était au temps où l'on relevait les ruines amoncelées par l'orage révolutionnaire. De toutes parts on restaurait, on créait des établissements ecclésiastiques. Ceux destinés aux humanités et à la préparation éloignée pour la prêtrise furent toutefois autorisés à admettre dans leur enceinte plusieurs jeunes gens dont la carrière devait rester séculière. Mais ce mélange de vocations diverses n'altère en rien l'organisation théocratique intérieure. Celle-ci règne sur tous les élèves, les modifie presque tous et fait à peu près de tous soit des candidats au sacerdoce, soit des serviteurs respectueux de l'Eglise.

Le petit séminaire de Sainte-Croix était et reste encore un type de ces institutions secondaires mixtes. Entrons-y avec Francisque.

C'était le matin du 1er octobre 1836. La belle-mère, frappant à la porte de la chambre à coucher de l'enfant, lui cria en même temps :

— Francisque ! Francisque ! debout...; dans une heure il faut partir.

Et elle ajouta :

— C'est grand-papa qui t'accompagnera à Sainte-Croix.

L'enfant alerte saute du lit, et, satisfait du départ, joyeux en particulier de ce que le cher grand-papa soit de la partie, il chante en s'habillant.

C'est que grand-papa s'était toujours montré si bon, si indulgent pour l'orphelin de sa fille ! La veille encore il l'avait invité au dernier souper en compagnie de M. le curé ; puis, en le quittant pour le repos de la nuit, il avait embrassé son petit-fils les yeux humides ; et puis encore, il avait glissé discrètement et d'une main agitée par l'émotion dans celle du jeune voyageur quelques blanches pièces de monnaie, économisées avec soin. Or, il n'en était pas tout à fait de même du père ; celui-ci s'était en général montré sévère, ennemi des jeux et des plaisirs de Francisque, dont il renversait les jouets et supprimait les oiseaux. Le présent du départ, que déjà il avait fait remettre la veille à son fils, avait été donné avec parcimonie. Pour ces raisons, la nouvelle que grand-papa serait son guide avait alors fait naître dans l'âme de Francisque, comme note dominante, une joie enfantine et spontanée. Le père et la mère le remarquèrent avec peine et en firent un reproche à leur fils. Ce reproche et cette parcimonie de la dernière heure laissèrent une fâcheuse impression dans le cœur de Francisque, et leur souvenir resta pour lui comme l'expression dernière du foyer qu'il quittait et dans lequel, depuis quatre ans, il n'avait plus trouvé celle qui lui avait donné le jour.

Les adieux faits, la voiture emporta vers N. le vieillard et l'enfant plus étroitement unis que jamais. Cette ville renfermait le petit séminaire de *Sainte-Croix*.

Distante d'une journée de marche, elle se faisait déjà attendre depuis de longues heures à l'impatience de Francisque, lorsque les voyageurs, arrivés sur la cime du mont de l'Ermitage, l'aperçurent tout à coup au-dessous de leurs pieds, dessinant sa masse et la forme indécise de sa cathédrale à travers la brume du soir. A cette vue, le cœur de Francisque battit avec violence. Ce n'était plus toutefois uniquement de joie ; ce sentiment ne dominait plus, non seulement parce que la fatigue et l'ennui d'une longue route en avaient diminué l'impression matinale, mais parce que l'apparition et l'approche de la réalité jetaient dans son âme tout un monde de pressentiments divers. On eût dit que cette âme sentait comme instinctivement tout ce qui se jouait de grave pour elle dans cet avenir qui allait dans un instant l'enserrer, comme les collines enserraient la vallée dans laquelle ils allaient s'engager. Pourtant, à mesure qu'on atteignait les premières maisons, puis les faubourgs, puis l'enceinte de la ville, qui commençait à s'illuminer, la curiosité et l'intérêt finirent par l'emporter ; l'arrivée dans la famille de la belle-mère de Francisque vint enfin apporter une diversion agréable. Les parents de la jeune femme accueillirent les voyageurs avec prévenance et les forcèrent même d'accepter l'hospitalité durant la nuit.

Le lendemain, Francisque et le vieillard étaient introduits chez l'abbé Briant, supérieur du petit séminaire de Sainte-Croix. Celui-ci accueillit le nouvel élève et son guide avec une urbanité et une bonté qui les gagna tous deux. Le grand-père remit alors au supérieur une lettre de l'abbé Vaillant, dans laquelle le zélé curé recommandait et louait beaucoup son protégé.

— Je suis charmé, dit l'abbé Briant après l'avoir parcourue, de ce qui m'est écrit encore une fois sur l'enfant et sa famille ; il m'est doux de concevoir à votre égard, monsieur Francisque, de belles espérances ; je suis assuré que vous êtes un enfant intelligent et que vous voulez être un élève obéissant et sage.

Puis, se tournant vers le grand-père :

— Nous ferons de notre côté tout ce qui sera en notre pouvoir, non seulement pour aider l'enfant à réaliser les espérances que tous nous formons, mais aussi pour rendre heureux votre petit-fils, cher et honorable vieillard. Il sera traité comme notre propre enfant, et dans cette pensée vous pouvez retourner confiant au foyer.

Là-dessus, le vieillard et l'enfant durent se séparer.

Ils le firent dans un dernier baiser, accompagné de larmes.

Immédiatement après le départ de son aïeul, Francisque fut admis à participer à la vie commune du séminaire. Durant les trois premiers jours, tout se passa assez bien; la nouveauté avait saisi son imagination. Mais dès la quatrième journée, l'enfant se sentit triste et découragé. Le coup de cloche qui venait impitoyablement, dès cinq heures du matin, l'arracher en plein sommeil à sa couche, lui rappela la douceur du lit domestique, qui le gardait avec tant d'indulgence jusqu'à sept et même huit heures. Si, du moins, il lui eût été alors accordé un seul instant de répit pour se frotter les yeux qui ne voulaient pas s'ouvrir, et pour se consoler avec ses propres regrets! Mais non... Le règlement inflexible sonnait un deuxième coup de cloche vingt minutes après le premier et l'entraînait ailleurs, après lui avoir laissé à peine le temps de faire son lit, de brosser ses souliers et de finir toute sa toilette, puis de descendre quatre à quatre un long escalier qui du dortoir conduisait dans une vaste salle d'étude. Combien sombre et froide lui apparaissait celle-ci!... Et ses regrets augmentaient encore... Puis, sans nul souci de sa peine, s'ouvrait et se poursuivait sans fin toute une longue journée de prières répétées (1), de travail sans relâche... Hélas! qu'étaient

(1) On faisait vingt prières en commun par jour.

devenus ces beaux jours du village dont le cours lui semblait alors s'être si complaisamment plié à la mobilité de tous ses désirs ? Ces prières d'aujourd'hui, ces messes, ces examens de conscience, ces prédications toujours renouvelées et qu'il ne comprenait que vaguement, ramenaient immédiatement à son souvenir la douceur de la liberté et des jeux. Le travail austère lui redisait surtout ces amusements, ces courses sauvages à travers la vallée ou sur la colline ; et dans son rêve il revoyait chaque buisson où il avait trouvé le joli nid de fauvette ou de rossignol, les forêts et les prairies qu'il franchissait rapidement avec le chien de son père, afin d'y dépister le gibier dont la course ou le vol effrayés l'avaient si souvent charmé... Combien alors il aurait voulu redire à un voisin d'étude le chagrin qui rongeait son cœur ! « Impossible, » telle était la réponse du voisin surveillé par le maître toujours présent ; et pour tout écho de son amertume, Francisque rencontrait le silence, morne, inviolable, vide !... Les heures de classe, durant lesquelles les élèves sont placés dans un dialogue continuel avec leur maître, auraient pu le distraire. Mais Francisque, soit impuissance personnelle, soit inexpérience ou vice de méthode chez son jeune professeur, ne comprenait qu'imparfaitement règles et explications ; il en résultait des devoirs incomplets, couverts de fautes ou des leçons non sues, qui transformaient, pour le commençant dévoyé, le temps des cours en heures de mortifications, de blâmes, de punitions et obligaient le maître à devenir un type de sévérité à son égard. Alors, oh ! alors, comme il regrettait et le bon abbé Vaillant, qui, malgré ses bizarreries, n'avait eu ordinairement pour lui que des louanges, et la petite école d'autrefois dans laquelle il primait !... Où donc chercher une consolation ?... Dans la douceur des repas peut-être ?

ou bien dans la distraction des récréations ? Mais aux aliments des deux principaux repas, qui étaient déjà d'une frugalité exceptionnelle, venait se mêler comme diversion au goût et comme antidote contre la gourmandise une lecture sérieuse accompagnée de prières. Quant au déjeuner et au goûter, ils faisaient déjà eux-mêmes trop triste figure pour pouvoir réjouir autrui ; ils venaient régulièrement matin et soir après la classe s'offrir à Francisque sous la forme d'un gros morceau de pain sec. En l'acceptant, l'enfant se demandait souvent ce que pouvaient être devenus les fruits exquis et savoureux du jardin de grand-papa ou la blanche couche de beurre frais. Les récréations elles-mêmes, qui d'ordinaire réjouissent tant les enfants, contrastaient trop alors avec ses sentiments. Son cœur était trop profondément triste pour en pouvoir jouir. D'ailleurs la présence de maîtres encore inconnus eût ôté toute spontanéité et toute expansion bienfaisante à cet enfant d'un naturel timide ; et la plupart des camarades qui auraient pu le distraire, ne voyant en lui que les manières simples d'un campagnard, l'avaient sans malice ou à dessein éloigné d'eux en l'appelant petit paysan.

Un seul asile était offert à sa douleur, l'oubli qu'apporte le sommeil. Je vois encore le pauvre enfant arrivant le soir bien fatigué au pied de son lit, lui répéter de nombreuses fois comme à un libérateur : « Oh, mon cher lit ! quel bonheur ! je vais pendant huit heures oublier toutes choses ! et pouvoir trouver le repos et la paix. »

On le voit, Francisque ressemblait au jeune oiseau déjà assez fort de son aile pour franchir l'espace et que l'oiseleur arrache tout à coup à sa forêt, à son ruisseau et à son soleil pour l'emprisonner dans une cage étroite et cruelle. Durant de longs jours, l'oiseau inquiet cherche à s'échapper. Mais ses efforts répétés, opiniâtres restent vains. Tel Francisque, agité et triste pendant des mois entiers, brisait par la pensée l'étroite et sombre barrière de sa prison et s'en échappait pour parcourir les champs témoins fortunés de sa vie première. A la fin pourtant l'enfant finit par se résigner ; il le fallait. Malgré ses ennuis, il fit de son mieux, travaillant et se conduisant avec une bonne volonté assez soutenue et en rapport avec son âge.

. Malgré ses efforts, Francisque ne recueillit de sa première année d'études qu'un mince résultat pour son développement intellectuel et moral. Il lui manquait un maître qui s'intéressât à lui et le suivît pas à pas dans sa marche encore incertaine. Malheureusement, l'abbé Pierson dirigeait sa classe et en avait exclusivement l'enseignement. C'était un maître inexpérimenté et tourmenté par un ver rongeur. On l'avait temporairement placé au petit séminaire pour raffermir une vocation ébranlée, mais déjà rendue irrévocable par le vœu de chasteté. De mœurs équivoques, il cherchait à satisfaire des instincts immoraux par des tentatives déshonnêtes faites sur quelques petits malheureux de sa classe. Or Francisque, qu'il avait un jour soumis à la tentation, s'était échappé de ses mains.

Il en résulta que l'abbé Pierson, soit par vengeance, soit qu'il ne s'intéressât plus à Francisque, cessa d'entourer son élève des soins que réclamait son inexpérience. Bientôt ce dernier se sentit incompris ; on lui dit qu'il n'avait pas confirmé les bons témoignages rendus sur son compte ; on l'accusa de paresse, et, quoiqu'en réalité il fît son possible, il se vit accablé de punitions. Elles étaient son pain quotidien. La distribution des prix de fin d'année étant arrivée, le père de Francisque, qui croyait avoir un fils intelligent et reconnu comme tel, vint y assister dans l'espoir de le voir couronner. Il fut complètement déçu. Désappointé il ramena son fils en vacances, en jurant au supérieur qu'il ne subirait plus pareille honte et que le paresseux Francisque ne reviendrait plus au séminaire.

Et pourtant, je dois le répéter, l'enfant n'avait point été négligent, mais il avait manqué de soutien de la part de l'abbé Pierson. Quant à ce dernier, dénoncé à l'autorité supérieure par d'autres victimes de ses faiblesses, il dut aller ensevelir dans un cloître une existence aussi malheureuse peut-être qu'elle était coupable.

Francisque rapportait donc au foyer un léger bagage de connaissances ; par contre, sa conscience y revenait chargée d'un lourd fardeau : sur elle pesait un sacrilège.

En voici l'occasion :

Francisque avait comme voisin de salle d'étude un camarade, possesseur d'un canif tout neuf et d'une boîte de couleurs éclatantes. Francisque n'avait jamais possédé de canif, son père n'ayant jamais consenti à lui mettre entre les mains un objet si dangereux et trop coûteux d'ailleurs pour le rare ou maladroit usage qu'en aurait pu faire son fils. D'un autre côté, sa belle-mère l'avait bien, dans une circonstance solennelle, gratifié de couleurs qu'il avait emportées soigneusement avec lui au séminaire ; mais lorsqu'il eut comparé celles-ci avec celles de son voisin, il remarqua que les siennes ne livraient à son pinceau, trempé d'eau ou de salive, qu'une difficile et pâle teinture, tandis que celles de son voisin prodiguaient des nuances faciles, variées, vives. Ajoutez que son camarade lui vantait à chaque instant, à la dérobée, son canif et ses couleurs et insultait à la pénurie de Francisque. Or il arriva qu'un jour celui-ci, resté seul

dans la salle, vit par hasard briller devant ses yeux
les deux trésors oubliés sur le pupitre du voisin.
Induit en tentation par cette vue, puis vaincu, le dés-
hérité posa une main coupable sur le canif et sur les
deux plus belles couleurs de la boîte. Déjà il les cachait dans sa poche, lorsque se présente subitement
à son esprit le souvenir de la correction maternelle
qui avait suivi le vol de gâteaux commis dans sa première enfance. Effrayé, il se hâte de remettre avec
soin chaque objet à sa place. Son âme, toutefois, avait
succombé à la tentation, et ayant appris par les exhortations du supérieur que le péché, pour être intérieur,
n'en est pas moins un crime, il sentit sa conscience
l'appeler *voleur*. Ce reproche lui causa une telle
confusion, que le jour de la confession arrivé, la honte
rendit sa bouche muette au sujet de sa coupable pensée et du commencement d'exécution qu'elle avait eu.
Au sortir de la confession, son silence lui apparut
dans toute sa laideur morale ; aux yeux de la religion,
ce devait être une faiblesse sacrilège. Il aurait dû retourner immédiatement et tout avouer. Il ne le fit
point ; l'idée de découvrir à son confesseur redouté
qu'il lui avait tu ce qu'il aurait dû lui dire, l'effroi de
se déclarer profanateur le faisait frémir jusqu'au fond
des entrailles. De sorte que, malgré la vivacité des
remords de sa conscience, malgré la résolution, renouvelée plusieurs fois dans la suite (1), de tout révéler avec courage, l'aveu s'arrêta chaque fois sur
ses lèvres paralysées au moment où il fallait parler.

Oh ! combien il eût été facile à un prêtre expéri-
menté, je veux dire sagace et miséricordieux, d'arriver
à soupçonner le mal et à en conquérir l'aveu. Mais il
n'en fut pas ainsi à son égard, et le malheureux enfant

(1) On se confessait chaque quinze jours ou chaque semaine.

devait, un an durant, porter dans un cœur agité un fardeau qui souvent le préoccupait le jour et l'effrayait la nuit.

La délivrance devait lui arriver par le secours d'un autre maître.

Nous n'avons pas oublié que son père s'était promis de le garder désormais à la maison paternelle. Il revint pourtant de cette résolution précipitée, et après les vacances fit reconduire son fils dans son internat. Francisque, toutefois, n'y rentrait plus dans des conditions aussi favorables que celles qui l'avaient entouré à son arrivée. Le nouveau maître le trouva arriéré et, par suite des jugements antérieurs et incomplets formulés sur lui, le traita dès l'entrée dans la classe comme un élève paresseux et léger. Aussi reproches, retenues, pages à transcrire, privation de nourriture ne lui étaient point épargnés et pleuvaient littéralement sur lui de tous côtés ; il vécut même une fois au pain et à l'eau presque une semaine entière.

L'enfant, qui ne pouvait plus se tirer de ce pas, était au désespoir, et il n'était pas rare de le voir errer d'un pas languissant le long des cloîtres (1), ou bien, immobile et la tête appuyée contre une de leurs colonnes, se répandre en torrents de larmes et en sanglots étouffés. Un tel état pourtant ne pouvait durer. Il cessa, grâce au bonheur qu'eut Francisque d'avoir pour professeur un homme judicieux et bon. Ces larmes abondantes, cette douleur amère de son élève lui en révélèrent le cœur sensible. Ne pourrait-on pas arriver jusqu'à lui et le relever ? pensa-t-il. Il profita pour l'aborder d'une circonstance qui se présentait tout naturellement : on était à la veille de la retraite de 1837.

____

(1) Corridors voûtés, souvent avec arcades.

— Francisque, lui dit-il le soir à la sortie de la classe, vous me paraissez malheureux et je vous plains sincèrement. Quoique quinze punitions soient en ce moment inscrites à votre compte sur mon calepin, je vous les pardonne toutes, à une condition, toutefois, c'est que votre gratitude égalera ma bonté.

— Je vous le promets, répondit l'élève plein d'émotion.

— J'y compte, mon enfant, et je vous demande, comme preuve de votre bonne volonté, de faire une excellente retraite, puis d'employer tous vos efforts pour arriver aux premiers rangs de votre classe. Souvenez-vous que votre première communion arrive dans huit mois. Du reste, je vous aiderai de tout mon pouvoir.

L'âme de l'enfant se sentit déchargée d'un poids accablant.

Immédiatement, Francisque se mit à l'œuvre avec un courage renaissant. Il fit une excellente retraite ; sa confession fut si courageusement franche, la douleur de ses péchés si expansive, que le prêtre, touché lui-même, crut devoir lui accorder l'absolution sacramentelle. C'était la première fois de sa vie qu'elle reposait sur Francisque.

Il connut alors le bonheur.

Sentant son âme affranchie devant Dieu, plein de reconnaissance pour son maître auquel il s'était attaché de toutes ses forces, il aborda avec décision les doubles labeurs de l'étude et de la piété. Ardent au travail, candide dans la prière, irréprochable dans sa conduite, il parut bientôt transformé aux yeux de tous. Sa première communion, qu'il fit avec une conscience sans tache et avec un tremblant amour, demeura un exemple d'édification pour la communauté entière ; et au jour de la distribution solennelle des prix, faite en présence d'un concours de près de deux mille personnes, il remporta sans exception les neuf premières couronnes de sa classe.

L'élan de cette première ardeur, surveillé et soutenu par ses supérieurs, dura trois ans sans se démentir.

Cependant Francisque atteignit sa seizième année. L'action et l'influence du séminaire avaient déjà remporté un succès sérieux; elles avaient vaincu dans l'élève les souvenirs et les habitudes du village et les avaient remplacés par une vie régulière, laborieuse et pieuse. Ce résultat, toutefois, faillit être détruit par le réveil des passions de la première jeunesse.

Le sentiment de l'indépendance, les palpitations de l'amour se manifestèrent à lui, vinrent troubler sa quiétude et disputer son âme à ceux qui l'avaient cultivée avec tant de soin.

Cette crise dans la vie du petit séminariste fut provoquée par une crise générale et simultanée qui vint s'attaquer aux maîtres eux-mêmes et au séminaire entier.

L'abbé Briant, supérieur de l'établissement, grâce à ses qualités personnelles, avait trouvé accès, puis succès dans la haute société de la ville et du district. Lui et deux ou trois maîtres privilégiés eurent leurs entrées régulières dans les bonnes familles; aux invitations acceptées, on finit par rendre des invitations. Bref, l'esprit du monde et l'esprit du séminaire se donnèrent la main, non seulement dans de simples visites, mais dans des repas et des fêtes. Il en résulta d'abord un certain relâchement de vigilance de la part du supérieur à l'égard des maîtres et de ceux-ci sur les élèves.

D'autres conséquences funestes ne se laissèrent pas attendre. Les jeunes professeurs qu'on envoyait à Sainte-Croix pour consolider leur vocation à la prê-

trise, étant à peu près abandonnés à leurs inclinations
et livrés à leur initiative personnelle, la compromet-
taient pour la plupart et donnaient d'assez pauvres
instituteurs. J'ai encore présent à la mémoire le plus
grand nombre de ceux qui firent leur stage durant ce
temps, ainsi que le sort qui les attendait. Tel abbé,
nature généreuse et ardente, jetait bas la soutane
après une année de classe et courait à Paris épuiser sa
santé dans des plaisirs énervants. Tel autre, à l'esprit
facile et bon mathématicien, le suivait après six mois
de professorat ; je le revoyais dix-huit mois plus tard
sous la livrée d'un fashionable accompli. Un de ses
compatriotes, M. Jouilhac, amateur d'aventures, recevait, après deux fois douze lunes de rectorat, la
palme de bachelier des mains de la Faculté des lettres
de Paris, puis, pour vivre, faisait métier de faussaire
d'un nouveau genre. Sept fois il empruntait les papiers des jeunes aspirants au baccalauréat et passait
les examens à leur place. J'entends encore l'ecclésiastique Carron se vantant d'incrédulité devant ses
élèves ; je le vois au chœur, portant la crosse et la
chape de grand chantre, tout en souriant avec ironie
de ses fonctions. J'allais oublier M. Cirey, abbé mus-
qué et détesté, qui perçait régulièrement un trou
dans son traître de journal, afin de surprendre les
élèves en défaut, et le jeune Caudieu qui, s'éprenant
d'une beauté de rencontre, se faisait chantre de cathédrale afin de pouvoir l'épouser.

Quelque pénibles que soient pour moi ces esquisses,
je dois à la vérité de faire, en finissant, le croquis d'une
des figures les plus caractéristiques de ce temps de
crise qui devait appeler une réforme radicale. Francisque eut pour professeur de quatrième un singulier
et grossier original ; il s'appelait Calmont. Quoique
prêtre, il était brutal jusqu'à frapper avec une violence

inouïe; bizarre jusqu'à s'offenser des choses les plus
naturelles et les plus inoffensives; sot jusqu'à rire, à
en étouffer, des lourdes et plates plaisanteries qu'il
faisait à tout propos. Il se distinguait surtout par la
spécialité que voici : celle de choisir chaque année
un élève inoffensif de sa classe pour en faire un
souffre-douleur. Le hasard seul lui en indiquait le
choix. Malheur au mortel sur qui le caprice du
maître était tombé, car l'infortuné changeait immédiatement d'aspect au regard du bourreau : ce n'était
plus un homme, une âme, son élève; il n'avait plus
de nom ici-bas et il était de toute impossibilité que
Dieu eût pu en faire un être doué de quelque intelligence ou de quelque sensibilité. Ainsi fait le cruel
planteur; pour mieux battre son esclave et pouvoir
l'insulter sans remords, il se persuade à lui-même et
aux autres qu'il n'est pas de notre race, mais un je
ne sais quoi impropre à tout développement comme à
toute raison; un être qu'il faut, pour son bonheur et
celui d'autrui, faire marcher à force de coups.

Or, il advint que Francisque, qui durant sa première
année d'études avait été son pénitent au confessionnal, le devint de nouveau, mais à d'autres titres, par
son entrée dans la classe. A lui échut le fatal bonheur
d'être déclaré bouc émissaire pour l'an de grâce 1841.
Chaque jour donc lui amenait la bonne aubaine d'expier les péchés de tous devant le capricieux Moloch ;
c'était tantôt un soufflet administré bien sec, tantôt
une sale insulte, tantôt une humiliation honteuse. Et
là-dessus l'abbé Calmont de pouffer de rire de ses exploits, et toute la classe d'éclater à son tour en voyant
l'étouffement du maître bienheureux; et celui-ci alors,
enivré de tant de succès, de redoubler son jeu brutal
et ses sarcasmes et ses rires jusqu'à en bleuir.

Ce n'était pas tout. Un être soumis à de tels châti-

ments, risée de toute une classe, ne pouvait être qu'un
ignare fainéant. On le lui fit bientôt comprendre. En
effet Francisque, qui, immédiatement avant de devenir
l'élève de M. Calmont, avait, lors de la distribution publique des récompenses, obtenu huit prix sur neuf, se
trouva, quelques semaines après son entrée dans la
nouvelle classe, relégué dans les derniers bancs et,
de degré en degré, finit par arriver bientôt à l'avant-
dernier rang ; il n'avait jamais été placé si bas.

Six semaines de vacances pouvaient-elles donc
avoir amené une telle décadence dans l'élève? Quoi
qu'il en soit, Francisque travaillait, redoublait d'efforts ; mais ceux-ci avaient pour résultat de toujours
l'éloigner davantage du but ; il semblait reculer en
proportion de ses sueurs. Et pourtant l'élève avait la
conscience de sa force réelle ; lorsqu'il venait à se
comparer à ses camarades, qu'il dépassait tous il y
avait à peine quelques mois, il sentait bien qu'il ne
leur était nullement devenu inférieur. Il finit donc par
soupçonner que ses compositions n'étaient ni corri-
gées, ni lues. Il résolut de voir clair dans cette affaire
au moyen d'un expédient que lui suggéra la nécessité.
Vint le jour de la composition d'histoire. Or, l'histoire
était la faculté dans laquelle Francisque avait toujours
excellé sans craindre la concurrence de ses condisciples ; il se prépara d'ailleurs avec le plus grand soin
pour l'épreuve qu'il voulait tenter et possédait à fond
le sujet qui fut donné. Aussi, en remettant son travail,
put-il se dire avec certitude : cette composition me
réhabilitera d'une façon ou d'une autre. Il attend avec
impatience et confiance le jour du classement ; ce moment arrivé, on proclame le résultat du travail historique, et le nom de Francisque tombe vingt-neuvième
sur trente. Convaincu de la valeur de sa composition,
que fait alors l'élève indigné? Il va trouver celui qui

avait obtenu la première place, et le prie avec un calme apparent de lui prêter le brouillon de sa composition ; prenant également le sien, il les porte tous deux au professeur qui l'avait si bien encouragé et relevé il y avait trois ans et n'avait plus cessé de lui porter intérêt.

— Cher maître, lui dit-il en lui présentant les deux travaux, veuillez me dire quel est le meilleur.

Le maître lut attentivement ; puis, rendant les deux compositions à celui qui les lui avait soumises :

— Celle-ci, dit-il en désignant celle de Francisque, est incontestablement supérieure.

— Et pourtant, répondit respectueusement et avec émotion l'élève, elle a été classée vingt-neuvième et l'autre première.

Le maître trahit un signe d'étonnement, mais se tut. Quelques jours après, le persécuté remarqua à sa grande surprise que ses tourments avaient cessé et qu'un autre souffre-douleur l'avait remplacé.

Mais cette fois notre despotique et grossier personnage avait rencontré son homme. Il s'était adressé à un jeune déterminé, nommé Henri, que rien ne révoltait autant qu'une injustice ou une brutalité. Un beau matin, ce dernier se sent appliquer deux soufflets inattendus. Indigné, il se lève et, se plaçant intrépide devant l'agresseur stupéfait :

— Soyez assez bon, monsieur, de me dire qui vous a permis de me frapper et quel en est le motif?

Et comme le maître, interdit devant une telle audace, ne trouvait point de réponse :

— Sachez, ajouta l'élève, que toute la classe n'a supporté qu'avec douleur toutes les injustices que vous avez fait subir à Francisque et que ce n'est ni moi ni un autre qui le remplacerons ; car je vais de ce pas chez notre supérieur.

Là-dessus, il part et se rend résolu chez le directeur, laissant tous ses camarades dans l'étonnement et l'abbé Calmont tremblant de colère et de surprise.

On peut concevoir l'effet que devait produire parmi les élèves de Sainte-Croix un choix si peu heureux de quelques maîtres, la demi-mondanité et le relâchement de quelques autres. Une crise générale ne tarda pas à s'y manifester également.

L'esprit de diffamation et de désordre s'introduisit et se manifesta dans l'asile de la candeur et de la règle ; de méchants tours de toute espèce, des vols, des scandales de mœurs firent invasion et éclatèrent dans le sanctuaire de la justice et de la pureté.

Je ne raconterai pas toutes les critiques mordantes dirigées journellement soit contre le régime des maîtres, dont on relevait « la bonne chère et les fins desserts, » soit contre leur caractère, dont on exagérait avec malice les défauts ou dont on dénaturait méchamment les qualités, soit contre leur moralité, au sujet de laquelle on citait avec un sourire perfide maintes et maintes faiblesses vraies ou supposées ; mais je veux indiquer quelques-uns des méfaits de ces drôles qui accusaient d'autant plus cruellement leurs professeurs qu'ils semblaient avoir plus besoin de se justifier eux-mêmes.

Plusieurs fois, je vis de mes camarades lire avec avidité les livres sceptiques de Piron, les pires romans de Voltaire, qu'ils faisaient ensuite passer de main en main chez leurs intimes ; plusieurs fois, j'en entendis d'autres exprimer hautement au milieu des groupes leurs négations au sujet de l'immortalité et leur mépris contre les camarades dont l'esprit faible ajoutait foi à ces inventions des pouvoirs et des prêtres ; ils avaient aussi des mots impies et blessants contre les mystères les plus vénérés de la vie du Sauveur. Plus souvent encore il fallait écouter des propos et des récits graveleux ; dans certains cercles de mes camarades, ces sujets obscènes faisaient, durant les récréations, l'objet ordinaire des conversations.

Quant aux exploits de toute espèce dont ils étaient les héros, je ne saurais tous les redire, tant ils sont nombreux ; je ne citerai que quelques-uns de ceux qui se présentent en ce moment à ma mémoire.

A mainte reprise on vit des élèves, qui s'étaient évadés, ramenés à la maison par les gendarmes et portant encore sur leurs vêtements les traces de leur séjour dans les champs ou dans la forêt où ils avaient couché ; d'autres fois, c'étaient quelques enfants qui s'échappaient, sans êtres vus, pour aller vendre leurs livres à vil prix chez le bouquiniste, et qui s'en allaient ensuite en dissiper le produit dans quelque café de la ville. Un jour, j'apprenais que sept ou huit jeunes émancipés avaient pris le large jusqu'au village de M..., d'où on avait dû les ramener étant en goguette. Maintes fois, le supérieur tonnait contre une réunion de fripons qui, comme des « va-nu-pieds, » avaient mis à sec cellier et garde-manger, enlevant fromage, fruits, conserves, faisant main basse sur anisette, cognac et liqueurs. Une fois, la plupart de ces vauriens furent bien punis de leurs méfaits répétés ; on les trouva en partie ivres morts ; deux ou trois d'entre eux faillirent même périr d'un excès imprudent de kirsch-wasser.

Ce n'étaient là toutefois que les accessoires d'un mal plus grave encore, celui de l'immoralité. Elle n'avait point circonscrit ses ravages sur quelques polissons qui entretenaient des relations secrètes avec des personnes du sexe de la ville, mais avait infecté une troupe nombreuse surnommée la « bande des pi-

peurs » ou « des embrasseurs. » Le scandale devint
si grand qu'on fut réduit à en renvoyer en bloc vingt-
cinq des plus compromis.

Que fit Francisque au milieu de ces éléments plus
ou moins dangereux ? Il résista en général, ainsi que
le plus grand nombre de ses condisciples.

Cependant il en ressentit quelques atteintes. Avant
de les signaler, je me hâte de dire qu'il ne prit jamais
part aux critiques contre ses maîtres et ne se plaignit
jamais, malgré les raisons qu'il aurait eu de le faire ;
il ne faillit jamais à la reconnaissance qu'il leur avait
vouée. De même, il ne permit jamais entrée dans son
esprit à un doute ou à une parole qui aurait été une
injure contre les objets vénérés de son adoration et de
son culte. Par contre, il sentit un certain besoin
d'émancipation et d'affection terrestre le mordre au
cœur.

Voici comment il traduisit le premier de ces besoins.

Il se plaisait à lancer ses maîtres à la recherche in-
fructueuse de l'auteur de certaines détonations de
pétards ou de petits canons chargés à poudre auxquels il mettait le feu lui-même durant les récréations.

Francisque possédait en outre une certaine dose de
mimique ; il imitait à merveille ce qu'il voyait et entendait. Les personnages des fables de Phèdre, qu'il
traduisait, de celles de La Fontaine, qu'il apprenait,
avaient trouvé en lui un acteur qui les représentait
au naturel. Les maîtres pouvaient être assurés qu'il
donnait copie exacte de leurs propres gestes, de leurs
façons de faire ou de dire ; rien n'était oublié, pas
même le ton de leur voix. Il arriva que ses camarades,
qui s'amusaient beaucoup des représentations de tout
genre qu'il donnait, le tyrannisaient pour qu'il les

renouvelât à temps et à contretemps et que Francisque était obligé ou enchanté de devoir s'exécuter, non seulement au moment des jeux, mais durant l'heure des classes, lorsqu'il pouvait trouver place derrière les professeurs.

Notre mime n'y mettait point de malice, pourtant ; il cherchait uniquement à réjouir ses compagnons et à satisfaire une nécessité d'expansion ; mais ses maîtres, qui pensaient autrement, jugèrent de nouveau sévèrement un garnement qui non seulement troublait ou distrayait leur classe, mais qu'ils soupçonnaient de les mettre en scène eux-mêmes.

À côté de ces essais d'émancipation puérile, voici un acte de véritable indépendance. Un jour, Francisque voulut absolument être libre ; c'était un après-midi de promenade. Ayant réussi, au détour d'un petit bois, à quitter les rangs de ses camarades qu'un maître conduisait comme un chef de file, il disparut. Mais qu'allait-il, que voulait-il faire ? Courir, beaucoup courir, sans but et sans frein, à travers monts et vallées. C'était un besoin frénétique d'air, d'espace et de soleil qui l'emportait en ce moment ; le Francisque du village était revenu en lui. Lorsqu'il se fut assuré qu'aucun regard ne pouvait plus l'atteindre, il quitta le bosquet, traversa plusieurs champs, franchit un vallon et escalada un monticule d'une seule traite. Arrivé au sommet et découvrant le vaste horizon qui se déployait devant lui en offrant à ses regards des plaines, des prairies, des cours d'eau et des villages, il poussa ce cri de joie :

— Ô grande et superbe nature ! ô splendide soleil ! bienheureuse liberté ! Je vous possède enfin !...

Frémissant de félicité, il reprend comme un jeune coursier échappé à ses liens et poursuit une course sans fin, admirant en passant dans sa marche haletante fleurs, arbres, ruisseaux, collines et vallées. Il revint le soir, harassé de fatigue et, croyant être rentré inaperçu, il s'endormit, rêvant encore de son bonheur.

Cette échappée pourtant avait été remarquée, et à son réveil Francisque reçut une correction sévère.

Le mal avait touché le cœur, plus profondément peut-être. Francisque s'était surpris prenant plaisir à plusieurs paroles de galanterie et à deux ou trois récits romanesques qu'il avait eu occasion d'ouïr. L'affection de la femme lui apparut de nouveau comme l'idéal de la vie; il regretta une fois encore les jours de son enfance où, folâtrant sur la prairie avec ses camarades, il dérobait un charmant et naïf baiser à la jeune fille du meunier. Velléité même lui prit de ne plus revenir au petit séminaire et d'entrer dans une carrière qui lui permettrait un hymen qu'embellissaient ses rêves.

Les vacances suivantes devaient lui fournir l'occasion de fortifier ce désir de son cœur et l'exprimer. Une famille de Paris faisait précisément à cette époque de l'année un séjour dans son joli village. Invité à faire quelques parties avec le fils de la maison et sa sœur, il sentit naître et se développer rapidement en lui une inclination pour la douce et belle jeune fille. Francisque alla même jusqu'à en faire la confidence au frère de l'aimable Parisienne et à lui découvrir son vœu secret.

L'abbé Vaillant, qui surveillait la conduite de Francisque, fut bientôt au fait de tout et lui en fit un crime. Il l'exhorta sévèrement à faire un retour sérieux sur lui-même, puis, pour donner plus d'efficacité à sa leçon, il congédia son ancien pupille, qui essayait de s'émanciper, par cette parole qu'il croyait atterrante :

— Francisque, sachez-le bien, vous êtes à deux doigts de perdre toute la confiance de vos maîtres.

Francisque se sentit non guéri, mais vivement blessé ; il était de ceux qu'on ne gagne que par de bons procédés.

CHAPITRE III

Cependant les vacances ayant atteint leur terme, il
fallut rentrer au séminaire de Sainte-Croix.

A son retour, Francisque y trouva tout changé. Le
nouvel évêque, monseigneur Bellegarde, ancien prêtre
du diocèse et qui était exactement renseigné sur
Sainte-Croix, avait, dès le surlendemain de son in-
stallation épiscopale, résolu d'arracher le mal dans sa
racine ; sans perdre de temps, il avait profité des premières vacances pour déplacer l'abbé Briant et quelques-uns des anciens maîtres. Il les avait ensuite immédiatement remplacés par l'abbé Prosper, homme
de mœurs austères et d'une vie foncièrement sacerdotale, et par deux ou trois ecclésiastiques de confiance.
Monseigneur leur avait imposé, comme mission première, de ramener le petit séminaire à sa destination
essentiellement cléricale. Cette mission devait être accomplie avec une fermeté et une persévérance rares.

Dès son retour, Francisque sentit comme instinctivement qu'un esprit nouveau en chassait l'ancien.
Lui-même allait, bientôt après, en être saisi et, sous
son impulsion, renoncer définitivement à l'homme
né de chair et de volonté humaine, pour revêtir avec
décision, l'un après l'autre, chacun des caractères
constitutifs du lévite.

La retraite de la rentrée devait avoir cette année-là une importance exceptionnelle. Elle avait pour but de rendre la piété en partie disparue au séminaire de Sainte-Croix. Ses résultats visibles devaient permettre aux supérieurs de distinguer les élèves qu'on pouvait ramener dans la voie tracée de ceux qui resteraient rebelles. L'expulsion de ces derniers amènerait une épuration douloureuse, mais nécessaire.

La prédication de cette retraite fut confiée au R. P. Laforce de la compagnie de Jésus. L'influence qu'elle exerça fut décisive dans l'œuvre de régénération de plusieurs.

Le nouveau supérieur fit préalablement venir devant lui chacun des élèves confiés à ses soins, leur parla sérieusement et paternellement de leur conscience, et lorsque vint le tour de Francisque, il lui dit :

— Mon fils, je sais que vous avez montré quelque hésitation depuis deux ans, et votre vocation paraît faiblir ; revenez à vos années de ferveur qui vous ont procuré la paix avec vous-même et rendez-vous digne de la sublime vocation à laquelle Dieu semble vous avoir destiné.

Autant Francisque s'était trouvé blessé par l'exagération de la dernière apostrophe de l'abbé Vaillant et par l'inconvenance avec laquelle il l'avait congédié, autant il se sentit convaincu par la vérité et attiré par la sagesse des paroles de son nouveau supérieur.

— C'est vrai, répondit-il avec modestie, mais sans découragement, j'ai faibli ; mais j'espère que Dieu me viendra en aide.

Dieu vint en effet au secours de l'aveu sincère, et son esprit visita toute la maison. La retraite ordonnée dans son ensemble avec un art remarquable, secondée par le zèle de quelques maîtres qui y apportèrent le concours de leur âme entière, prêchée par le missionnaire avec une éloquence entraînante et une foi admirable, produisit des effets irrésistibles. Trois prédications, surtout, renversèrent tous les obstacles que pouvaient opposer à la grâce les consciences opiniâtres ; elles avaient été réservées pour l'exercice du soir et traitaient des fins dernières de l'homme.

Immobiles sur leurs sièges, au milieu du profond silence de la chapelle dont toutes les ombres mystérieuses avaient été évoquées par la lueur faible et vacillante du sanctuaire, les jeunes auditeurs virent successivement apparaître devant leurs âmes recueillies les lugubres images du péché, de la mort et de l'enfer.

Ces peintures terribles de l'affreux péché qui défigure ses victimes jusqu'à la répulsion, de l'inévitable mort qui emporte à l'improviste dans les effroyables incertitudes de l'autre monde, de l'enfer épouvantable qui engloutit sans retour le pécheur dans un abîme de supplices et de désespoir, saisissaient toutes les consciences, et tenaient les esprits dans une attention tendue, muette, universelle... Et au milieu de ce silence inquiet, la parole divine de l'orateur sacré étincelait rapide devant le regard comme un subit éclair qui porte le coup de foudre.

Laquelle de ces consciences jeunes et sensibles n'eût alors frémi ? Elles étaient comme de faibles arbrisseaux pliés, brisés, emportés par la fureur de tous ces éléments du ciel conjurés contre le pécheur. Le R. P. Laforce savait d'ailleurs donner à ses peintures une réalité si palpitante, il s'approchait si près de vous, que plus d'une fois Francisque tremblant d'effroi crut sentir le doigt de la mort qui le touchait sur son banc.

Le succès immédiat fut donc complet, et le nouveau supérieur, lors de la communion générale, qui mettait fin à ces jours solennels et qu'il distribua lui-même, put, aux signes extraordinaires de ferveur avec lesquels la communauté reçut la sainte Eucharistie, juger combien profonds étaient les repentirs et combien le retour à Dieu était ardent et sincère.

Quelque vrai et spontané que soit le témoignage que nous rendons au succès et au zèle du R. P. Laforce, j'adresserai ici, à lui et à d'autres ministres de la parole divine, un reproche fondé : c'est l'abus qu'ils font du genre effrayant d'abord, puis de récits merveilleux, dont eux ou quelques-uns des leurs ont été les témoins.

Afin d'appuyer ce reproche, je citerai un fait entre cent.

Voulant inspirer l'épouvante du péché mortel, le même père L… raconta l'histoire suivante qu'il tenait, disait-il, d'un témoin digne de toute confiance : « Un jeune séminariste, modèle de pureté et exemple pour tous, mourut subitement. Le surlendemain de sa mort, la communauté réunie attendait le moment du sacrifice expiatoire qu'on allait offrir pour le repos de l'âme du cher défunt. Le pontife qui devait le célébrer avait déjà revêtu les ornements sacerdotaux et se mettait en marche pour l'autel, lorsqu'à son effroi, il sent une main invisible qui le saisit et une voix connue qui lui crie :

— Arrêtez, tout est inutile ; j'ai commis un péché, un seul péché de pensée, et je suis damné ! damné pour l'éternité !

Une fois remis dans sa voie, le petit séminaire de Sainte-Croix devait y être maintenu par cinq ou six hommes d'une véritable valeur.

Nous avons déjà fait connaître en quelque manière

celui qui était à leur tête; achevons de le dépeindre
sous les traits qui frappèrent Francisque. L'abbé Prosper n'avait presque aucune des qualités brillantes de
son prédécesseur; il n'était ni savant, ni orateur ; sa
voix même avait quelque chose de désagréable et de
fatigant, et tout son extérieur ainsi que son premier
abord ne laissaient voir en lui qu'un homme simple
et ordinaire. Mais sous ces apparences modestes se
mouvait une âme expérimentée et affermie dans l'esprit ecclésiastique par trente-cinq années de ministère
sans défaillance au milieu du monde.

Il était beau et touchant de voir ce prêtre, déjà
d'un certain âge, mû par le vif sentiment de sa responsabilité, se faire tout activité malgré ses soixante
années, embrasser la vie de toute une communauté,
et se faire comme l'âme universelle de la maison.

Auprès de lui, un de ses collaborateurs maintenait
l'ordre et la discipline d'une main ferme.

C'était un homme de trente-cinq ans et de petite
taille, à l'accent et à la vivacité méridionales et d'une
physionomie bien accentuée. Il s'appelait l'abbé Festus. Sagace, toujours en éveil, il voyait tout avec discernement; habile, il savait prendre sur le fait ; judicieux et d'un esprit large, il faisait toujours la part de
la fragilité et celle de la méchanceté, ne punissait
jamais ce qui était léger autant que ce qui était grave;
prudent, il savait ne pas voir ce qu'il ne voulait point
punir; prévoyant, il plaçait l'obstacle devant le mal
pour le prévenir; doux et sévère à la fois, il était également craint et aimé. Tous savaient qu'ils étaient sous
son regard, et, dans cette conviction, les bons se sen-
taient soutenus, les équivoques hésitaient. Je me rappelle qu'un des grands succès de l'abbé Festus était
de dissiper de loin par un simple regard les groupes
suspects. Sa vie, du reste, était un règlement vivant,

et l'horloge n'avait pas plus d'exactitude que ses actions.

Sur un terrain moins général et avec des attributions plus particulières viennent se ranger quatre autres professeurs dont l'action laissera des sillons profonds dans le sol qu'ils doivent cultiver. Ils auront surtout une influence considérable sur Francisque en ce sens que c'est à eux que ce dernier devra l'impulsion intelligente de son esprit vers les études et les traits essentiels du petit séminariste.

Ces maîtres étaient les abbés Régulus, Candide, Juvénus et Placide.

C'est toujours Francisque qui les peint lui-même. Il peut s'être trompé, mais il est enthousiaste sincère.

L'abbé Régulus, fort laid de figure, possédait une beauté intérieure si pénétrante et si puissante qu'elle transfigurait la forme et conquérait la vénération et l'attachement de ses élèves. Type d'abnégation et de pureté, il inspirait par sa présence l'horreur de toute souillure. Comme il possédait « la bosse des mathématiques, » on l'avait destiné à l'enseignement spécial de cette science. Admirablement classées dans son cerveau, elles étaient d'ailleurs par son regard transparent et la lucidité de sa parole précise, comme reflétées en rayons lumineux et reconstruites en édifice bien formé dans l'intelligence de ses auditeurs. A son école, Francisque s'était rendu maître de l'algèbre, de la géométrie et de la trigonométrie élémentaires de façon à pouvoir d'un trait de plume et sans broncher en transcrire de tête l'ensemble et les parties constitutives ainsi que les théorèmes, les axiomes et même les problèmes de chacune de leurs branches.

Tout autre était l'extérieur de l'abbé Candide; sa taille et ses traits d'une beauté plastique semblaient

s'être découpés sur ceux de son âme, belle de majesté
et d'enthousiasme pur. Poète et musicien à la fois, on
sentait en lui le lyrisme. La lecture d'un hymne de
Santeuil ou d'une ode d'Horace ou de Pindare, les
beautés d'une sonate de Beethoven, d'un oratorio de
Haydn ou de Hœndel enflammaient son âme ; s'empa-
rant alors de l'œuvre, il la traduisait lui-même en accents entraînants, soit de sa parole vibrante et émue,
soit sur son instrument, écho fidèle de son enthousiasme, soit enfin de sa belle voix de basse qu'il déployait en cadences puissantes. Placé dans la sphère
de ce foyer, Francisque, comme un de ses satellites,
en reçut le mouvement, en recueillit la chaleur fécon-
dante. Pour la première fois, il entrevit l'éclair et
pressentit le frisonnement de l'inspiration dans l'âme
qu'elle touche, pour la faire déborder ensuite en torrents d'improvisation frémissante. Pour la première
fois, il comprit la passion et le culte pour le génie des
grands poètes et des sublimes chantres des dieux.

L'abbé Juvenus était un jeune romantique doublé
d'érudition. Les pères de l'Église, l'œuvre littéraire et
artistique du moyen âge, les belles productions du
romantisme moderne avaient en lui un interprète
ardent et spirituel, et dans sa bibliothèque se trouvait
la triple phalange de leurs représentants. Cette bibliothèque, qui avait coûté 20,000 francs, lui servait à la
fois de cabinet de travail, de salon et de chambre à
coucher. De famille noble, l'abbé Juvenus avait toutes
les distinctions de sa classe.

Élevé dans une institution destinée aux jeunes séculiers de bonne famille, mais dirigée par des prêtres,
il avait appris à y regarder le sacerdoce comme le
plus noble idéal que pouvait rêver un chrétien; il
avait ensuite demandé à l'Église les ordres sacrés, et,
en échange, il avait voué une piété tendre à la Vierge,

un culte enthousiaste aux traditions ecclésiastiques, en même temps qu'il apportait un bagage assez complet de science littéraire et une vocation décidée pour l'enseignement. Il avait le talent spécial de provoquer l'initiative et les efforts créateurs parmi ses élèves.

Professeur de Francisque, l'abbé Juvenus devint aussi son confesseur préféré, et toute sa vie trouva un écho fidèle dans celle de son élève, de son fils tendrement chéri. A son école, Francisque fut initié aux pensées chrétiennes des Chrysostome et des Augustin ; il se plut aux légendes naïves mais pleines de sens, aux chefs-d'œuvre grandioses de l'architecture du moyen âge et apprit à discerner les mérites et les qualités de l'école romantique. Sous sa direction spirituelle, il se laissa pénétrer toujours plus intimement de son amour pour Marie et des émanations de son âme chaste et candide.

Durant la dernière année de ses humanités, il eut pour recteur l'abbé Placide. Ce dernier, qui occupait le premier rang dans l'enseignement et était préfet des études, formait contraste avec l'abbé Juvenus. Il représentait les époques classiques de la Grèce, de Rome et du siècle de Louis XIV. Il ne reconnaissait comme parfaitement beaux et n'admettait dans le temple du goût que les chefs-d'œuvre qui présentaient la valeur supérieure du fond sous une forme élégante ou noble, pure et correcte. Peu enthousiaste de ce qu'il appelait des innovations dans le champ littéraire, il ne l'était pas davantage du réveil de l'Ultramontanisme qui venait détruire les traditions de l'antique épiscopat français et les doctrines du clergé de Louis XIV, auxquelles il avait voué un culte. Ses habitudes personnelles et son extérieur étaient d'ailleurs le commentaire de ses convictions littéraires et ecclésiastiques. Tout chez lui était grand et mesuré,

digne et élégant. Peu apprécié du nouvel évêque, qui
était protecteur des jésuites et champion de l'infaillibilité, il vivait retiré dans un appartement modeste,
d'où n'avait osé l'arracher monseigneur Bellegarde.
Mais, lorsqu'il en sortait pour sa classe, il apparaissait à ses élèves comme un des organes vénérés
d'époques aussi pleines de grandeur qu'elles étaient
reculées. Une fois monté dans sa chaire, le simple
professeur disparaissait pour laisser voir ressuscités
en lui Démosthène, Cicéron, Bossuet.

C'était bien l'indomptable Démosthène aux prises
avec tout un peuple qu'il entraînait à sa défense
contre Philippe de Macédoine par de brûlantes philip-
piques ; c'était bien Cicéron indigné, flagellant devant
la majesté du sénat romain le concussionnaire Verrès,
y couvrant d'infamie et foudroyant l'audacieux Cati-
lina ; c'était bien enfin l'illustre Bossuet devant le
grand roi et sa cour et mettant à nu la vanité de la
grandeur humaine en présence de la tombe entr'ouverte des Condé et des Henriette d'Angleterre.

Et lorsque l'abbé Placide avait lu son modèle,
lorsque le livre qu'il avait en main avait cessé de
parler, le maître parlait encore. Inspiré et saisi par
un Dieu supérieur à celui de ses modèles, il reprenait
leur œuvre et jetait à grand souffle l'esprit chrétien
sous leurs formes classiques grandioses, sous leurs
admirables développements et jusque dans les entrailles de leurs pensées profondes et fortes ; et ainsi
il reconstruisait le tout à neuf devant ses jeunes auditeurs, étonnés de voir que l'édifice d'un discours chrétien et plein d'actualité s'était élevé avec les matériaux du passé et sous la forme que lui avait taillée
d'avance l'art des grands maîtres. Le temple antique
était de nouveau transformé en sanctuaire chrétien.

Le professeur se taisait alors ; il avait fini son

3.

œuvre. Celle des élèves allait commencer. En effet, le maître, semblable à l'aigle, ne prenait son vol vers les régions supérieures que pour stimuler ses aiglons à s'élancer aussi dans les espaces infinis.

C'était vraiment un professeur de rhétorique que l'abbé Placide. L'année entière de son enseignement n'était qu'un long cours d'éloquence : éloquence théorique, éloquence pratique, éloquence commentée, éloquence essayée. Aussi, sous une telle direction, les disciples doués et intrépides au travail faisaient-ils des progrès sérieux et rapides. Quant à Francisque, il était arrivé à produire avec facilité et en quelques heures un morceau oratoire possédant assez de richesse de pensée pour intéresser l'esprit, assez de force logique pour satisfaire et convaincre la raison, assez de sentiment et de vie pour émouvoir et toucher le cœur. En voici une preuve.

Vint le jour de la distribution des prix de l'an 1846. Durant de nombreuses années, il avait été d'usage qu'un élève de rhétorique y prononçât une allocution en public. Or, il advint que la direction, ayant trouvé que les discours trop nombreux en pareille occasion fatiguaient, supprima celui de rhétorique. Mais la suppression en avait été faite sans que l'on songeât à compter avec monseigneur l'évêque. Celui-ci, qui devait présider la solennité, arriva vers huit heures du matin. La distribution devait se faire à deux heures de l'après-midi. Monseigneur l'évêque, qui tenait à l'honneur de ses petits séminaires, ayant appris la suppression, parut mécontent. L'abbé Prosper, après avoir quitté monseigneur Bellegarde, court inquiet chez le professeur de rhétorique et lui raconte le fait.

— Francisque nous tirera d'affaire, répondit l'abbé Placide.

Puis il va trouver son élève et lui déclare qu'il lui

faut composer immédiatement l'allocution d'usage. Cet ordre bouleverse l'esprit de Francisque ; il sent tout son honneur peut-être compromis par un travail aussi précipité et, sous cette première impression, s'écrie :

— Mais, monsieur, ne comprenez-vous pas que c'est impossible !

— Il le faut ; votre supérieur l'ordonne.

Telle fut la réplique.

— J'obéis alors, ajouta Francisque.

Il était neuf heures environ lorsqu'il se sentit maître de son trouble. A midi le discours était prêt et convenable. L'abbé Placide embrassa de joie son disciple qui, par l'énergie de sa volonté et la facilité de son esprit, avait tiré ses maîtres d'embarras.

Le lecteur peut maintenant se faire une idée approximative du bilan scientifique des jeunes séminaristes. Le rhétoricien qui occupait une des places du premier tiers de sa classe comprenait sans trop de peine Homère et Plutarque, lisait avec assez de plaisir Virgile et Cicéron ; aucun des grands faits qui intéressent l'humanité ne lui était inconnu ; seulement il les connaissait au seul point de vue de l'Église ; les différentes branches des mathématiques élémentaires ne lui offraient plus guère de difficultés, et il avait des notions générales et exactes sur quelques branches de l'histoire naturelle. En quelques heures et sans trop se creuser le cerveau, il jetait sur le papier une vingtaine de distiques latins et surtout, nous venons de le voir dans Francisque, pouvait créer un morceau de composition française d'un style orné et dans l'ensemble duquel se mouvaient avec ordre l'idée et le sentiment.

Il nous reste à achever l'esquisse de la transformation religieuse de Francisque. Cette dernière surtout porte l'empreinte lévitique de ses supérieurs ecclésiastiques.

Quelques mois après la retraite mémorable que nous connaissons, les maîtres de Francisque, ayant remarqué la durée des effets qu'elle avait produits en lui et touchés d'ailleurs de la persévérance de ses efforts, commencèrent à luï témoigner un attachement plus spécial. En particulier, son confesseur, l'abbé Juvenus, semblait le traiter de jour en jour davantage comme un fils. C'est que ces hommes, sans famille selon le sang, et à qui Dieu a, d'un autre côté, confié des âmes bien précieuses, finissent assez souvent par sentir pour ces âmes si chères des *entrailles de père*. Francisque comprit cette dilection toute noble de l'esprit, y puisa une partie de son bonheur et voulut y répondre par un retour de gratitude et d'obéissance filiales.

Peu à peu ses maîtres devinrent de véritables parents, qui remplacèrent progressivement, quoique d'une manière insensible, sa famille selon la chair. Francisque finit par sentir un jour que l'inclination de son cœur se portait tout entière vers les guides de son âme. Il ne voyait plus arriver les vacances avec joie; lui qui, autrefois, au moment où elles allaient expirer, éprouvait le sentiment pénible d'un être en présence d'une longue et pesante tâche qu'on va lui remettre sur les épaules, il compte maintenant avec impatience les jours et les heures qui le tiennent encore séparé de cette maison et de ces hommes étrangers selon la nature, mais que toutes ses voix intérieures appellent *foyer* et *famille* bénis. « N'est-ce pas là, en effet, lui répétaient ces voix, dans son enceinte et au milieu des maîtres qui y usent leur existence pour toi, que se trouvent pour ton intelligence le pain de la vérité, pour ton cœur celui de

l'amour, pour ta conscience le pardon et la grâce?
N'est-ce pas là que réside Dieu qui t'y donne sa loi et
qui s'y donne lui-même? Là que veille à ton côté la
Vierge! Là que... »

Oh! Francisque, que dis-tu? Arrête!...

Et vous, pères et mères, incomparables par l'esprit
de sacrifice; vous, enfants, que la piété filiale rend
dignes du nom de fils et de fille, pardonnez-lui, car
on ne lui a pas appris que la famille est le sanctuaire
le plus sacré, que l'autel du foyer domestique est le
plus antique et le plus saint, que les offrandes qu'on
y offre à Dieu chaque jour sont les plus précieuses.
Pardonnez-lui, car il n'a plus de mère pour lui dire
que son sacerdoce est le plus pur devant l'Éternel.

S'il y a faute ou crime, la responsabilité en remonte plus haut. Francisque est en quelque sorte
comme ce jeune janissaire musulman qui a juré mort
aux disciples du Christ et qui les extermine avec le
plus de furie dans les champs de bataille. Son père
pourtant était chrétien, la mère qui l'a allaité était
chrétienne, lui-même est né chrétien. Hélas! il n'en a
jamais rien su, peut-être. L'éducation d'un culte fanatique l'a fait mahométan dès le plus bas âge. Dès
lors Mahomet est devenu son Dieu, le corps des janis-
saires sa famille, et il ne connaît plus que leur ci-
meterre.

Fancisque, grâce à Dieu, n'en était pas encore arrivé à la haine des liens du sang, et s'il faisait mal,
je le répète, il songeait à bien; il pensait n'être que
juste.

Quoi qu'il en soit, et une fois que sa famille naturelle eut été dépassée dans sa vie par la famille ecclésiastique, on peut juger de ce qui allait advenir de
tout ce qui le rattachait à la terre. Bientôt, dans la
pensée de Francisque, le monde ne fut plus qu'un

exil, ses habitants des victimes de l'égoïsme, ses biens des illusions, la patrie qu'un nom, le pouvoir qu'une chose secondaire et soumise à l'Église.

Dans le cours pratique de sa vie il n'avait, en réalité, qu'une autorité, celle de son confesseur et de son supérieur; au-dessus, celle de son évêque; et plus haut encore, la souveraineté absolue du pontife de Rome.

Devant sa conscience, c'était un sublime et adorable pouvoir que celui de ce pontife romain, roi des esprits d'un côté, et de l'autre daignant descendre jusqu'à lui, chétif jeune homme, par l'intermédiaire de ces maîtres, purs et dévoués.

Dès lors, comment ne pas aimer la prêtrise? comment ne pas l'envier saintement à ces maîtres, dont elle fait la gloire? Et puis, quand en même temps on se sent chéri par eux, comment ne pas leur exprimer un désir qui fera leur joie? Et lorsque ceux-ci ont reçu dans leur sein la confidence candide de leur pupille, comment pourraient-ils ne pas sentir un amour de prédilection pour ces fils qui veulent devenir leur image parfaite par le vœu du sacerdoce, par la virginité? Pourraient-ils ne point cultiver de leurs soins les plus tendres cette vocation naissante?

C'est ainsi que Francisque, insensiblement et comme nécessairement, se transformait en jeune clerc, à l'exemple de ses instructeurs, à l'exemple surtout de son confesseur, l'abbé Juvenus.

Ce dernier professait entre tous un culte noblement passionné pour Marie, l'idéal sublime de la mère et de la femme. Cette passion se transforma en piété filiale chez son pénitent.

Francisque se sentit porté à chérir la Vierge comme la plus auguste des mères. Que dis-je? il résolut de lui conquérir aussi les cœurs de ses compagnons d'études.

Son zèle d'évangélisation intérieure n'était point isolé. Il y avait à cette même date au petit séminaire une quinzaine de ses condisciples qui, avec lui, formaient une petite association appelée « Congrégation de la Vierge, » et dont le but était : le culte de Marie immaculée ; les obligations essentielles : la pureté des mœurs, la fidélité au règlement et un apostolat auprès de leurs camarades. Un maître dirigeait leur prosélytisme. Par cette société, composée de disciples de choix ; l'action des maîtres pouvait s'étendre indirectement sur toute la communauté, soit pour le bien, soit contre le mal. Grâce à son caractère conciliant et à son esprit droit et judicieux, Francisque était devenu, au milieu de ses compagnons, comme un arbitre de paix et un justicier préféré, auquel s'adressaient volontairement un certain nombre de condisciples qu'il avait entraînés dans son modeste centre d'action.

Dans cette œuvre toute de fraternité, il était surtout secondé par un ami qu'il avait gagné par une marque de sympathie donnée à propos. Depuis quelques mois, Francisque avait remarqué qu'un des élèves de sa classe paraissait en proie à une tristesse intérieure.

— Qu'as-tu donc, Henri ? lui dit-il avec affection ; tu me sembles souffrir et tu me fais trop de peine ; si seulement je pouvais te soulager ; il y a longtemps que je t'aime Henri ; c'est depuis le jour où tu m'as déchargé des fonctions de bouc émissaire ; je n'ai jamais oublié tes deux soufflets qui m'ont annoncé ma délivrance à tes dépens.

Henri se prit à rire.

— Eh bien, continua Francisque, soyons amis ; dis-moi tes peines et je suis à toi.

— Volontiers, repartit Henri en lui serrant la main.

Dès ce jour, ils furent intimement unis. Bientôt aux yeux des maîtres et des élèves, ils rappelèrent en partie l'exemple de Grégoire de Nazianze et de Basile de Césarée, desquels on raconte que pendant leurs études à Athènes, ils ne faisaient qu'une seule vie dans deux corps. L'âme de Francisque était liée à celle de Henri comme celle de David l'était à celle de Jonathan. Le premier, qui était plus âgé d'un an, ne nommait plus son ami que sous ce doux nom « Jonathan. » C'était juste, car entre eux, pendant deux ans, il n'y eut non seulement qu'une pensée et qu'un battement dans deux âmes, mais qu'une seule bourse dans leurs mains.

Durant la dernière année de leurs études, Henri partit pour Béthanie, noviciat des jésuites. Francisque en eut l'âme déchirée, sa santé s'altéra et bientôt il ne parut plus que l'ombre de lui-même. Tout le jour il redemandait son ami à tous les lieux où Henri avait posé son pied, à tous les objets qu'avait touchés sa main ; la nuit il s'attachait à son image, et à son souvenir il trempait son oreiller de ses larmes. Mais en vain le rappela-t-il ; Henri ne revint pas. Pendant six mois, ce fut une lutte entre le désespoir et la vie. A la fin, son courage se ranima et avec lui la santé reprit le dessus. Son âme sevrée se voua dès lors plus que jamais tout entière à l'accomplissement sérieux de ses devoirs.

C'est à l'issue de ce rude travail de la fin de ses humanités que survinrent les derniers examens dont le résultat devait être l'admission au grand séminaire.

Trois des professeurs du grand séminaire de Sion furent délégués à Sainte-Croix à cet effet.

L'examen consistait en un discours écrit et en questions orales sur les diverses branches des études classiques.

· Le discours devait être fait et copié en quatre heures; son sujet fut : Augustin, évêque, arrivant à Hippone et se présentant à son troupeau.

Les examinateurs, d'ailleurs fort bienveillants, trouvèrent que quatorze candidats possédaient les connaissances préparatoires aux études théologiques et philosophiques, et, sur le compte rendu de leurs mœurs et de leurs habitudes, présenté par leurs supérieurs du petit séminaire, il les déclarèrent admis au grand. Francisque remarqua une parole qui lui fut dite alors par un des examinateurs :

— Mon ami, vous avez ceci de particulier, que vous réunissez dans la pensée la précision mathématique et l'enthousiasme pour l'idéal.

Il fut donc heureux de son succès, enchanté de ses examinateurs, auxquels il voua immédiatement sa gratitude.

Ce ne fut toutefois que deux ans plus tard que Francisque devait entrer au grand séminaire ; une dernière résolution, intervenue pendant ses vacances, devait préalablement conduire ses pas ailleurs.

En effet, il avait au cœur une inquiétude, une douleur et un désir. La confession lui était devenue par elle-même une source de tourments intérieurs ; en particulier, en lui faisant sonder une à une toutes ses imperfections, elle avait jeté dans des inquiétudes profondes son âme avide de perfection. Celle-ci, élevée à sa plus haute expression, lui avait été montrée dans le sacerdoce et surtout dans le sacerdoce régulier. Or pour lui la société de Jésus était l'ordre de prêtres réguliers le plus connu ; c'était d'ailleurs à un de ses membres, le père Laforce, qu'il devait sa conversion. Ce fut dans cet ordre religieux qu'il crut devoir aller éteindre ces tourments et calmer ses ardeurs. Et puis, son être tout entier lui rappelait Henri : il fallait le rejoindre et avec lui travailler à l'œuvre de l'apostolat au sein du renoncement le plus complet.

Il fixa donc son regard sur la compagnie de Jésus.

Six semaines après ses examens, il écrivait sa décision et ses regrets au supérieur du grand séminaire de Sion et se dirigeait vers le noviciat de Béthanie, lui demandant son admission et lui confiant son avenir.

Francisque entrait dans sa vingt et unième année et comptait trois années depuis sa conversion définitive à l'Église.

Ame enthousiaste et esprit logique, cœur ardent et candide, il devait aller loin et jusqu'aux dernières conséquences où pouvait conduire l'idéal que l'éducation cléricale avait tracé et pour lequel elle avait transformé sa vie.

Mais cet idéal était-il l'idéal vrai, l'idéal fondé sur l'ordre réel, éternel des choses?

Quoi qu'il en soit, le jeune homme va se lancer sur cette voie, et il la suivra avec une rectitude d'autant plus inflexible que sa foi en ses maîtres est absolue, aveugle.

Où le conduira cette voie? L'avenir seul en tient le secret.

LIVRE II

BÉTHANIE

OU LE

NOVICIAT DES JÉSUITES

CHAPITRE PREMIER

L'ordre des jésuites est peut-être de toutes les institutions des temps modernes celle qui a inspiré le plus de répulsion et d'enthousiasme à la fois, suscité contre lui les ennemis les plus acharnés, conquis les dévouements les plus entiers et les plus aveugles.

Francisque n'avait guère été entouré que de ses admirateurs, et il ne connaissait son histoire que par ses partisans. L'abbé Juvenus, qui possédait celle de leur apologiste Crétineau-Joly, en avait lu devant sa classe de nombreux passages qu'il avait ensuite commentés avec éloge et confirmés de son autorité.

C'est par ces lectures et par les défenseurs de la compagnie que Francisque avait appris que son fondateur était Ignace de Loyola, né en 1491, dans la province de Guipuzcoa. Elevé en gentilhomme, à la cour de Ferdinand II, il avait été plus tard blessé au pied en défendant bravement Pampelune en 1521, l'année même où Luther levait officiellement l'étendard contre Rome.

La lecture qu'il avait faite, sur son lit de douleur, de la *Vie de Jésus et des Saints* avait enflammé son imagination et excité son émulation. Dès lors, il avait résolu la fondation d'une chevalerie spirituelle, dont le but serait la conversion des infidèles, et la gloire celle de servir le roi du ciel en combattant pour lui au scin des renoncements et de la pauvreté de l'esprit et du corps.

Une vie rigoureusement ascétique, menée dans le couvent de Montferrat et dans la grotte de Manrèze, fortifia sa résolution au milieu des visions et des extases.

Dans un pèlerinage qu'il fit ensuite en Palestine, ayant compris qu'il ne pourrait atteindre son but sans une culture sérieuse, il commença, malgré ses trente-quatre ans, ses études à Barcelone, les continua à Alcala et à Salamanque, puis alla les terminer à Paris, l'inquisition espagnole étant venue l'inquiéter dans son propre pays.

Ce fut à l'Université, alors célèbre, de Paris qu'il conquit à ses idées six de ses compagnons d'études. Parmi eux se trouvaient Jacob Lainez, depuis deuxième général et véritable organisateur de l'ordre, ainsi que François-Xavier, l'illustre missionnaire des Indes, lequel Ignace gagna par ces paroles répétées avec une longue constance : « Xavier, Xavier, à quoi vous servirait de gagner l'univers si vous perdez votre âme? »

Le 15 août 1534, ces sept hommes firent vœu de pauvreté et de chasteté. Leur association fut reconnue en 1540 comme ordre religieux par Paul III, et Ignace en fut élu premier général par ses compagnons.

A sa mort, l'ordre comptait déjà treize provinces et plus de mille membres.

Sous son successeur, la célèbre compagnie compléta ses constitutions et définit son but. Ce dernier était la conquête des infidèles au règne glorieux du Christ, qui est l'Église, et le retour des princes, des évêques et des peuples chrétiens au vicaire de Jésus-Christ, le pape, dont l'autorité avait été affaiblie par la Renaissance, par la Réforme, le schisme d'Occident et le mouvement d'indépendance des évêques qui plaçaient le concile au-dessus de son pontife.

Pour parvenir à cette fin, on choisit comme moyens les missions, l'enseignement de la jeunesse, la confession et la direction des grands.

Chaque membre de la compagnie devait être un instrument actif, dont la volonté, mue par le sentiment élevé d'une foi enthousiaste, se soumettrait sans réserve à tout pour la réalisation du but suprême de l'ordre.

De tels instruments sont amenés à se vouer aveuglément à la compagnie par un vœu d'obéissance absolue au pape ou à leur général, après avoir été créés par les exercices spirituels dont saint Ignace est l'instituteur.

Le personnel, admirablement formé, est merveilleusement classé et coordonné.

Il y a, en effet, six degrés ou états dans la compagnie : Les *novices*, ou jésuites dans leur formation première ; — les *frères temporels*, ou serviteurs de la communauté ; — les *scholastiques*, qui étudient ; — les *coadjuteurs spirituels formés* et les *profès des trois vœux*, qui donnent les gouverneurs des collèges et des résidences, les prêcheurs, les professeurs, les missionnaires et les administrateurs, selon leurs facultés reconnues ;—les *profès des quatre vœux*, ou véritable noyau de l'ordre ; seuls, ces derniers peuvent être élus généraux, assistants du général, secrétaires généraux ou provinciaux ; seuls, ils font partie des congrégations qui nomment le général et les assistants.

Le général est nommé à vie. Il gouverne d'une manière absolue, administrativement parlant, et son autorité morale est tout aussi complète.

Une société composée de tels hommes, organisée exclusivement pour la lutte, conformément à la volonté de saint Ignace, qui l'appelle une « formation de combat, » devait prendre infailliblement racine

dans le monde et y atteindre des résultats extraordinaires.

Aussi la vit-on successivement pénétrer et s'étendre
dans tous les royaumes malgré de puissants adversaires et des obstacles de toute nature ; y exercer une
influence souvent prépondérante dans la sphère politique par la direction de la conscience des souverains
et des souveraines ; arrêter la Réforme dans sa marche
par une contre-réforme puissante ; enrayer ou enta-
mer la civilisation par ses érudits et ses savants ;
leur arracher à toutes deux les populations par leurs
prédicateurs et leurs missions qui pénétraient les
masses de l'esprit catholique ; leur soustraire et former contre elles la jeunesse qu'elle recevait dans
ses nombreuses écoles, dites « *studia inferiora et
superiora.* »

Mais cette influence sur les consciences et dans la
politique ne lui suffisait pas. Restait un autre levier
des peuples, le commerce. L'ordre porta donc dans ce
domaine une action très active et créa des comptoirs
nombreux et importants qui lui rapportèrent des richesses considérables, utiles à ses vastes projets.

Mais cette richessse, cette puissance, ces succès
d'une compagnie toujours envahissante, quoiqu'au
nom de Dieu, amoncelèrent peu à peu autour d'elle,
puis firent éclater une tempête furieuse et qui lui devint fatale.

Écrasée par ses adversaires, la compagnie fut supprimée par Clément XIV, et ses vingt-deux mille membres, relevés de leurs vœux, cherchèrent asile dans
différents États de l'Europe. Une bulle de Pie VII vint
rétablir l'ordre en 1814.

Depuis lors, son influence politique et religieuse,
malgré des vicissitudes diverses, s'est constamment
accrue, et, à l'heure qu'il est, la société présente un

effectif d'environ huit mille hommes (1) supérieurement
formés et déterminés. Leur main tient avec habileté les
fils d'une trame immense, laquelle, au moyen de la confession et de hautes relations personnelles, de congrégations religieuses d'hommes et de femmes qui
reçoivent de la compagnie leurs inspirations, d'asso-
ciations laïques de plusieurs genres, par le concours
dévoué de gens du monde de toute condition et même
de toute religion, étend ses ramifications innombrables
au milieu des États, des classes diverses et de centaines de milliers de familles.

Cette esquisse avait fait apparaître à Francisque la
compagnie de Jésus comme une œuvre de la Providence et l'avait enthousiasmé pour elle. Dès lors, ses
premières pensées avaient été fixées sur elle.

Elles furent ensuite entretenues par des relations
que l'étudiant noua pendant le carême 1846 avec un
membre de la compagnie, le R. P. Lejeune. Celui-ci,
envoyé pour prêcher la station dans l'ancienne cathédrale de la ville, avait, durant les six semaines de
sa mission, pris pour résidence le petit séminaire de
Sainte-Croix.

Les apparitions à la fois soudaines et rares du missionnaire au milieu des rangs des séminaristes qu'il ne
faisait que traverser avec une contenance austère ; sa
stature élevée, sa marche mesurée, impassiblement la
même sous la pluie et la neige aussi bien que dans les
tièdes journées du printemps ; une discipline, instrument de supplice volontaire, armée de pointes, perdue
par lui et qui annonçait des mortifications sanglantes ;
les bruits qui circulaient d'ailleurs sur ses rudes vertus
et la réputation qu'on lui faisait de prédicateur d'une

____

(1) Une statistique exacte, datant de 1869, donne à la compagnie 3,389 prêtres, 1,837 novices et 2,325 frères servants.

éloquence sévère, toutes ces apparences imposantes, tous ces récits le montraient comme un autre Jean-Baptiste à l'imagination de ces jeunes disciples. Leur curiosité, excitée par le mystère, inspira à quelques-uns le courage de visiter le solitaire. Francisque fut de ce nombre ; sa démarche toutefois ne manquait pas de sérieux ; il voulait non seulement connaître l'homme, mais recueillir auprès de lui une parole de vie. Le P. Lejeune l'accueillit avec une affabilité qui contras-tait avec l'extérieur imposant du prophète. Ces visites se répétèrent ; l'affabilité du père se transforma en une véritable tendresse. Le respect et la candeur d'un côté, la bonté et la vertu, de l'autre, engendrèrent après trois ou quatre semaines une confiance ré-ciproque et croissante ; si bien qu'un jour le saint, saisi d'un mouvement vraiment paternel, serra Fran-cisque sur sa large poitrine et l'appela du nom de fils.

La dévotion particulière du P. Lejeune était digne d'un homme de combat ; elle s'adressait à Notre-Dame des Douleurs. Il voulut donc aussi consacrer le fils, qu'une affection grande et sans tache venait de lui donner, à cette mère crucifiée au Golgotha par la dou-leur de son fils mourant. A cet effet, au revers d'une feuille qui portait imprimée une consécration à cette reine des afflictions, il écrivit ces mots mémorables du Sauveur quittant sa mère : Francisque, « voici votre mère ; » et vous Marie « voici votre fils. »

Le lendemain, pendant le sacrifice de l'autel, le P. Lejeune plaça cette formule de contrat sous la sainte hostie, puis il remit au nouveau disciple cet acte de consécration sanctifié au contact du corps de Christ.

Francisque crut à sa réalité et l'accepta par la foi. Désormais il restait attaché au père qui lui avait déclaré avoir enfanté en lui, Francisque, un fils de ses douleurs et de celles de leur mère commune.

La station du carême achevée, le missionnaire jésuite repartit pour sa résidence. Mais, au moment de l'adieu, il dit à son pupille :

— Mon fils, je vous donne rendez-vous dans la compagnie, s'il plaît au divin Maître !

— Oui, cher père, avait répondu Francisque.

Nous avons déjà vu comment d'autres motifs s'unissaient à ce vœu du P. Lejeune pour le favoriser.

Toutefois, avant de rien conclure, le rhétoricien voulut attendre les loisirs des vacances pour les consacrer à de plus longues réflexions.

Ces réflexions aboutirent à une résolution affirmative, mais à la condition que son confesseur, l'abbé Juvenus, confirmerait sa décision.

— Mon père, lui dit son ancien élève qui était allé le trouver à cet effet, j'ai résolu d'embrasser la carrière qui m'offrira la voie la plus assurée de salut et de perfection. La compagnie de Jésus, que vous nous avez appris à connaître, me paraît réunir toutes les garanties désirables ; mon vœu est donc de devenir un de ses enfants ; mon âme d'ailleurs incline peu vers le clergé séculier, dont les dangers au milieu du monde effrayent ma faiblesse.

— Puisqu'il en est ainsi, essayez, repartit le confesseur. J'y consens d'autant plus que je sais que vous ne vous arrêtez jamais à mi-chemin. Oh ! Francisque, ajouta-t-il, combien votre sort me paraît digne d'envie. Allez, ma pensée et mes prières ne vous quitteront pas.

Deux ans après, l'abbé Juvenus suivait son disciple au noviciat des jésuites.

Cependant, Francisque avait encore à obtenir le consentement de ses parents. Mais devant la conscience du séminariste, ce n'était qu'une question de forme. Après sa visite à l'abbé Juvenus, il fit donc connaître à sa famille quels en avaient été les résultats, puis il enleva ou força leur assentiment par ces paroles :

— Cher père et chère mère, depuis dix ans vous m'avez voué à l'état ecclésiastique; permettez-moi d'être tout entier à Dieu dans la vocation que vous m'avez choisie vous-mêmes. Or, sa perfection me paraît être chez les jésuites. Dieu m'y appelle; suivre sa voix est désormais ma résolution irrévocable.

Les parents durent, quoique à regret, subir la conséquence de leur décision première prise en commun dix ans auparavant avec l'abbé Vaillant.

Et leur fils les quitta ému, mais inébranlable.

Le lendemain de son entretien avec ses parents, Francisque frappait à la porte de Béthanie, noviciat des jésuites.

Béthanie est située dans la banlieue d'une ville populeuse et industrielle. Fondée après le retour des Bourbons, elle avait jusqu'en 1828 ou 1830 réuni dans ses vastes bâtiments un collège de renom, un scolasticat, une résidence de pères et un noviciat. Depuis la monarchie de Juillet, scolastiques et élèves avaient émigré à Brugelette, en Belgique, et il ne restait à Béthanie que les novices et quelques pères prêcheurs.

Un beau jardin accidenté et une terre fertile, formant enclos, étaient annexés à Béthanie. La terre fournissait les légumes et les fruits à la table de la communauté, le fourrage et la nourriture aux bêtes et surtout aux vaches, dont le nombre se réglait sur les besoins de la maison. Le grand jardin, dans de longues allées de tilleuls, offrait un lieu de promenade aux pères d'un côté, aux novices de l'autre.

Le R. P. Stanislas, supérieur de la résidence et

maître des novices, reçut Francisque. Celui-ci exprima le but de sa démarche.

— L'abbé Juvenus, votre ancien maître, m'a écrit à votre sujet, repartit avec bienveillance le P. Stanislas. Mais veuillez prendre place et m'indiquer de quelle manière vous avez appris à connaître notre compagnie.

Francisque le lui dit et termina ainsi ses communications :

— Tout ce que j'ai appris de la société m'a donné cette conviction, qu'elle est un ordre d'apôtres et de justes persécuté par les hommes, mais suscité de Dieu pour le salut d'un grand nombre ; et c'est cette conviction, révérend père, qui m'a surtout déterminé à venir aujourd'hui auprès de vous solliciter le bonheur d'entrer à Béthanie.

— Vous avez bien dit, répondit le père ; la compagnie est le point de mire des attaques du siècle ; pour lui, notre nom est une honte, notre vie une balayure. Mais nous en sommes fiers et, disciples du Sauveur, nous rougirions des louanges du monde en face du maître dont toute l'histoire n'a été qu'un opprobre. Mais, cher jeune homme, ajouta-t-il, vous sentez-vous le courage de soutenir le poids de la diffamation et de la haine ?

— J'espère, Dieu aidant, avoir ce courage.

— Du reste, poursuivit le P. Stanislas, vous allez prendre huit ou dix jours de loisir ; un de nos pères sera tout à vous durant ce temps ; il vous fera connaître de plus près notre ordre, ses constitutions ainsi que les bulles pontificales qui les ont sanctionnés, en même temps qu'il vous aidera à sonder les replis de votre conscience.

Cette retraite préparatoire du noviciat ne fit que fortifier Francisque dans sa résolution.

Il ne faudrait pas croire cependant qu'il n'y trouva

que des douceurs intérieures. Elle fut surtout une lutte des plus laborieuses. Tout en effet y avait été ordonné de façon que Francisque se pénétrât complètement de cette vérité que la société n'était qu'une compagnie de soldats, dont toute la vie se résumait dans deux mots : renoncement et obéissance sans réserve !

Le premier faisait frémir malgré lui le jeune homme. Se renoncer en tout et toujours ! se refuser tous les bonheurs, ne pas même demander les joies spirituelles si le ciel ne les distribue pas, était-ce donc là tout l'héritage que le novice allait recueillir ? La nature humaine de Francisque sentit profondément ce que ce devoir avait d'écrasant, combien ce foyer était glacé et vide, surtout auprès d'une mission redoutable : celle d'une obéissance absolue.

Un incident inattendu était d'ailleurs venu jeter la douleur au milieu de ces impressions déjà pénibles par elles-mêmes. Francisque n'avait pas retrouvé à Béthanie son ami Henri. Celui-ci avait été transféré dans un noviciat du Nord-Ouest.

Aussi un combat sanglant s'engagea-t-il entre la volonté et le cœur en deuil de celui dont la carrière s'annonçait par une déception aussi cruelle. Durant deux jours d'agonie, l'avenir ne présenta plus à son âme affligée qu'immolation et mort. L'issue du combat restait douteuse et le succès d'une volonté énergique contre le sentiment qui se raidissait, indécis, lorsque, à la fin du deuxième jour de ces émotions douloureuses, la pensée de son maître crucifié l'emportant fit dire à Francisque avec élan : « Au nom du Christ et de la Vierge des douleurs, j'embrasse l'abnégation de jour en jour, de mois en mois ; et dût ma vie entière être une série sans fin d'humiliations et de souffrances, je veux que le renoncement soit le pain quotidien de mon existence. »

C'est après s'être affermi dans cette résolution victorieuse que Francisque reçut la liberté d'entrer au noviciat et que le R. P. Stanislas lui dit :

— Mon frère, venez parmi nous; voyez et éprouvez toutes choses par vous-même. Dans deux ans, si Dieu le permet, nous tirerons de concert la conclusion irrévocable.

Francisque fut alors introduit par le P. Stanislas auprès des novices. Ils étaient réunis, au nombre d'environ vingt-cinq, pour la récréation du soir, dans une salle spacieuse.

— Je vous amène un nouveau frère, dit le père en le présentant à sa nombreuse famille.

Et tous de l'accueillir avec une sympathie marquée. Il était impossible de sentir la moindre impression d'embarras au milieu d'une cordialité si vraie et si fraternelle. Francisque se sentit donc immédiatement chez lui; et pourtant il se trouvait en réalité dans un centre cosmopolite.

La Suisse y avait envoyé un enfant de Fribourg et la Belgique un fils de famille opulente. Un jeune lord anglais et un avocat de Dublin y représentaient les îles Britanniques; les comtes de Gerebskow et de Mentschiskow ainsi qu'un prince Gagarin formaient le contingent russe; les diverses provinces de la France avaient fourni environ seize candidats sortis des petits séminaires ou issus des classes agricoles, commerciales et industrielles; enfin le marquis Rodolphe de R... et le vicomte Henri de R..., son frère, s'y trouvaient au nom de la noblesse française. On eût dit que la jeune Europe catholique s'était donné dans cette salle le rendez-vous de la fraternité spirituelle de toutes les conditions.

La récréation fut ce soir-là prolongée en l'honneur de Francisque.

Une dernière prière faite en commun et suivie d'un sujet de méditation donné pour le lendemain termina cette réception et la journée.

Francisque se rendit alors avec ses nouveaux frères au dortoir général. Celui-ci présentait deux rangées de quinze cellules chacune, s'ouvrant les unes vers le nord, les autres vers le sud.

Le nouveau venu fut conduit dans la sienne par le moniteur ou premier novice. Longue de trois pas environ, large de deux, elle avait pour porte d'entrée un rideau de couleur verte. Son ameublement consistait en un lit très modeste, une chaise de paille et une petite table carrée. Celle-ci portait la bibliothèque, composée du livre des Évangiles, de l'*Imitation de Jésus-Christ*, du *Thesaurus societatis Jesu* ou petit manuel du membre de la compagnie et d'une *Vie des Saints*.

Cette table servait aussi de bureau et, à ce titre, présentait un peu de papier, un encrier et deux plumes. J'oubliais son tiroir qui renfermait une discipline ou fouet, ainsi qu'une ceinture et deux bracelets en fer hérissés de pointes et destinés à mortifier le corps.

Quelque chétives que paraissent ces cellules, elles sont pourtant le théâtre de bien des drames inconnus au monde.

Quant à celle de Francisque, elle fut le témoin muet de scènes de courage et d'angoisses et à ce titre devint bientôt l'objet de sa prédilection.

D'ailleurs cette étroite enceinte, qui allait enserrer les secrets de sa vie et dont le dénuement était la réalisation commencée des acceptations de la retraite de la veille, ne lui semblait plus devoir apporter le vide sombre qui avait effrayé le postulant. Derrière sa mince cloison battaient les poitrines de vingt-cinq compagnons d'armes. Francisque ne se sentit plus seul et son âme s'éleva à toute la hauteur de sa vocation.

Il remercia Dieu, s'étendit sur sa couche et s'endormit impatient du lendemain qui allait lui permettre d'entrer en lice avec les jeunes athlètes qui l'entouraient.

CHAPITRE II

LES GRANDS EXERCICES DE SAINT IGNACE

Toute l'activité du novice et par conséquent celle de Francisque, celle de chaque membre de la compagnie et de la société entière se concentre autour d'un foyer unique et en rayonne. Ce foyer s'appelle : *Exercices de saint Ignace.*

Le noviciat en est la préparation et la première application ; la vie de chaque jésuite, l'histoire de la compagnie n'en sont que le développement individuel et social. Quiconque donc, adversaire ou partisan, veut se faire une idée juste de l'ordre, quiconque cherche à en surprendre le secret, doit les demander à une étude exacte et précise de ces exercices. L'entrée de Francisque au noviciat en offre l'occasion au lecteur.

Les *Exercices* de saint Ignace sont une longue gymnastique spirituelle. Ils comprennent un ensemble de cent vingt méditations ou oraisons.

BUT DES EXERCICES DE SAINT IGNACE

Le but immédiat de ces exercices est de créer dans des individus d'énergie et de générosité, au milieu des débris de l'homme naturel, une vie spirituelle qui soit l'image aussi adéquate que possible de Jésus considéré comme *conquérant* des âmes et fondateur

d'un empire théocratique universel. De là le nom de
jésuite donné aux disciples de Loyola formés par
ces exercices.

Le but médiat ou final est de grouper ces individua-
lités en une résultante de leurs forces, appelée compagnie de Jésus, non seulement parce que ses
membres sont modelés sur ce divin Maître, mais
essentiellement parce qu'elle-même est destinée à
être pour le pape, représentant du Christ et chef
visible de son royaume sur la terre, ce que le collège
des apôtres, ces compagnons de Jésus, était pour
le Messie et pour l'Église primitive, ce règne spirituel
qu'il venait de fonder. Directement liée au souverain
pontife de Rome par un vœu exprès, cette compagnie
d'élite doit toujours rester sous sa main, prête au
moindre signe de sa volonté à se porter comme un
escadron volant partout où il y a un péril à conjurer,
un coup décisif à frapper, une reconnaissance à faire,
un assaut à livrer.

Ces méditations, auxquelles la méthode particulière
à saint Ignace a donné, comme à autant de pierres
d'un porphyre ou d'un marbre artistement taillées,
leur forme spéciale et leur numéro d'ordre, vont désormais s'agencer en un tout et former dans l'âme du
novice un édifice spirituel, au moyen d'un plan conçu
par ce célèbre fondateur.

PLAN DES EXERCICES

Le plan des *Exercices* est calqué sur l'idéal religieux
tel que l'avait envisagé le solitaire de Manrèze. Il s'en
détache comme le plâtre du moule où il a été coulé.

Ignace voit le Très-Haut faisant sortir les mondes
du sein de sa puissance. Cet univers ne saurait avoir
d'autre fin que d'être rapporté à son Créateur. Or, Dieu

ne peut avoir d'autre but que sa propre gloire. Il en résulte donc que la Création doit être une hymne à la gloire de l'Éternel.

Mais l'univers est un temple aussi muet qu'admirable, un autel immense sans sacrificateur, une lyre sublime sans vibration ; l'univers est inconscient.

C'est pourquoi Dieu a créé au milieu de ses œuvres l'homme, trait d'union entre cet univers dont il est l'écho conscient et le Créateur dont il est l'image et le serviteur. A cet être élu Dieu remet le glaive du sacrificateur, l'inspiration du poète. L'homme sera le pontife et le chantre par lequel l'hymne et l'offrande du monde seront présentés au sublime architecte, au souverain dominateur de toutes choses. Tel est le but de la création de l'homme ; et cette fin constitue ce qu'Ignace appelle *la plus grande gloire de Dieu*.

Pour accomplir cette sainte et glorieuse mission, l'homme a été établi maître des êtres. Roi, il devra s'emparer d'eux pour les rapporter à leur source éternelle.

Toutefois, l'homme, loin de rendre hommage à son Créateur s'est arrêté aux créatures ; il les a détournées de leur but en se les appropriant et par là s'est substitué à Dieu. Il a donc fait dévier la création avec lui de sa véritable destination et ravi au Seigneur sa plus grande gloire. Pour rétablir celle-ci, il fallait donc ramener dans sa voie l'homme, roi-pontife égaré, et, par lui, rendre à Dieu toutes les créatures.

C'est ce qu'entreprit le Verbe, la Parole, le Fils unique du Tout-Puissant. Celui par qui le Père a créé toutes choses sera aussi celui par qui toutes choses lui seront rendues.

Engendré par Dieu, il prend chair afin que, comme fils de l'homme, il restaure dans sa personne l'œuvre primitive, afin que, comme deuxième Adam, il fonde une race nouvelle à son image ; afin que, premier-né, il reconquière ses frères égarés et avec eux retourne vers celui qui l'a envoyé.

Toute sa vie est consacrée à cette restauration. Son existence à Nazareth est une louange et un sacrifice parfait offerts à l'Éternel, en même temps qu'un modèle accompli de vrai serviteur de Dieu présenté à tous ses frères. Sa vie publique est un apostolat qui reconquiert les âmes dévoyées et reconstitue le royaume de Dieu, avorté entre les mains du malheureux Adam. Sa vie de souffrances est l'expiation de l'égarement de sa race adoptive. Enfin sa vie ressuscitée est le gage et les prémices du salut et de la résurrection de l'humanité revenue à son but. Le retour vers son Père et la glorification finale du Messie suivent sa résurrection. Le fils de l'homme rentre dans le sein de Dieu son père et dépose à ses pieds et « à sa plus grande gloire » les trophées de sa victoire.

Mais le Christ n'est que nos prémices ; tous les enfants du royaume qu'il a fondé sur la terre retourneront comme lui au Dieu qui les a créés et qu'ils auront fidèlement servi. Une fois tous rassemblés autour de leur divin conquérant, viendra la consommation finale. Créateur, Sauveur et élus seront réunis dans l'unité de l'amour. Dieu sera tout en toutes choses et régnera sur toute créature avec une gloire incomparable.

Toutefois, avant de remonter aux cieux, le Sauveur remet la continuation de son œuvre et le royaume qu'il a fondé sur la terre aux mains du pape. Il a transmis à Pierre, puis à chacun de ses successeurs tous ses droits et ses pouvoirs sur son Église. Cette transmission est aliénable et perpétuelle.

Tel est l'idéal conçu par Ignace de Loyola.

Avec cette conception, vous avez le *plan des exercices*.

Ce plan se déroule dans son entier pour la première fois dans une retraite d'environ trente jours, qui a lieu ordinairement durant la première année du noviciat.

Il embrasse quatre semaines progressives de sept à huit jours chacune, durant lesquelles le novice se modèle sur le Messie, dont il doit être un des compagnons de combat.

Première semaine. — La première semaine eut pour objet spécial de ramener Francisque au but pour lequel il avait été créé.

Recueilli dans sa petite cellule, il se vit d'abord comme surgissant de la nuit du néant. Dieu, de sa main merveilleuse, tissait les organes de son corps et du souffle de son esprit enfantait son âme qui devait rayonner en connaissance, en amour, en activité. Il entendit alors la voix de son Créateur lui disant : « Tout entier de moi, tu m'appartiens tout entier. » Et Francisque répondit : « Voici ton serviteur! »

Et Dieu lui répondit par l'organe des *Exercices :* « Tu as été créé pour louer, révérer et servir le Seigneur ton Dieu. »

A quatre reprises différentes du jour et durant cinq quarts d'heure chaque fois, le novice sonda ces paroles. Il en pénétra tellement son esprit, que toutes ses facultés conquises répétèrent avec l'accent d'une conviction entière et d'une soumission complète : Louer, révérer et servir Dieu, c'est là le tout de l'homme, sa fin unique, et si capitale qu'il y va de la vie ou de la mort éternelle.

Une fois convaincu de cette fin et déterminé à la poursuivre, le novice passa de la méditation de la *fin de l'homme* à celle des *moyens*.

Ces moyens sont les créatures. L'homme est constitué roi de tous les êtres : plaisirs et douleurs, richesses et pauvreté, grandeurs et humiliations, toutes choses d'ici-bas enfin lui sont offertes comme des moyens pour atteindre sa fin. Il doit s'en emparer ou les repousser dans la mesure de leur utilité finale. Selon Ignace, la gloire de Dieu, fin de l'homme, doit primer ces moyens ; elle les indique et en fait seule la valeur ; de là cette maxime : « La fin justifie les moyens. »

Mais l'homme ressent instinctivement pour certains biens, tels que la gloire et la fortune, une inclination si forte, pour d'autres au contraire, comme la douleur et la privation, une répulsion si accentuée, qu'il lui est souvent difficile de rester impartial dans le choix des moyens.

Francisque arriva à cette impartialité par la méditation de « *l'indifférence* » à l'égard de toutes les créatures. Il fut convaincu qu'aucune d'elles ne possède de valeur objective et n'a de prix que dans son degré d'aptitude à conduire à la fin. Par conséquent, son esprit devait se trouver dans une complète indifférence à l'égard des créatures et rester en leur présence dans un équilibre parfait. C'est ainsi qu'un guerrier digne de ce nom doit regarder d'un même œil le repos et la fatigue, le rempart protecteur ou l'assaut périlleux, afin de pouvoir être également prêt à tout, au moindre signe de son général qui dispose de chaque chose pour le but : la victoire, la gloire de son souverain.

Arrivé à l'intelligence de la nécessité absolue de la fin de l'homme et de l'indifférence envers les créatures, Francisque comprit combien jusque-là son erreur avait été étrange, combien ses écarts avaient été prodigieux. Il sentit que ses aspirations et son activité avaient de nombreuses fois substitué les êtres créés au Seigneur son maître. C'était là un renversement de l'œuvre de la création ; c'était le mal, le péché !

Pour en faire ressortir toute l'énormité et les conséquences épouvantables aux yeux du novice, on plaça successivement Francisque devant la hideuse figure du révolté Lucifer, tombant foudroyé dans l'abîme ; on le mit auprès de son propre cadavre et sur son cercueil, châtiment du péché ; il descendit dans les gouffres de l'enfer, où de malheureux dévoyés expient sans espoir leurs égarements terrestres ; il fut amené en face du Calvaire où le Sauveur mourant est frappé et maudit pour nos forfaits ; enfin il considéra les perfections immenses, la beauté et la bonté adorables du Dieu dont il avait ignoré ou foulé aux pieds les droits les plus saints et les plus inviolables dans son existence et dans sa personne.

Dès lors, une horreur invincible pour ses écarts et une douleur sans bornes s'emparèrent de son âme, et l'absolution sacramentelle le réconcilia avec son Créateur.

La moitié de la première semaine était achevée ; le novice, revenu de son erreur, était décidé à reprendre sa voie. Il la redemanda à Dieu par ces paroles de Paul terrassé : « Seigneur, que veux-tu que je fasse ? »

A cet appel lui apparut le Christ dans la méditation dite « du *Règne.* » Le Sauveur vint à lui sous la figure d'un roi conquérant, qui appelle tous ses sujets à marcher avec lui à la conquête des infidèles, et lui parla ainsi : « Ma mission est de fonder un empire au milieu de cette terre d'infidèles, de conquérir à mon royaume toutes les nations révoltées, puis vainqueur, de ramener et de présenter l'univers soumis à mon Père. Ceux qui entendront mon appel hériteront d'un trône et leur récompense sera proportionnée à la grandeur de leurs sacrifices et aux efforts qu'ils feront pour approcher de la bravoure de leur général. » ·

Ce divin conquérant se présentait avec des « droits si légitimes, » des promesses « si libérales ; » il réunissait dans sa personne tant « d'attraits infinis, » que toute âme portant en soi la moindre étincelle de noblesse non seulement ne pouvait résister, mais se donnait tout entière : « Je vous choisis pour mon seul et unique roi ; je vous le jure, s'écria Francisque saisi d'enthousiasme. » Il était dès lors attaché à son chef.

Il le suivit d'abord dans les mystères de son enfance et de sa vie privée à Nazareth, s'efforçant d'imiter les vertus et de s'approprier les pensées et les sentiments révélés chez son Idéal durant les trente premières années de son existence. Cette *vie privée* du Sauveur constitue le *modèle commun* dont l'imitation est imposée à tout chrétien ; elle est la voie ordinaire qui conduit au Créateur la généralité des hommes.

Mais Ignace va plus loin. Dans une armée, il n'y a pas que des soldats ordinaires, et dans le royaume de Dieu, que de simples fidèles.

Le fondateur de la compagnie élève alors plus haut son Idéal. A cet effet, il ouvre la :

Deuxième semaine. — Elle est destinée à créer des champions d'élite, à conquérir à l'apostolat ceux qui font les exercices.

Son exorde est la méditation des « *Deux étendards.* »

Francisque fut donc transporté entre deux camps et deux drapeaux ennemis. A sa gauche dans la plaine de Babylone, se déployait, bruyante, l'armée des méchants représentée par Satan, les mondains et tous les hommes pervers réunis ; leur étendard flottait fiè-

rement au-dessus de leurs têtes, avec cette inscrip-
tion séduisante : « Volupté, fortune, gloire! » Au
centre de ces troupes et sur un trône de feu et de
fumée siégeait ombrageux le sombre et implacable
Satan. La douleur haineuse, le despotisme insolent
et un gigantesque orgueil marquaient de leur empreinte profonde ses traits hideux et titaniques.

De l'autre côté, à droite et sur une colline près de
Jérusalem, on voyait le camp des justes. Leur drapeau portait pour devise : « Pauvreté, abnégation. »
Au milieu d'eux, leur chef invincible, Jésus, ne se
faisait distinguer de ses soldats que par sa modestie,
sa douceur et son équité. Ceux qui l'entouraient de
plus près étaient des hommes d'un renoncement
éprouvé et d'un courage indomptable. Parmi eux figu-
raient les apôtres, les martyrs et les confesseurs de
la foi. Leur divin capitaine semblait être leur frère,
tant il partageait entièrement avec eux nourriture et
vêtements, conseils et dangers; une noble condescendance d'un côté, un admirable dévouement de l'autre
faisaient toutes choses communes entre les sujets et
leur souverain.

Avant de livrer à ses ennemis la bataille terrible, le
Sauveur invitait de nouveau Francisque à se serrer
plus près de son roi et à entrer dans les rangs de ses
preux. A cet appel réitéré, un cœur ardent ose tout
afin de mériter le sort de son capitaine et de ses
braves.

La vie publique de l'apostolat du Christ se déroula
alors sous le regard du jeune athlète, qui s'efforça
d'embrasser par le désir les travaux, les périls et les
renoncements du missionnaire conquérant.

En même temps, il faisait durant la même semaine,
par la méditation du « *Discernement des esprits,* »
une étude spéciale du caractère et des ruses de ses

ennemis et, par là, apprenait à déjouer leurs embûches et à les vaincre plus sûrement.

On entra alors dans la *troisième semaine*.

De l'apostolat on passa au martyre.

Francisque y préluda par la méditation des « *Trois degrés d'humilité*. » Celle-ci avait pour but de faire comprendre au jésuite en formation qu'il ne lui suffisait point de s'arrêter au premier degré, qui est renoncer au péché et le haïr ; que ce n'est point assez d'atteindre au second, qui se résume dans l'indifférence et le détachement des créatures, mais que l'apôtre devait s'élancer vers le troisième, qui consiste à préférer et à choisir parmi ces créatures « les *plus contraires* aux désirs naturels de l'homme. » Francisque dut se convaincre que les moyens les plus infaillibles de glorifier Dieu sont, pour l'apôtre, les « humiliations et les douleurs. » Sortant donc de son indifférence envers tous les êtres, il se porta de toute son âme et inclina du poids de toute sa volonté vers la voie du martyre, à l'exemple du maître qui l'appelait.

Celui-ci, en effet, entrait dans le chemin des opprobres et des tortures. Francisque l'accompagna, pas à pas, de Gethsémané jusqu'au tombeau, pleurant avec lui de toutes ses larmes, s'abreuvant de toutes ses amertumes, déchiré sous les épines et le fouet, et expirant avec lui sur le gibet. Le novice ne connut plus que Jésus crucifié et ne voulut plus d'autre gloire que celle d'être le compagnon du maudit.

Pour atteindre ce troisième degré d'humilité et apprendre à braver la douleur physique, le novice, durant cette troisième semaine surtout, se servit comme auxiliaires avantageux, des instruments de discipline qui lui avaient été remis pour châtier ses sens. Il frappa énergiquement son corps de coups de fouet, piqua ses membres et éperonna ses flancs avec des chaînes hérissées de pointes. Par là il partagea en partie les douleurs de son maître et fortifia la domination de la volonté sur la chair.

A la fin de cette semaine, Francisque se sentit comme indissolublement lié à la compagnie de Jésus, non-seulement parce qu'à elle seule avaient été donnés ces *exercices* qu'il venait de parcourir, mais aussi parce qu'il voyait dans l'ordre des jésuites une société d'hommes voués plus que les autres à la malédiction du siècle.

La troisième semaine était accomplie; arriva la *quatrième*. Elle fut le couronnement de tout l'édifice.

Désormais, mort au monde, Francisque entra dans la vie de gloire par la méditation de la *Résurrection de Jésus-Christ;* puis élevé au-dessus de toutes les choses d'ici-bas, il monta aux cieux avec son maître dans la méditation de l'ascension du Sauveur. Arrivé à ces sphères, le novice atteignit l'Infini, l'Invisible. Il était préparé pour des relations habituelles et directes avec l'Absolu, avec son Dieu. Le créateur et la créature se pénétrèrent personnellement dans les méditations qui suivirent. Le novice y contempla Dieu vivant dans sa chétive créature; il le vit dans ses organes comme mouvement central, dans ses muscles comme force, dans tout son corps comme action. C'est Dieu qui en lui et plus que lui soulevait son bras, ouvrait ses lèvres, dirigeait son regard. Il le sentit également dans sa vie spirituelle : au fond de son intelligence comme source permanente d'où découlait sa pensée; dans son cœur, comme foyer incessant d'où sortait sa sensibilité et rayonnaient ses sentiments; dans sa volonté, comme centre vivant d'où s'échappaient son activité et ses actions. Son Seigneur était l'âme de son âme, comme celle-ci l'était de son propre corps. Mais si le Créateur habitait en Francisque, sa faible image, par sa présence, son amour et sa puissance agissante, sa créature, réciproquement, vivait en Dieu par la pensée toujours présente de Celui en qui elle vit, se meut, est; et son esprit, sous l'impression de cette conscience permanente, se sentit transfiguré, son intelligence illuminée, son cœur enflammé, sa volonté transformée en dévouement irrésistible, toute son âme dans l'extase et le ravissement. En un mot, le novice ne s'appartenait plus, il n'était plus à la terre et se donnait entièrement à son Dieu par ces paroles : « Reçois, Seigneur, ma liberté entière; prends toute ma mémoire, mon entendement et ma volonté; je n'ai rien, je ne possède rien qui ne soit un don de ta libéralité; je te rends le tout, j'abandonne le tout sans réserve à ta volonté, afin qu'elle en dispose comme il lui plaira; l'unique chose que je te supplie de m'accorder, avec ta grâce, c'est un véritable amour pour toi; si je le possède, je suis assez riche et je ne demande rien de plus. »

L'union divine dans l'amour, tel est *l'achèvement des Exercices*. Par elle, l'homme a retrouvé et atteint Dieu, sa fin, même sur la terre.

La retraite des trente jours se termina par la vision de la Jérusalem céleste, ou de l'Église triomphante dans les cieux. Cette méditation fut un tableau saisissant de la gloire et de la félicité de Dieu, du Christ et des saints, parmi lesquels Francisque vit briller au sein d'une auréole divine Ignace et les grands hommes de la compagnie de Jésus... La création entière était arrivée à son but final, tel que nous l'a déjà exposé la conception religieuse de l'extatique de Manrèze.

Ce triomphe attendait un jour Francisque lui-même.

. 5.

Plein de nobles et fortifiantes espérances, il quitta alors cette Église triomphante, redescendit du bienheureux Thabor où il avait vécu un mois dans la société de son roi, de sa sainte mère la Vierge et des justes couronnés, puis rentra au milieu de l'Église militante, dont le chef est l'auguste pontife de Rome, afin d'en partager les labeurs et les combats dans les rangs de la compagnie de Jésus.

Toutefois, il ne séparera plus de sa pensée et de son œuvre l'Église du ciel de celle qui lutte et gémit ; toutes deux ne sont pour lui que la même et unique épouse du Christ, toutes deux que le même et unique empire universel de Dieu. Il travaillera donc sur la terre, mais son cœur restera aux cieux...

Quittons ces *exercices* en disant qu'ils sont un rude travail, rude pour le corps, rude surtout pour l'esprit. En effet essayer de porter, dans sa pensée et son cœur, toute la vie, tous les grands caractères d'un monde supérieur, chercher à inoculer dans son être entier leurs paroles, leurs vertus, leurs héroïsmes ; transformer son existence en celle d'un autre apôtre, d'un autre Ignace, en un autre Christ crucifié, c'est là une œuvre formidable. Le novice porte alors un véritable Atlas sur ses épaules.

Quant à Francisque, qui les avait faits avec enthousiasme, il se sentit, à leurs dernières heures, fatigué, il est vrai, mais résolu et décidé à parcourir avec le même courage les cinq autres *expériments* complémentaires des *exercices*.

Ces *expériments* ou *tentamina* sont des exercices d'un mois chacun et qui font suite à ceux que nous venons de développer. Ils ont pour but d'exercer et de mettre à l'épreuve les vertus essentielles dont les premiers ont déposé le germe dans le novice, et dont la vie entière du jésuite sera la pratique constante.

Ces expériments sont :

Celui de la *catéchisation*, au moyen d'instructions religieuses données à des enfants simples ou à des ouvriers. Dans le novice doit se former l'instructeur futur du peuple.

Celui du *pèlerinage*. Envoyés, deux à deux, les novices doivent voyager un mois durant à pied, quelquefois sans argent de route, et par là révéler le missionnaire à venir.

Celui de *l'infirmerie*, celui de la *visite des prisons et des hôpitaux* et celui des *travaux humiliants*. Ces trois derniers constatent et exercent surtout l'humilité et l'esprit d'abnégation.

Tous sont des creusets pour le renoncement et l'obéissance.

Ces expériments s'échelonnent, selon la volonté du maître des novices, pendant les deux années que dure le noviciat. Celui-ci, d'ailleurs, n'est qu'un champ plus étendu d'activité spirituelle dans lequel les occupations journalières sont fixées de telle sorte que chacune soit une application partielle, différente, renouvelée des mêmes exercices.

Ces occupations ordinaires de la vie du noviciat sont, à côté de la méditation quotidienne : les lectures, les conférences sur les constitutions de l'ordre, les travaux corporels et l'examen particulier.

Les différents éléments de vertus que les grands exercices et les méditations journalières ont fait germer dans le novice se groupent et se coordonnent en *science pratique* par la lecture, deux fois renouvelée chaque jour, du *Traité de la perfection chrétienne et religieuse* du père Rodriguez.

La *Vie des saints de la compagnie*, dont la lecture se répète chaque après-midi, donne à ces vertus et à cette vie religieuse, dont le père Rodriguez a fait une véritable science, une physionomie de famille, des traits de parenté que doit reproduire tout fils de Loyola.

Les *constitutions de l'ordre* ne sont que les exercices codifiés et traduits en règles. Cette charte ou loi de la société est lue, commentée et apprise chaque matin.

Voici ce qui, dans ces constitutions et leurs commentaires donnés par le maître des novices, frappa vivement l'esprit de Francisque :

« La plus grande gloire de Dieu ! telle est la devise de la compagnie et sa fin.

» Elle consiste dans l'extension et la prospérité du règne de Dieu sur la terre. Ce règne n'est autre que l'Église *romaine*.

» Les ennemis de ce règne sont avant tout la *réforme* et l'esprit d'indépendance de la civilisation moderne. La compagnie a été suscitée pour leur combat à outrance.

» Les rois ne sont que les ministres ou instruments de Dieu ; ils sont l'épée de l'Église. S'opposent-ils à sa prospérité par des lois ou des actes qui porteraient atteinte au culte, à l'organisation, aux usages et aux libertés de cette Église, que ces actes et ces lois sont frappés de nullité.

» Quand il s'agit de l'œuvre de Dieu, il n'existe pas pour le jésuite de considérations de personnes ; il ne connaît pas les liens du sang.

» L'âme d'un jésuite ne sait plus rien de sa famille, de son père, de sa mère.

» La patrie n'est qu'un mot humain, étroit, un mur de séparation. Il faut le rayer du dictionnaire chrétien et lui substituer celui de catholicisme ou famille universelle, dont le père est aux cieux et l'unique représentant à Rome.

» En sa qualité de soldat, le jésuite doit en avoir l'abnégation et la soumission aveugle. Il ne vit plus en tant qu'individu, pas plus qu'un cadavre.

» Non seulement l'idée de propriété à l'égard des objets terrestres et de son propre corps n'existe plus pour un membre de la compagnie, mais son jugement et sa volonté personnelle ne lui appartiennent plus ; ils sont morts à ce point que si le pape disait : Ce qui te paraît blanc est noir, le jésuite doit croire qu'il en est ainsi et répondre : C'est vrai !...

» Enfin, le disciple de Loyola, en tant que compagnon de Jésus, doit être indifférent à l'exil et à la pauvreté, plus fort que l'opinion et la persécution... Il est plus grand que l'adversité, au-dessus du monde et de ses vicissitudes. »

Si les constitutions forment le code général de la société, les *instructions* pour les novices renferment les règles particulières pour ces derniers. Elles sont les *formes* dans lesquelles le novice doit faire entrer chacune de ses actions.

Rien n'y est oublié : actes spirituels, exercices corporels, ordre et mode, dispositions de l'esprit, posture et tournure du corps y sont précisés. La conversation, la prononciation, la démarche, le regard, tout, en un mot, y est formulé, fixé. Le novice, par exemple, parlera de façon à pouvoir persuader ; pour réussir, il commencera par pénétrer dans les pensées et l'esprit de son interlocuteur et devra finir par l'attirer à ses propres convictions. Il entrera, comme le disait pittoresquement le maître des novices, par la porte d'autrui, mais aura soin de faire sortir par la sienne. S'agit-il des yeux ou des autres organes? Le novice ne tournera point la tête sans motif, ne dirigera sa vue que vers la terre environ vingt pas en avant; il n'envisagera pas les personnes avec lesquelles il parle et

n'élèvera point son regard plus haut que leurs épaules ;
à table, on lui verra découper une poire de telle manière, découronner un œuf du bout de sa coquille
avec le même art qu'il a conduit une méditation ou lu
et prononcé une page. A cette fin, il aura des exercices
publics de marche, de prononciation, de repas, etc.,
après lesquels, et en conformité avec les instructions,
tous ses frères présents et le socius du père des novices feront sur sa manière et ses défauts des obser-
vations plus ou moins originales, des critiques plus
ou moins malicieuses.

La lecture entière du livre des instructions était
renouvelée six fois par an ; si bien que le novice savait
par cœur et du bout des lèvres ce *vade-mecum*.

Il nous reste à signaler deux exercices de chaque
journée : les travaux corporels et l'examen particulier. Disons un mot de ce dernier.

La journée du novice, après avoir été employée aux
occupations dont nous venons de parler, se terminait
par l'examen général et l'examen particulier.

Par l'*examen général*, il faisait le bilan général du
jour.

Par l'*examen particulier*, il s'attachait à un point
spécial. Cet examen particulier est l'arme offensive
par excellence de la compagnie. Il a pour but la destruction d'un défaut ou d'un vice, la conquête d'une
vertu, d'une perfection.

Après avoir choisi son objectif, par exemple l'orgueil, le père ou le frère se propose de le combattre,
chaque fois qu'il le rencontre, jusqu'à victoire complète. Chaque midi et chaque soir, Francisque notait
sur deux lignes horizontales et parallèles, par une
série de points, ses défaites et ses succès et comptait
leur différence ; puis il se confondait de honte ou se
réjouissait en proportion de son insuccès ou de la

réussite et enfin s'armait d'un nouveau courage pour le demi-jour suivant. Toutes les semaines, il faisait les sommes et la différence générales et continuait cette tactique agressive jusqu'à ce qu'il eût obtenu à la pointe de l'épée l'objectif fixé.

A propos de cet examen particulier et pour y encourager les novices, on leur citait l'exemple d'un père dont la vie avait semblé une tristesse permanente et le défaut dominant la défiance en Dieu. Toutes les exhortations qu'on lui avait adressées à cet endroit semblaient être restées stériles. Mais, sur son lit de mort, le père s'était écrié dans un tressaillement de joie : « Je suis sauvé ! j'ai vaincu ! » puis il paraissait devant son juge.

Son supérieur, tourmenté sur son sort éternel, craignait que ces paroles ne fussent échappées à l'illusion, lorsqu'ayant trouvé sous le chevet du lit du moribond le livre de son examen particulier, il constata que depuis des années l'objet unique de sa lutte était la confiance.

Le père supérieur parcourt donc inquiet toutes les feuilles ; toutes portaient des maximes semblables à celles-ci : L'espérance ne confond pas !... Seigneur, augmente ma foi ! etc., etc., qui constataient de mois en mois, d'année en année son invincible persévérance dans le combat. Enfin, il arrive au dernier verso du livre. Là, il put se convaincre que le total des victoires l'emportait de trente-sept mille sur celui des défaites.

C'est cette magnifique et victorieuse majorité qui avait fait pousser au mourant cet accent de triomphe final : J'ai vaincu !...

CHAPITRE III

Nous avons quitté Francisque au moment où, sortant des grands exercices, il allait poursuivre la période des expériments qui les suivent.

Son ardeur était telle qu'il porta le tablier d'aide-cuisinier sans presque en sentir l'humiliation, obéissant aveuglément durant cinq semaines à un frère convers assez vif et borné; il fit à pied, et presque sans subsides, son pèlerinage de trente jours, trouvant très légers et agréables fatigues, intempéries, incidents fâcheux provenant des choses ou des hommes à la porte desquels il mendiait pain et gîte; il visita les prisonniers, soigna les malades durant des mois sans démentir un seul instant sa patience et sa douceur devant la plainte ou l'injure, la malpropreté de la geôle et les douleurs de l'hôpital.

Un jour qu'il visitait l'infirmerie de la prison centrale de la ville, le novice s'approcha du lit d'un typhoïde convalescent. Mais, horreur!... A la vue de l'habit ecclésiastique que portait le visiteur, il voit se soulever une tête littéralement dévorée par la vermine et maudissant Dieu, auteur de ses maux. Pour se venger, Francisque fit apporter de l'eau tiède et une brosse, puis, aidé de l'infirmier, il délivra l'infortuné. Celui-ci, soulagé, bénissait, une heure après, avec effusion ses deux libérateurs.

Dans un des hôpitaux de la même ville, Francisque rencontrait, deux fois la semaine, un sinistre vieillard qui s'avançait lentement vers la mort; le désespoir et la haine avaient déjà tué son âme. Il maudissait chaque jour un misérable qui lui avait enlevé sa fille unique, dix-huit ans auparavant. Francisque tenta l'impossible pour consoler cet infortuné et l'amener au pardon; mais tout fut inutile. Le novice prit alors la seule voie qui lui restait, il pria pour le vieillard et attendit le moment solennel de la mort. Cet instant sonna pour le malheureux. Francisque s'approche alors de lui avec douceur, lui fait entendre les paroles les plus affectueuses et lui parle de son Créateur, dont la puissance et la bonté vont lui rendre sa fille. Le père paraît touché; Francisque croit donc pouvoir essayer encore une fois le mot de pardon, tout en serrant en même temps la main mourante avec une touchante sympathie. Mais cette main presque déjà glacée se retire de celle du novice qui l'implore, et la bouche du moribond murmure cette dernière malédiction : Jamais de pardon ! qu'il soit maudit !...

Il mourut quelques moments après, laissant Francisque consterné.

Les jugements de Dieu apparurent alors terrifiants à ce dernier ! Toutefois, et sans oser murmurer, il se prosterna dans son néant. Le lendemain, son énergie et le sentiment du devoir lui imposèrent de reprendre le cours des exercices quotidiens qui continuèrent à le former.

Chacun d'eux, semblable au coup de ciseau du sculpteur, frappait dans le bloc pesant de la vie terrestre du jeune frère et en dégageait, journée après journée, les traits, l'esprit d'un compagnon de Jésus. La main habile du R. P. Stanislas tenait le ciseau mordant et en dirigeait les coups incisifs, chaque jour par l'intermédiaire du moniteur, chaque semaine directement et par la confession, chaque mois dans un examen fait en commun entre le novice et lui sur ses travaux et ses dispositions. Le maître alors examinait le sujet en formation, et jugeait du travail opéré par l'art humain et la grâce.

Pour reproduire et achever l'image animée dans son fils, le maître des novices n'avait d'ailleurs qu'à considérer le modèle. Il était là près de lui, resplendissant soit dans les constitutions de la compagnie, soit dans les exercices de saint Ignace, soit dans sa propre personne; il n'avait qu'à se faire copier lui-même par ses disciples.

En effet, le R. P. Stanislas était un des profès les plus accomplis. Depuis longtemps il eût été nommé provincial ou assistant du général sans la délicatesse de sa santé. Dans cet homme tout semblait parfait à Francisque; à ses yeux, son extérieur était un composé de modestie et de distinction; sa pensée toujours supérieure, sa parole irréprochable; chaque mot de ses lèvres renfermait toute une vie. Son âme, maîtresse des sens, se possédant elle-même, se montrait jusque dans les derniers plis de son expression taillée de la grande étoffe d'un saint Bernard, qui était son patron, ou de l'un des hommes illustres de l'ordre. Il eût été bien difficile de dire sa vertu dominante, car, selon que vous l'envisagiez sous tel ou tel aspect, il les révélait toutes en lui successivement, et chacune à un degré éminent. Exactitude et fini dans l'action, douceur et force dans le caractère, humilité et supériorité morale, souplesse et indomptable courage, il réunissait toutes les qualités et tous les dons spirituels. Entièrement mort au monde, et pourtant mû par un dévouement puissant, il présentait, selon Francisque, un type complet du jésuite.

Sous une telle direction, la formation des novices

devait avancer d'un mouvement réglé, sûr et comme infaillible.

Après dix-sept ou dix-huit mois de noviciat, Francisque commençait à montrer bien dessinées des lignes et des formes heureuses. L'ensemble de sa vie se dégageait inspiré et tout imprégné de celle d'en haut. Francisque, en effet, ne vivait plus qu'avec ses ancêtres chrétiens ; leur esprit était ordinairement présent à sa pensée ; les hommes n'existaient plus pour lui qu'à l'état d'âmes, et chaque objet d'ici-bas que comme un voile transparent sous lequel se mouvait l'invisible ou un symbole de vertu ou de vice. Les créatures les plus simples lui redisaient Dieu et la vie de l'esprit : sous la corolle de la fragile fleur qui s'entr'ouvrait pour embaumer son passage, il entrevoyait le doigt du Dieu lui envoyant le parfun exquis ; dans l'agneau qui paissait au bord de son chemin, il voyait un modèle de douceur et de docilité ; un animal rampant et hideux lui rappelait sa propre âme pécheresse et vile. Les âmes des hommes étaient des temples de l'Eternel, les unes souillées et en ruine, qu'il fallait purifier et relever, les autres ornées de vertus et qu'il fallait honorer ; toutes, des sœurs, des épouses du Christ, des filles du Très-Haut, qu'il fallait chérir, sauver ou imiter. L'histoire de l'humanité était le livre où la Providence déroulait ses desseins pour le salut des élus ; l'univers, la forme immense et sous laquelle se jouaient en harmonies sublimes la sagesse, la puissance et la bonté du Père des mondes ; chacune de ses créatures, une voix qui redisait sa gloire d'écho en écho, un serviteur qui accomplissait sa volonté de sphère en sphère. Et de ces myriades de voix et de puissances soumises à Dieu, sortait le concert d'une louange et d'une adoration infinie, d'une obéissance sans bornes.

Élevé à cette hauteur, Francisque ne voyait la vie du temps que comme une ombre qui passait sous ses pieds, ses espérances et ses craintes que comme des puérilités. Son cœur ne redoutait plus l'homme. Voici :

C'était par une soirée orageuse de 1848. Un soulève-ment populaire avait jeté l'inquiétude ou l'effroi dans la ville et menaçait de se porter contre Béthanie. Vers neuf heures, le maître des novices fait rassembler ses pupilles au moment du coucher et leur dit : « Mes frères, nous devons nous attendre à une attaque noc-turne ; mais ne craignez point, les cheveux de notre tête sont comptés et pas un ne tombera sans la vo-lonté de notre Père céleste. »

Francisque fut sans peur ; il remit tranquillement son sort entres les mains de son Créateur, désirant secrètement que sa volonté fût qu'on vînt la nuit l'arra-cher à son sommeil, le maltraiter et le couvrir de huées et de boue. Puis il s'endormit immédiatement d'un sommeil paisible qu'interrompit seule la cloche du matin.

A son réveil, il regretta sincèrement les injures et la prison, s'humiliant devant son Seigneur de n'en avoir pas été jugé digne.

Ce sentiment d'humilité qui se révèle ici s'était for-tement accentué au milieu d'humiliations nombreuses qu'il avait subies. D'ailleurs, la méditation constante de ses faiblesses l'avait disposé à s'attribuer la der-nière place aussi bien dans sa pensée qu'en action. Ses frères valaient tous mieux que lui, et il ne se sen-tait pas digne de dénouer les cordons de leurs souliers. Il allait beaucoup plus loin ; le plus chétif insecte lui paraissait plus haut que lui dans son estime : ce faible animal, se disait-il, ce ver rampant n'a pas offensé Dieu ; fidèle, il obéit à la loi de son existence ; quelque bas qu'il soit dans l'échelle des êtres, il n'est pas au-dessous du néant. Mais moi je le suis, car je m'appelle : ingratitude, souillure.

Cet esprit d'humiliation allait si loin que Francisque se laissait croire coupable à la place des autres. Il avait été préposé à la bibliothèque pour y épousseter, ranger et distribuer les livres. C'est ce que notre novice fit avec soin. Mais son prédécesseur avait oublié de lui dire qu'un certain nombre de livres, non encore classés, se trouvaient dans un compartiment à part que ne soupçonnait pas Francisque. Celui-ci étant sorti de charge, le moniteur découvre les livres oubliés, et le P. Stanislas appelle Francisque : « Vous êtes fort négligent, frère, » lui dit-il, « et coupable de trois fautes : vous n'avez pas classé une centaine de livres, vous les avez cachés dans une armoire invisible, puis vous avez tu votre négligence au lieu de vous en accuser en quittant votre emploi. » Francisque, qui ne pouvait s'excuser sans découvrir la faute involontaire peut-être de son frère, garda le silence, remettant à la Providence le soin de le réhabiliter plus tard si elle le trouvait bon.

Dans la conviction générale de son indignité, il avait aussi conclu qu'il ne méritait ni de posséder ni de gouverner, non seulement quoi que ce soit en dehors de lui, mais même son propre corps et ses facultés dont il avait fait un si mauvais usage ; qu'il fallait qu'un administrateur infidèle ou incapable restituât entièrement à son Créateur par les mains de son supérieur des biens et une gestion qui avaient dépéri entre les siennes. Appliquant ce principe à la réalité, Francisque avait renoncé de toute son énergie à ses sens et à sa raison ; il s'était arraché le cœur non seulement à l'affection de sa famille, de son ami Henri ou de tout autre, mais surtout de la sienne propre ; le maître des novices seul était le véritable dépositaire de son être entier.

Un renoncement aussi complet lui facilitait nécessairement une obéissance sans résistance; le caractère particulier du novice la rendit absolue.

En effet, cette âme ardente, constamment tenue en haleine par un idéal sublime, entraînée par le mouvement général de la maison, aiguillonnée par l'exemple de ses nobles compagnons, avait besoin d'une expansion intense. Mais, ayant poussé l'abnégation jusqu'à abdiquer toute direction et toute initiative personnelle, il ne restait plus à l'élan de son activité que la seule voie d'exécution commandée à son impulsion, celle de l'obéissance. Ainsi mises en mouvement et dirigées par le commandement des supérieurs, ses facultés, animées d'une force et d'un souffle intérieurs puissants, voguèrent à pleines voiles dans le courant tracé par saint Ignace et dans lequel navigue la compagnie de Jésus.

Une seule faute contre l'obéissance échappa durant ces dix-huit mois à l'inattention du novice; mais elle fut à l'instant réprimée. La voici :

Dans une de ses visites aux hôpitaux, Francisque avait, dans un sentiment de bienveillance, promis une petite brochure d'édification à un malade qui la lui avait demandée. Le novice aurait dû, au préalable, revenir à la maison en demander le consentement; mais il n'avait nullement songé à cette formalité et pensait qu'il suffisait de faire connaître à son retour au P. Stanislas sa promesse, et de lui demander respectueusement le petit volume. C'est aussi ce qu'il fit immédiatement.

— Mais qui vous a autorisé à faire la promesse? répondit d'un ton sévère le supérieur.

Francisque, confus de son oubli, ne s'excusa point et demanda immédiatement pardon.

— Vous ne serez pardonné, reprit le père, qu'après

être retourné à l'hôpital, avoir avoué votre infraction au malade et lui avoir fait vos excuses. Quant au livre, il ne sera pas donné.

A cette réponse, Francisque se sentit sous le poids d'une honte telle qu'il eût préféré mille humiliations devant la communauté. Cependant il s'exécuta sans hésitation et déclara sa faute au patient, qui se moqua de lui et de son maître des novices. Revenu auprès de ce dernier, Francisque en reçut un sourire, auquel succéda cet avertissement, dit d'un ton sérieux :

— Que ce soit la première et la dernière fois, mon frère.

Sauf ce léger manquement, nous n'en trouvons point d'autre.

Cependant les expériments et les épreuves en usage au noviciat allaient être achevés. Pour ses frères, Francisque était un novice fidèle et courageux, et il semblait que ses efforts allaient être couronnés par les vœux.

Mais Dieu ou les lois de la nature en avaient disposé autrement.

Un soir, Francisque vit sous son front comme un ruban de feu qui passait devant son cerveau... Puis, un instant après, il tomba sur le parquet de la chapelle.

Lorsque ses condisciples le relevèrent pour le porter à l'infirmerie, il était déjà en proie à une fièvre délirante. Chez lui, la lame avait usé le fourreau ; l'énergie et l'enthousiasme de l'âme avaient forcé et peut-être brisé les organes...

Pour nous rendre compte d'une telle catastrophe, il faut nous rappeler qu'en quittant Sainte-Croix Francisque éprouvait déjà des inquiétudes de conscience et un tourment de perfection. Ce mal moral avait pris des proportions effrayantes et ébranlé jusque dans ses fondements la vie du cœur. Or, celui de Francisque porta un contre-coup effroyable dans tout l'organisme du malheureux jeune homme.

Il y a ici un écho de Gethsémané qui commence avec l'entrée du postulant à Béthanie...

Mais quelle était la source et la cause du mal?

L'abîme qui séparait un idéal irrésistiblement désiré de sa réalisation impossible!

L'idéal que lui avaient révélé les exercices de saint Ignace lui semblait si beau, si sublime que Francisque ravi en avait juré à son divin Maître, avons-nous vu, la réalisation sérieuse. Mais il fut bientôt convaincu de son impuissance. Courbé dès lors sous un sentiment de confusion, il se jugea indigne de vivre dans le monde au sein duquel il était entré. Les nobles citoyens qui l'habitaient : le Christ, la Vierge et les saints, d'un côté, se montrèrent à lui rayonnant d'une telle perfection, ses forces et ses progrès, de l'autre, lui parurent tellement disproportionnés, sa misère morale si odieuse, qu'il sentit une force intérieure l'écarter impitoyablement non seulement d'un commerce aussi auguste que l'était celui du Très-Haut et des vertus puissantes des cieux, mais même de la vie en commun avec ses maîtres et ses compagnons du noviciat. Peu à peu ses relations avec ces derniers s'imprégnèrent d'une crainte intime, inaperçue au dehors, mais qui portait le trouble dans son activité intérieure.

La prière, qui fortifie et console, avait cessé d'être une source vivifiante; il n'osait plus s'approcher de Dieu. La pensée toujours présente des infirmités et des nécessités de son corps, la grossièreté des fonctions de ses organes, aussi bien que l'horreur qu'il avait conçue pour la corruption de sa nature morale, le repoussaient invinciblement loin du Seigneur, le Pur, le Saint. Aussi la méditation et les exercices religieux qui le plaçaient en la présence directe de son Créateur devinrent-ils pour lui un devoir écrasant, un labeur terrible, qu'il n'abordait qu'avec les efforts de sa volonté indomptable, mais dans lesquels, durant des semaines entières, il n'osait adresser un seul mot à son Souverain; il ne pouvait plus que s'anéantir et comme se cacher devant sa face.

Ces hontes, ces craintes s'enfoncèrent chaque jour plus profondément dans son esprit, et le doute affreux sur la bonté de son Juge suprême à son égard accompagna toujours davantage ses rapports avec le monde supérieur, et empoisonna successivement les opérations de ses facultés, ses réflexions, ses lectures, et jusqu'à ses travaux corporels. Tout, d'un côté, lui paraissait infecté de son souffle et de son contact impur; tout, de l'autre, lui rappelait la sainteté de Dieu qui, là présent, le pénétrait de son regard perçant; et à ce contraste, tout lui redisait cette parole écrasante : Misérable, peux-tu être digne d'amour?...

Cette idée de la haine probable, possible de son souverain Maître faisait son désespoir, était un enfer!...

La foi en son amour, au contraire, lui eût procuré le ciel au milieu des épreuves si sévères par elles-mêmes du noviciat!... Pour sortir de cet enfer du doute et conquérir la certitude de cet amour, sa volonté multipliait ses efforts, mais ces efforts étaient stériles; pour trouver une réponse calmante à ses alarmes, il s'emparait avec acharnement des humiliations et des travaux qui lui répugnaient le plus, mais humiliations et travaux demeuraient inutiles; dans son immense besoin de sécurité et d'affection réciproque de la part de Dieu et de Jésus, qui étaient devenus son suprême et unique bien, son cœur s'élançait infatigable vers la bonté divine et la miséri-

corde du Christ, leur offrant en paroles suppliantes
son dévouement le plus entier, leur jurant d'embrasser pour leur gloire tous les tourments, dussent-ils
se prolonger des milliers d'années, d'endurer même
les feux de l'enfer. Mais la bonté divine et la miséricorde du Christ semblèrent sourds à son cri persévérant et sans doute indigne; de sorte que le doute
inexorable et pesant, retombant seul sur ces élans du
cœur, le glaçait, l'épouvantait, le tuait...

Se repliant alors sur lui-même, il s'écriait : Je suis
vraiment un fils de la mère des douleurs!... Oh!
sainte mère, je me réjouirais pourtant de mes maux,
ils n'existeraient même pas pour moi, si, grâce à
votre compassion qu'on dit si maternelle, je pouvais
seulement espérer fermement qu'un regard de votre
pitié reposât sur moi! Mais la Vierge elle-même se
tut!...

Cet état de choses durait depuis presque un an
sans rencontrer de remède et pourtant sans provoquer la plainte ou le relâchement de Francisque.

Le P. Stanislas, auquel le novice exposait son mal
avec simplicité, ou le croyait sans guérison, ou le
regardait comme une épreuve passagère; car il ne
donnait d'autre réponse à son disciple que ces mots:
« Tout ce que vous faites est bien, mon frère; » ou,
« Contentez-vous de faire bonnement les choses; » ou
encore : « Tranquillisez-vous, mon fils. »

Francisque, obéissant, s'attachait à ces paroles;
il s'efforçait d'être calme et de répéter après son
maître : « Tout va bien, mon frère! »

Ce fut en vain; le doute et ses horreurs s'étaient
attachés comme des meurtriers implacables à la poursuite du novice.

Jusqu'au dix-huitième mois de son noviciat, Francisque demeura invaincu dans sa volonté. Mais celle-

ci, qui avait déjà tué sa raison personnelle jusqu'à l'obliger à déclarer blanc ce qu'elle voyait noir, étouffé toute initiative jusqu'à ne plus lui laisser prononcer une parole spontanée, dans la crainte qu'elle ne sentît trop l'homme ; qui avait arraché toute vie de son cœur jusqu'à lui ôter toute affection, après l'avoir jeté dans les tourments affreux du doute, finit aussi par sacrifier le corps de l'infortuné. Il devint la proie d'une fièvre maligne des plus dévorantes.

On désespéra de sa vie. Le sacrement des morts lui fut administré au milieu de ses frères en religion qui le vénéraient ; son père selon la chair, qu'il avait cru devoir quitter, vint pour assister à ses derniers moments et versa des larmes sur le lit du moribond ; enfin une nuit, durant laquelle le malade semblait devoir expirer, on entendit les hurlements lamentables des chiens ; les autres novices, qui crurent Francisque trépassé, prièrent dans leur cellule le Dieu de clémence pour son âme comparue devant le tribunal de sa justice...

Cependant, cette nuit-là même, une crise, survenue à la dernière heure, sauva le mourant, à la surprise de tous...

Le mal était vaincu !...

Vers la neuvième ou dixième semaine, Francisque, encore faible et pâle, descendit dans la cour pour visiter une première fois ses condisciples, et quatre mois après sa chute il se trouva assez rétabli, non pour entrer au scolasticat après l'émission de ses vœux, mais pour retourner dans sa famille.

En effet, si son corps était à peu près guéri, son âme, qui s'était replacée devant l'idéal dont la beauté l'attirait irrésistiblement d'un côté, tandis que sa grandeur l'écrasait de l'autre, se retrouva aussi avec ses tortures précédentes. Celles-ci devinrent si vives

et si cruelles qu'il faillit un jour s'abîmer dans le désespoir.

Se croyant repoussé du ciel entier, maudit, Francisque sentit une sueur brûlante et froide à la fois
inonder son corps. Essayant de se raidir contre le mal,
il tomba un moment après, accablé et sans mouvement, au pied de sa table ; ses forces étaient brisées.
Quelques instants durant, il resta affaissé et comme
anéanti dans un océan de douleurs... Tout à coup
son cœur jeta un cri suprême de détresse... Était-ce
celui du désespoir? celui que pousse tout être qui va
mourir?... Francisque ne pourrait le dire. Il sait seulement que du fond de ses entrailles sortit alors en
écho puissant cette réponse : « Oh, non ! le cœur de
Jésus ne saurait te laisser périr ! Il est trop bon !... »

Cette parole, qui n'était peut-être que l'accent instinctif et indestructible des entrailles de l'homme,
dans ces profondeurs où l'âme touche directement à
son Créateur, qui en est la base et la source, rendit
subitement la vie à Francisque.

A partir de ce jour, le novice ressentit pour le cœur
sacré de son maître un attachement que rien au
monde n'arrachera plus de son sein.

Cependant le R. P. Stanislas, qui, pendant et après
la maladie du novice, avait écrit au R. P. provincial
la situation de son disciple, en reçut une réponse qui
décidait provisoirement de son sort.

Durant l'été de 1848, Francisque fut donc mandé
par son supérieur.

— Mon frère, lui dit ce dernier avec tristesse, il
vous faut pour le moment un champ plus vaste que
l'enceinte de notre cloître ; peut-être Dieu vous ramè-
nera-t-il un jour parmi nous !...

Cette déclaration laissa Francisque interdit et muet
de douleur... Ah ! était-ce donc bien là où devaient

aboutir tant d'espérances et tant d'efforts pour les
réaliser!... Tout s'était évanoui comme une ombre
vaine!...

Les larmes montèrent de son cœur à ses yeux; mais
sa fermeté les y arrêta.

— C'est bien, mon père, répondit-il, je partirai.

Quelques moments après, il ajouta :

— Je me sens en effet fatigué.

Et tout fut dit au sujet de la compagnie de Jésus.

Il est vrai que, six ans plus tard, le R. P. Stanislas,
ayant appris que Francisque, prêtre, était devenu l'âme
d'un institut qu'il relevait de ses ruines, vint lui-
même l'inviter à rentrer dans l'ordre; mais il était
trop tard.

En attendant et dès le lendemain du congé donné,
Francisque fit ses adieux à un homme qu'il avait vénéré et aimé comme un père. Au moment de le quitter, il reçut de ses mains une lettre pour monseigneur
Bellegarde, dont la remise fut accompagnée de cet encouragement :

— Portez, mon ami, ces lignes à leur adresse et
soyez sans inquiétude sur votre avenir; monseigneur
vous recevra avec bonté.

Francisque le pria alors de lui permettre comme
faveur de prendre avec lui le *Thesaurus societatis
Jesu*, petit volume qui renfermait les exercices et les
constitutions, ainsi que ses instruments de mortification, qui se composaient d'un fouet et de quelques
chaînes aiguës. Avec eux, il emportait tout le souvenir de son noviciat : *un grand idéal qui avait dévoré
comme un feu consumant sa pauvre nature d'homme,*
et celui *des douleurs et des déceptions de son âme*
que la face de Dieu avait comme fait mourir!...

Une heure après, Francisque prenait la voie ferrée,
puis six heures plus tard en descendait pour faire à

pied, à travers la campagne, les deux lieues qui le séparaient de la maison paternelle.

En touchant le sol libre, en prenant comme possession de l'air natal, de la grande nature et du soleil d'autrefois, il sentit son cœur flétri se dilater, et un sentiment bienfaisant, tel qu'il n'en avait pas éprouvé depuis bien longtemps, traversa tout son être.

Sa famille se montra bonne et lui dit en l'embrassant avec joie : « Dieu soit loué de votre retour, vous nous manquiez à tous, cher Francisque. »

Deux jours après, il se rendait auprès de monseigneur Bellegarde. Il lui remit la lettre du R. P. Stanislas et reçut pour réponse :

— Mon fils, vous quittez un père ; mais vous en retrouvez un autre.

L'évêque le fit ensuite conduire aux professeurs du séminaire de Sion, les priant de recevoir Francisque au nombre de leurs élèves.

CHAPITRE IV

JUGEMENT SUR LE NOVICIAT, L'ENSEIGNEMENT
ET L'ORDRE DES JÉSUITES

Le grand séminaire de Sion se trouvait peu éloigné
de la résidence épiscopale. Francisque y retrouva ses
trois examinateurs de Sainte-Croix. Ceux-ci le recon-
nurent ; mais un sentiment de vive émotion les saisit à
sa première vue, tant il leur apparut étrange. Ce n'était
plus le jeune rhétoricien à l'aspect enjoué, aux joues
resplendissantes de santé et de fraîcheur. Son extérieur grave et composé annonçait qu'une main puissante avait passé sur lui et l'avait terrassé ; son front
dévasté, son teint pâle et ses traits altérés révélaient
des fatigues exceptionnelles et de grandes douleurs.
Seul, le feu de son regard trahissait l'énergie intérieure qui habitait le corps qu'elle avait presque con-
sumé.

Ces nouveaux maîtres furent toute bienveillance
pour celui à qui Béthanie avait offert un asile si peu
propice. Mais l'intérêt le plus marqué lui vint de
l'abbé Clemengès, un gallican qui lors de ses examens
à Sainte-Croix lui avait dit : « Votre intelligence réunit la précision mathématique à l'enthousiasme pour
l'idéal. » Il ne put même s'empêcher de mêler à sa
sympathie pour le naufragé une sortie contre l'ordre
de Loyola. « J'avais prévu, dit-il d'un ton pénible, ces
fâcheuses conséquences, dès que j'ai su votre départ

pour Béthanie. Les pères vous ont épris pour un idéal d'une apparence grandiose ; votre esprit logique a voulu lui donner sa réalisation exacte dans votre vie pratique, et dans ce but vous avez généreusement offert votre personne pour que cet idéal s'y incarnât d'une façon adéquate ; là-dessus, vos supérieurs sont venus chauffer jusqu'au blanc votre volonté enthousiaste et ont si bien activé le feu, que le vase a éclaté ; puis, après l'avoir endommagé et pour compléter leur œuvre, ils le renvoient sans façon à d'autres mains pour sa restauration. »

En parlant ainsi, le professeur conduisit Francisque dans son appartement et l'ayant fait asseoir :

— Je veux, cher ami, lui dit-il, vous faire connaître avec franchise toute ma pensée sur les hommes qui ont failli détruire en vous la vie intellectuelle et physique.

— Je vous écouterai avec respect, répondit Francisque, mais après vous avoir préalablement déclaré que je porte seul la responsabilité de mon échec à Béthanie. L'idéal qu'on y propose y est trop beau et trop au-dessus de mes forces, pour que j'eusse dû oser y prétendre. Ma présomption a voulu l'embrasser ; il m'a naturellement écrasé.

— Vous vous trompez, Francisque, car un idéal autrement grand, devant lequel celui de l'ordre n'est qu'une apparence, l'idéal chrétien, vous a été imposé par le Christ. Votre Sauveur ne vous a-t-il pas dit : « Soyez parfait comme votre Père du ciel est parfait ? » La cause du mal est donc ailleurs que dans l'ambition que vous vous reprochez ; elle repose fatalement dans la conception jésuitique du *Royaume de Dieu*. Cette conception confond l'Église du Sauveur avec la curie romaine, le Christ avec le pape, afin de dépouiller le Royaume de Dieu et le Messie-roi au profit de Rome

ultramontaine, que dis-je? au profit des jésuites.
L'ultramontanisme, ou plutôt le jésuitisme, voilà
Baal, auquel, au détriment du Seigneur, on vous a
immolé, comme on cherche à immoler toute vie ici-
bas.

— Je ne vous comprends aucunement, monsieur,
répondit Francisque.

— Est-il vrai, oui ou non, continua l'abbé Clemengès d'un ton bien accentué, qu'on vous a, au noviciat,
conduit à sacrifier biens, famille, amitié humaine,
intelligence, cœur, liberté, votre être entier?

— Oui, monsieur.

— Eh bien, qu'avez-vous reçu en échange d'une
telle offrande et de vos labeurs sanglants ? La joie
de l'âme, la certitude du salut et de l'amour de
Dieu ?

— Je l'espère, monsieur.

— Non, mon fils; vous n'avez trouvé au contraire
que déception. Vous avez tout donné pour ne rencontrer que le doute du cœur, le néant du cœur, la mort
du cœur ! Voilà l'unique obole que la compagnie puisse
octroyer.

— Permettez-moi de protester, monsieur, repartit
Francisque, et de rendre témoignage que la compagnie
m'a nourri et abreuvé aux sources les plus pures, à
celles de la vie du Sauveur.

— Vos sentiments de gratitude et de candeur vous
honorent, cher jeune homme, et c'est parce qu'ils
m'inspirent une sincère commisération pour vous que je
suis résolu de vous rendre attentif au point essentiel
qui domine votre séjour dans la compagnie et tous
les exercices spirituels que vous y avez parcourus
avec labeur. J'accorde pleinement que toutes les
scènes de la sainte vie de notre Maître ont été présentées à vos méditations. Mais elles l'ont été de façon

à vous faire aboutir au renoncement ; elles n'ont eu d'autre résultat final que l'obéissance aveugle. Est-ce vrai ? me trompé-je ?

— Il est vrai, monsieur, le disciple de saint Ignace se concentre dans ces deux mots, et cette offrande de l'être humain à Dieu me paraît souverainement équitable.

— J'ajouterai souverainement nécessaire, reprit le professeur. C'est pourquoi, après que vous eûtes soustrait à votre direction personnelle toutes les puissances de votre personne, vous avez voulu en faire un don irrévocable à votre *Créateur*. Telle a été votre intention et votre foi. Mais dans la réalité, et je vous prie de bien le remarquer, Dieu a peu reçu ; car, répondez-moi, à qui avez-vous remis la tutelle de toutes les forces actives de votre être après les avoir abdiquées ?

— Au Seigneur, monsieur.

— Non, mon fils, pas à Dieu, ni à son Esprit-Saint, pas même à son Église. Vous les avez placées uniquement entre les mains du père des novices.

— Sans doute, monsieur le professeur, mais avec la condition implicite que le R. P. Stanislas les dirigeât au nom du R. P. général ou plutôt de notre saint-père le pape sous l'ordre immédiat duquel il est placé. Or, le souverain pontife n'est-il pas sur la terre la représentation légitime de Dieu lui-même ? Lui seul est ici-bas la règle infaillible des mœurs et de la vie, l'oracle et la bouche de la vérité ; lui seul, la source de la puissance judiciaire qui absout et condamne ; lui seul enfin, le dépositaire suprême du droit, du pouvoir et du salut dans ce monde et pour l'autre.

— Par cette apothéose de Pie IX ou de tout autre pontife romain, vous voilà vous-même, Francisque, devenu la preuve de mon affirmation contre les jésuites qui vous a tant ému il y a un instant. Vos dernières paroles, écho de votre noviciat, sont la reproduction de la doctrine ultramontaine ; celle-ci ne dit rien de plus et rien de moins.

— Dans ce cas, l'ultramontanisme et le jésuitisme me paraissent être la conséquence logique et rigoureuse du catholicisme.

— Ils sont plutôt, vous ai-je dit, la confiscation des droits de l'Église de Dieu au profit d'un parti, et cette usurpation est à la charge des ultramontains, de l'ordre des jésuites et aussi, vis-à-vis de vous en particulier, l'œuvre des exercices de saint Ignace. Leur magnifique mise en scène, dans laquelle les grands personnages de l'Évangile ont été supérieurement fondus dans des caractères chevaleresques et mystiques, où l'élément divin s'est uni à une forme humaine exaltée, a ravi votre admiration ; l'art habile des développements et de la substitution de l'évêque de Rome au Christ a fait le reste. Vous étiez déjà sur le point de devenir vous-même un chevalier romanesque, à la façon du seizième siècle, champion sincère d'une faction intrigante dans l'Église, lorsque Dieu est intervenu par sa Providence. Qu'il en soit loué !

— Ah ! repartit avec tristesse Francisque, n'augmentez pas ma douleur !

— Loin de moi, mon fils, la pensée d'agrandir la plaie dont vous saignez, répondit avec compassion le professeur. Mon désir ardent au contraire, Dieu m'en est témoin, est de vous rendre à cette belle santé de l'âme et du corps, laquelle il y a deux ans m'a frappé chez vous. Francisque, mon cœur pleure lorsque je vous vois épuisé et penché vers l'extinction de vos facultés les plus nobles. Oh ! laissez-moi sucer le poison qui rend votre plaie si difficile à cicatriser, le poison de l'absolutisme qu'on y a déposé.

» L'absolutisme, telle est l'essence de l'ultramontanisme et surtout du jésuitisme. Or partout où cet absolutisme, dans sa forme jésuitique, a passé, il a absorbé toute vie propre ; le sol que son pied a foulé ne produit plus ; la source que sa main a touchée tarit ; toute existence atteinte du souffle de son esprit se glace ou tombe en dissolution.

» Apprenez donc ceci, cher jeune homme :

» Dès la fondation de la compagnie, la fin capitale, le but unique de l'ordre fut de proclamer et de rendre triomphant *l'absolutisme spirituel*. Et afin de réussir, il fut dans sa nature de vouloir étouffer toute voix, énerver ou anéantir toute force qui aurait pu s'élever à l'encontre de cette autocratie sur les esprits.

» On vit bientôt la compagnie reprendre en sousœuvre et achever complètement le travail de Grégoire VII et remettre en vigueur les fausses décrétales. Elle releva le drapeau et les prétentions exorbitantes de la papauté dans les mêmes termes et avec la même audace que celles d'un Léon III et d'un Boniface VIII, qui avaient soulevé contre le saint-siège peuples et rois, universités et conciles, amené les grands schismes d'Orient et d'Occident et poussé à leur émancipation les nations indignées. Pour les jésuites, le pape fut toute l'Église, et toute l'Église ne fut que le pape ; pour eux, le programme le plus rigoureusement ultramontain du moyen âge devint la règle unique d'après laquelle l'Europe moderne doit être jugée et condamnée, à laquelle elle doit être ramenée bon gré mal gré et par tous les moyens possibles.

» Fanatisés par ce programme, ils ont d'abord nié les droits des conciles et des Églises nationales. Puis ils ont proclamé la déchéance de l'épiscopat.

» Ils ont voulu également étendre un souffle de mort sur la royauté et le pouvoir civil. Pour briser le ressort de sa puissance, lorsqu'elle était contraire à ce qu'ils nomment intérêt de l'Église, ils ont professé, à l'occasion, dans leurs chaires de théologie le principe de la souveraineté des peuples, quitte à faire écraser au besoin et comme révoltées les nations libres qui réclament justice.

» Voici maintenant pour les peuples et les civilisations au milieu desquels ils ont vécu ou vivent. Afin de reconquérir à la papauté les nations que leur avait arrachées le mouvement du seizième siècle, les jésuites ont mis en œuvre tous les moyens possibles pour soulever les souverains et les entraîner à user du glaive, du feu, et à faire remplir les cachots, dresser des bûchers, afin de convertir par la violence les multitudes égarées, ou afin d'étouffer la Réforme dans le sang de leurs propres sujets, au milieu des ruines et des incendies, par la dévastation et l'affaiblissement de la patrie.

» Enfin, prenant pour forme de la science et de la culture humaines la forme particulière qu'ils ont donnée à la doctrine ultramontaine des plus mauvais siècles, ils ont insulté, bravé la société dont l'ère commence avec la Renaissance; ils ont déclaré une lutte à outrance à la vie moderne, non pas seulement dans ce qu'elle renferme d'erreurs et de défaillances, ce qui est le devoir de tout chrétien et de tout homme, mais ils se sont attaqués à elle d'une façon générale, universelle; à elle, dans toutes ses tendances et de préférence aux meilleures sources, aux meilleurs instincts de son existence; à sa littérature classique, aux principes de son art, de sa science, de sa philosophie; à son caractère le plus glorieux, qui est la tendance indépendante vers le vrai, vers la réalité.

» C'est ainsi que conciles, Églises nationales, évêques, souverains, aussi bien que vie sociale et individuelle de la pensée sont niés et voués à la destruction, s'ils ne veulent être réduits à la soumission ou à l'abdication au profit de Rome. Pour l'ordre des jésuites, il n'y a de pouvoir légitime, de source de vérité et de moralité, en un mot *de vie*, que le pape seul!...

» Autour et auprès de ce colosse, on ne laisse dans l'univers que néant. Voilà comment dans tout sol sur lequel a passé le souffle de la compagnie l'herbe ne pousse plus! Voilà comment vous-même avez été flétri par son haleine fatale!...

» Et ce qui rend ce fléau d'autant plus redoutable, c'est que la compagnie a été créée, formée, renouvelée dans la conviction que son œuvre tend à la plus grande gloire de Dieu. Obsédés par cette conviction homicide, les jésuites n'auront de repos que lorsqu'ils auront fait déclarer infaillible. Pie IX ou un de ses successeurs et, par là, tout supprimé dans le monde, sauf un vieillard!...

— Vous reconnaissez du moins la conviction et la bonne foi des membres de la compagnie, interrompit l'ex-novice, qui cherchait à faire diversion à cette sortie qui lui était très pénible.

— Oui, répondit Clemengès, celle que l'on peut avoir dans l'erreur, celle, par exemple, des émissaires du Vieux de la montagne, qui, sur l'ordre de leur chef, poignardaient les chrétiens, dans la conviction qu'ils faisaient la sainte œuvre d'Allah et iraient droit ensuite dans son paradis.

— Malgré ma révérence pour vous, monsieur, il m'est impossible d'admettre cette comparaison.

— Je ne compare pas un disciple de Loyola à un sicaire ou à un assassin fanatique; je veux seulement vous rappeler qu'on peut être un meurtrier de bonne foi, un instrument sincère du mal, et par conséquent aussi des maîtres et des instituteurs inconscients de l'erreur, et que ces hommes sont les plus dangereux, parce que leur conviction leur permet d'être, sans aucun remords, d'une logique implacable.

— Mais l'Europe n'a-t-elle point rendu aux pères de la compagnie le témoignage constant qu'ils sont des maîtres éclairés et des instituteurs parfaits des peuples et surtout de la jeunesse?

— C'est là où je vous attendais pour conclure, Francisque, et puisque vous avez profité d'une de mes paroles, pour faire allusion à un point de vue nouveau, voyons les membres de la société comme éducateurs; sur ce point, dites-vous, on a déclaré les Pères les modèles du genre. Mais sur ce sujet, le plus grave de tous, ne nous payons pas de paroles et de certificats de mérite, sans les avoir sévèrement contrôlés. Pour ce, allons droit aux sources de leur éducation et éclairons-en le contenu, en le mettant dans son vrai jour.

« Ce qui fait le vrai maître, un maître digne de sa vocation, c'est l'*amour* et le *respect profond* et sincère pour l'*élève* et la *science*.

» Or, les Pères ne possèdent ni l'un ni l'autre de ces éléments constitutifs du maître bon et utile: ils ne sauraient d'ailleurs les admettre dans leur cœur. En effet, vous avez dû apprendre par les exercices, que le fondateur met à la base de la perfection de ses membres et de ses constitutions l'*indifférence* complète pour l'*individu* et *toutes les choses créées*.

» Et ici, Francisque, j'en appelle à votre sincérité. Vous avez, durant presque deux années, été un des pupilles de la compagnie, et pendant ces deux ans vous avez connu de douloureuses épreuves; j'en lis sur vous les traces émouvantes. Vous avez surtout souffert dans votre cœur. Eh bien, dites-moi, vous êtes-vous senti franchement aimé pour vous-même,

aimé surtout comme vous aviez besoin de l'être alors ?
Certes, le P. Stanislas passe pour un maître des novices
parfait ; mais si vous avez été bien attentif, vous aurez
senti que le souffle de son cœur passait au-dessus de
vous. vous effleurait à peine et tendait directement à
un autre objet en dehors de vous et plus haut que vous,
et dans lequel il se reposait ; tandis qu'il aurait dû, au
contraire, s'arrêter avec compassion à votre pauvre
âme, la couver et l'envelopper comme une mère fait
de son enfant malade. Mais c'était là chose impossible, car tout ce qui ressemble à l'ombre d'une affection dans le sens humain, les jésuites n'en savent
rien ! C'est une injure faite à Dieu.

» Ai-je dit vrai, mon ami ? »

Francisque baissa la tête ; c'était en effet le manque
de cet amour qui avait desséché sa vie.

— Les Pères ne vous ont point aimé pour vous ; ils
n'aiment pas non plus un seul de leurs sujets pour lui-
même ; ils ne voient dans chacun d'eux que l'intérêt
de l'ordre. Vous savez mieux que moi qu'après une
épreuve de deux ans environ, les novices font un vœu
qui les lie irrévocablement à la compagnie, tandis que
celle-ci ne s'engage aucunement à leur égard. Je
sais, en ce point, un vénéré Père expulsé de l'ordre
après quatorze ans de services consciencieux, pour le
seul crime de n'avoir pas, aux yeux des supérieurs,
le *sufficiens*. Ce prêtre congédié est devenu un excellent curé. Or, que prouvent ces faits ? Que la société
de Jésus ne connaît pas vis-à-vis de ceux qui doivent
lui tenir le plus au cœur la notion la plus élémen-
taire et cependant la plus rigoureuse qui préside à
tous les contrats synallagmatiques, la notion de la
réciprocité des droits et des obligations chez les con-
tractants.

» J'ai insisté sur ce point, afin de vous permettre

de juger dès l'abord l'intérêt, l'estime que peut avoir pour les élèves une compagnie qui professe d'aussi admirables principes de sollicitude et d'équité envers ses propres enfants.

» Vous avez cru, après beaucoup d'autres, que, foncièrement voués au développement et à la prospérité intellectuelle et morale des classes populaires, les nobles Pères mettaient tout leur bonheur à développer par l'instruction le nombre des connaissances, le bon sens, la sagesse virile, de façon qu'elles puissent par là porter la vie avec dignité; détrompez-vous, car ces maîtres si pleins d'abnégation n'ont pas fourni un seul instituteur primaire; ces hommes zélés sont les plus grands adversaires de l'instruction obligatoire et leurs constitutions défendent d'apprendre à lire et à écrire à ceux de leurs frères convers qui ne le savent pas.

» Voilà pour les classes inférieures de la société; passons aux plus élevées. Celles-ci, il faut les cultiver avec soin, car à elles appartiendront un jour la direction et le gouvernement des peuples, les influences politiques. Aussi la compagnie déploie-t-elle pour leur instruction des soins infinis; l'appareil qu'elle étale est superbe et séducteur. Mais voyons le dedans, l'âme inspiratrice; c'est toujours et surtout ici la même grande préoccupation : celle des fins de l'ordre, des intérêts de l'Église, comme elle l'entend. Cela explique pourquoi les Pères ne développent dans leurs élèves que les facultés les plus extérieures, les plus secondaires et affaiblissent ou négligent les facultés fortes qui ont en partage la résistance ou le commandement; pourquoi ils exercent surtout la mémoire, la faculté d'argumentation, les talents apparents. Dans leurs collèges, on discutera savamment sur Aristote, on fera de beaux vers et des discours fleuris, on récitera par cœur des livres entiers de l'*Énéide* et d'Homère. J'y admire des manières polies, un langage correct, élégant, facile, l'habileté dans les arts d'agrément ; mais, à côté, il m'a fallu constater un vide que cet extérieur remarquable ne saurait combler : on a oublié dans cette éducation la force du caractère, l'indépendance de l'esprit et des recherches, l'impartialité du jugement. Je cherche en vain, parmi maîtres et élèves, des âmes enflammées par l'amour pour la vérité, par l'ambition des découvertes ; des penseurs originaux et hardis, des critiques librement sagaces ou sévères, des savants sérieux, en un mot des hommes vraiment grands par l'étude et les exercices de l'éducation ; je ne les trouve pas.

» Savez-vous où leur méthode d'éducation religieuse et profane conduit disciples et novices ? toujours à la soumission des facultés de l'esprit, à l'immolation du moi véritable, qui constitue la créature morale et en fait la glorieuse image de Dieu ; au sacrifice de l'homme dans la famille et la société. Le triomphe de leur enseignement, c'est l'amoncellement des offrandes humaines les plus nobles autour de l'autel de la papauté. N'en êtes-vous pas vous-même un exemple ?

» Voilà comment les dignes Pères aiment leurs élèves et les respectent !...

» Mais peut-être qu'il en est autrement de la science ? qu'ils s'y livrent avec passion, qu'ils l'honorent sincèrement du moins ? S'il en était ainsi, d'où vient qu'ils désintéressent autant que possible l'esprit du fond des choses, pour ne l'occuper que des formes, des rapports, des convenances ? Pourquoi, au lieu de poser avant tout la question de la vérité, de poursuivre directement le contenu réel, ne s'appliquent-ils qu'à l'art de l'exposition, aux arguments de la polémique, aux moyens du succès ? S'ils s'intéres-

sent sérieusement à la science, pourquoi cultivent-
ils avec tant de soins les branches qui tiennent plutôt
au dehors et négligent les autres qui tiennent surtout
à l'essence? Large place est faite dans leur programme
à la grammaire, à la rhétorique, aux exercices du
style, aux mathématiques, à la logique; tandis que
l'histoire, les sciences naturelles, en un mot les
connaissances positives des faits, si indispensables
pour atteindre la vérité, sont négligées, exclues.
Géologie, cosmologie, ethnologie, sciences des langues
et des religions comparées, histoire approfondie des
grands systèmes et des écoles de philosophie, branches
dont les unes tiennent de si près aux dogmes de la
création et à la destinée future de l'homme, dont les
autres sont si nécessaires pour se faire une idée
exacte de la vie spirituelle, et contrôler l'enseignement
des Églises et des religions positives, restent toutes
étrangères à leur plan d'études; ou bien, si elles y
figurent pour donner le change au public, elles ne
sont enseignées et présentées que par lambeaux découpés avec préméditation, puis rajustés avec art,
mais sans valeur scientifique et sans autre résultat
que d'en fausser la connaissance.

» C'est surtout l'histoire dans ses différentes
sphères qui est frappée d'un ostracisme particulier
ou qui est la plus mutilée.

» Les textes en ont été supprimés, retouchés par
eux, tellement que le grave Leibniz a dû dire : Ne
confiez jamais à un jésuite une bibliothèque ou des
archives, vous ne seriez plus sûr d'y retrouver les
textes et les documents authentiques.

» Je ne voudrais pas affirmer que les Pères le font
de mauvaise foi; je suis plutôt porté à croire que
leurs savants, convaincus d'un côté que Rome est
infaillible et sans reproche, et trouvant de l'autre,

dans tel ou tel ouvrage, des faits, des assertions condamnés par l'Église ou bien contre ses intérêts, ont la
persuasion que le livre ment, a été faussé et qu'il est
de leur devoir par conséquent de le rectifier et de l'assainir. Ce sera donc, je veux bien l'accorder, avec la
meilleure intention qu'ils se font un devoir de modifier,
de refaire, de mutiler; mais en même temps, il faut
bien reconnaître qu'ils font de la science pour la théologie et non pour en extraire ses propres résultats;
que leur culte pour elle ne va pas jusqu'à lui conserver la liberté et l'intégrité de ses enseignements,
mais consiste à l'obliger à parler selon leurs idées.
En un mot, et pour dire nettement ma pensée, la
compagnie est pour la science un nouveau Procuste;
elle lui donne bien l'hospitalité chez elle, mais c'est
pour la violenter, en tirailler ou retrancher les
membres jusqu'à leur réduction à la taille de son
dogme.

» Pour en revenir à l'histoire en particulier, il est
recommandé aux jésuites de ne l'employer que sub-
sidiairement dans la controverse; la méthode scolastique doit être préférée à la preuve historique. Dans
certains de leurs établissements, on a supprimé l'histoire, affirmant qu'elle mène inévitablement à la perdition celui qui s'y adonne. On a été jusqu'à ne point
enseigner l'histoire de l'Église dans leurs Facultés de
théologie.

» L'enseignement religieux proprement dit n'a
guère prospéré entre les mains des révérends Pères.
La théologie y a péri en entier; sa dogmatique a été
réduite au dogme de l'*infaillibilité*, sa morale à
l'*obéissance*.

» Il est vrai que partout où la concurrence est
venue se dresser devant eux, les professeurs jésuites,
stimulés par elle, ont fait des efforts pour la soutenir,

en triompher et l'empêcher de disputer à la compagnie son influence sur les esprits. Ils ont alors produit quelques travaux utiles. Mais la concurrence disparue, et redevenus seuls dépositaires de l'instruction, ils en ont laissé tarir la source ou en ont fait dévier les eaux; et l'enseignement le plus sacré en vient jusqu'à tomber à un niveau incroyable de puérilités et de sottise (1).

» Oui, les jésuites ont écrasé la science et la religion; ils en ont enlevé l'esprit et la force intérieure. En énervant ainsi la culture religieuse et scientifique, je le répète une dernière fois, ils veulent les rendre incapables de résister au despotisme de Rome ou en faire des instruments serviles. Et ici comme ailleurs, n'ai-je pas raison de dire : le jésuitisme apporte partout avec lui, d'un côté, le *despotisme et l'absorption universelles*, de l'autre le *servilisme et l'épuisement* de la vie politique et religieuse, nationale et individuelle!...

» Vous connaissez maintenant, cher jeune homme, la compagnie de Jésus!...

» Jugez donc enfin de la valeur du noviciat qui enfante et forme une telle société! »

Le professeur cessa de parler; il frémissait indigné!

Francisque se taisait et ne pouvait répondre. Car la vie du noviciat de Béthanie, encore toute palpitante au fond de son cœur, remplissait trop entièrement son âme; l'admiration et la foi qu'il avait vouées à l'ordre en fermaient trop rigoureusement les issues aux attaques du dehors, pour que les paroles du savant professeur eussent accès en lui et obtinssent une marque d'approbation. D'un autre côté, il était encore trop peu initié à l'histoire de l'Église pour répondre

____

(1) Voir sur ce sujet : Huber, *Histoire des jésuites.*

pertinemment, lui jeune homme, à un professeur consommé dans la science ; et puis il sentait que le vénérable maître, déjà presque vieillard, lui avait parlé avec trop de conviction et de générosité d'âme pour ne pas lui inspirer un profond sentiment de respect et de réserve. De là son silence éloquent.

Le professeur, qui le comprit et qui était revenu peu à peu au calme, lui dit avec une douceur pleine de dignité :

— » Je n'ai point eu la prétention de vouloir être cru immédiatement et sur parole. Vous avez quatre années devant vous pour approfondir et expérimenter. J'ai seulement voulu déposer, au préalable, dans votre esprit un élément qui, dans le cours de vos travaux de théologie et de préparation au sacerdoce, fût un contrepoids destiné à rétablir l'équilibre intérieur, rompu par l'enseignement jésuitique. Je prie Dieu de bénir la semence que mon intérêt pour vous a voulu faire pénétrer dans votre esprit.

» Maintenant il faut nous quitter. Comme nos vacances s'ouvrent dans huit jours, vous allez retourner auprès de vos parents jusqu'au 1er octobre. Ce repos préliminaire vous permettra de revenir rafraîchi et assez fortifié pour entreprendre de nouveaux et nobles travaux.

— » Vous êtes bon ! monsieur, dit Francisque ému ; merci et puissé-je vous en témoigner ma gratitude. »

La nature et la liberté ramenèrent en lui, en grande partie, la santé et les dispositions d'esprit d'autrefois ; de sorte que ce fut avec une joyeuse confiance que Francisque put, deux mois après, reprendre le chemin de Sion et revenir à ses études suspendues pendant quatre semestres.

LIVRE III

SION

OU LE

GRAND SÉMINAIRE

CHAPITRE PREMIER

ENTRÉE A SION. — LA SCIENCE CLÉRICALE

Ce que le noviciat des jésuites est pour l'ordre entier de Loyola, le grand séminaire l'est pour tout le clergé catholique.

Il en est essentiellement le germe, aussi bien que le gland l'est du chêne. Il en contient virtuellement la substance et la forme ; la science, la vie et la hiérarchie sacerdotale y ont l'essence de leur esprit, et les linéaments principaux de leur développement futur.

Aussi est-ce là comme à leur école ou à leur gynécée, que nous irons étudier ce grand culte et cette haute autorité, auxquels le moyen âge semblait réserver l'empire du monde, dont la puissance est bien considérable encore, mais à la domination desquels semblent échapper chaque jour davantage nos temps modernes.

Entrons donc au séminaire avec Francisque, après l'avoir abordé derechef par un matin des premiers jours d'octobre 1848, sur la grande route départementale qui de son village conduit au chef-lieu. Il est en compagnie d'un condisciple des environs qu'il a pris à son passage, et avec lui il chemine à pied pendant les treize à quatorze lieues qui le séparent du séminaire.

Partis dès l'aube, puis ayant fait halte à mi-chemin,

ils arrivèrent avant le déclin du jour à la ville désirée de II.

Bientôt après ils sonnèrent à une des portes d'un amas de bâtiments usés et formant un carré peu régulier, auquel quatre rues environnantes donnaient sa place marquée au sein de la cité.

Cette maison était le séminaire de Sion. Un vieux portier ouvrit et alla annoncer leur arrivée au supérieur. « En attendant mon retour, » leur dit-il, « vous pouvez entrer à la chapelle; j'irai vous y prendre dans quelques instants pour vous conduire chez le directeur. » Puis il leur indiqua du doigt la maison de Dieu. Les deux voyageurs traversèrent alors une enceinte assez étendue, coupée de larges allées, ornée de parterres d'agrément. C'était la cour des récréations. Elle était encadrée par de vieux bâtiments, tous d'un seul étage, fermés et sans fenêtres du côté des rues et ouverts sur la cour.

Ceux-ci renfermaient les demeures particulières des professeurs et des séminaristes, un réfectoire commun, une salle pour les exercices religieux et enfin la chapelle.

C'est donc vers elle que se rendirent directement les nouveaux venus. Avant de se présenter à leur supérieur visible, ils allaient saluer leur maître invisible. Prosterné devant son autel, Francisque lui consacra la nouvelle période de son existence.

Le portier, étant venu ensuite les prendre, les conduisit chez leur nouveau supérieur.

Ce dernier était un vieillard respectable à tous égards, dont l'érudition scolastique était rehaussée par une vertu consommée. On le nommait l'abbé Martial.

Après les premiers saluts d'usage, il demanda à Francisque ce qu'il venait chercher au grand sémi-

naire. « Dieu et son amour, » repartit le dernier.
« Vous les trouverez ici, » ajouta le supérieur.

Cette parole pénétra de joie Francisque.

Cependant un séminariste de quatrième année, mandé par l'abbé Martial, étant survenu, on lui confia Francisque, qui lui fut donné comme compagnon de chambre.

L'ancien élève conduisit son nouveau frère dans sa cellule. Elle avait pour mobilier deux lits, deux tables, deux chaises, une image du Christ et un poêle. Les murailles nues et brunies par les années n'avaient pas vu le coup de pinceau du badigeonneur depuis quinze à vingt ans peut-être.

Cette grande cellule à deux parut misérable à Francisque. Mais chassant immédiatement cette impression fâcheuse : « Peu importe, après tout, se dit-il, l'extérieur de ma chambre ; le travail de la pensée et de la prière feront diversion à sa nudité ! »

Le compagnon qu'on venait de donner à Francisque formait contraste complet avec lui. Il était d'une tranquillité et d'un flegme imperturbables. Francisque, brisé et desséché à Béthanie et qui se refaisait à peine, aurait certes dû trouver auprès de lui un cœur ouvert, doux et libre.

Après s'être reposé quelques moments de son voyage, le nouveau venu fut conduit au souper. A l'issue du repas tous les élèves, anciens et nouveaux, se présentèrent à leurs maîtres réunis dans une grande salle d'exercices.

Francisque ne s'était encore vu, pas même au noviciat de Béthanie, en aussi nombreuse compagnie d'ecclésiastiques ; professeurs et étudiants s'élevaient au nombre de cent vingt à cent trente.

Impossible, sous leur habit uniforme, de distinguer leur provenance ; peu facile, sous le niveau commun de la règle, qui avait déjà passé sur la plupart de ces hommes, de juger de prime abord leur personnalité et leur éducation. Ce ne fut que peu à peu que Francisque comprit que la plupart de ses compagnons appartenaient aux classes inférieures ou moyennes, et fut frappé de leurs sentiments médiocres.

Pour le moment, Francisque ne vit dans ses nouveaux condisciples que des amis bienveillants.

Bientôt les directeurs se mêlèrent aux élèves qui leur avaient été présentés en bloc, passèrent de groupe en groupe et firent à tous bon accueil. Mais, dans cet accueil, rien qui parût rechercher les bonnes grâces des inférieurs ; on ne sentait que l'autorité, l'autorité condescendante, bienveillante d'un tuteur pour son pupille ou celle d'un magistrat pour ses administrés.

Francisque n'attendit pas l'abbé Clemengès. L'ancien novice prévint la rencontre du vieux gallican, et malgré le souvenir pénible qu'il conservait de l'attaque que le professeur s'était permise contre les jésuites, Francisque s'empressa d'aller au-devant de lui.

Chose étonnante, de tous ces maîtres, au nombre de dix environ, dont la vocation était de former des apôtres pour la société et des pasteurs de paroisse, pas un seul n'avait exercé les fonctions du ministère évangélique ; tous étaient dépourvus d'expérience pastorale ; c'était là un vice capital.

Un autre mal également sérieux alors au séminaire de Sion, c'est que la moitié des maîtres étaient à peu près de l'âge des élèves. Leurs études théologiques achevées, ils avaient immédiatement passé des bancs du disciple à la chaire du professeur.

Ce n'était point sans but toutefois que monseigneur Bellegarde faisait de tels passe-droits. Pour ultramontaniser son séminaire, dont les professeurs étaient en grande partie entachés de gallicanisme, il avait pris une mesure radicale : celle de faire un choix parmi les étudiants de troisième année, de les envoyer durant un an à Rome, pour y achever leur théologie et en revenir professeurs avec un esprit ultramontain.

Il en résulta, comme première conséquence immédiate, qu'il ne resta plus que trois ou quatre des plus anciens maîtres, défenseurs des traditions de l'Église de France, auxquels monseigneur n'osait encore toucher, mais à qui il préparait dans les sinécures du canonicat une honorable retraite. Il s'ensuivit également un appauvrissement quant à l'enseignement du séminaire.

C'est au sein de ce personnel et de ce milieu, presque isolé de la société, que Francisque devait être initié à *la science*, à *la vie* et aux *ordres sacrés* du clergé catholique.

SCIENCE CATHOLIQUE

La science enseignée au grand séminaire est *spéculative* ou *expérimentale*.

La première, toute théorique, est comprise sous le nom de théologie spéculative ; la deuxième, qui fait partie de l'activité pastorale du ministre de l'Église, s'appelle théologie pastorale. La première s'adresse surtout à l'intelligence et à la foi intérieure du candidat aux saints ordres ; la seconde fait le centre de ses fonctions extérieures.

Avant d'aborder les études théologiques, le séminariste fait un cours de philosophie et de physique. La tendance de ces cours est ecclésiastique, et ces deux sciences deviennent ainsi les servantes de la théologie. Ceci dit, nous abordons immédiatement cette dernière.

La science théologique catholique est beaucoup plus simple et moins complète que la science protestante. Elle se résume dans la *preuve* unique que l'Église romaine est la dépositaire *infaillible* de la *vérité* religieuse et dans *l'exposé systématique des articles de la foi de l'Église.*

L'herméneutique, ou la science de comprendre et d'interpréter un discours ou un livre sacré; la *linguistique* qui apprend à lire les écritures dans la langue qui les a vues naître et dans les différents idiomes par lesquels elles ont passé; *l'archéologie*, qui révèle dans quels cercles d'idées et de croyances, au milieu de quelles institutions et de quels usages se mouvaient les auteurs des écrits sacrés, et qui nous fait toucher du doigt l'influence de ce milieu sur l'écrivain; la *théologie biblique;* l'histoire des *dogmes* qui en montre les transformations; la *critique*, qui fixe les règles pour distinguer l'invention et le controuvé, qui fait retrouver et limiter *le vrai et le faux* dans l'histoire et dans les documents: *l'histoire ecclésiastique* enfin, ne sont pas des sciences que, malgré leur importance capitale, l'on embrasse dans toute leur étendue, ou que l'on étudie avec un inviolable respect pour les vérités inhérentes qu'elles renferment, et les résultats naturels qu'elles amènent; non, mais elles doivent être des auxiliaires obligées, auxquelles l'on emprunte des fragments, sinon parfois de misérables lambeaux.

Le principe donc qui commande toute la théologie catholique est *la preuve de l'infaillibilité.* Son corollaire est l'exposé aussi méthodique que possible *de ses oracles* ou *articles* de foi.

Prouver cette infaillibilité, exposer ces oracles, c'est avoir tout enseigné; les croire et les retenir, c'est avoir tout appris.

A. *Infaillibilité de l'Église catholique.* — L'Église donne comme base et source de son infaillibilité sa *mission divine.*

Cette mission et cette infaillibilité appuient leur preuve sur le *témoignage historique.*

Un fait indiscutable, dit l'Église catholique, et qui domine l'histoire, c'est que Jésus-Christ, Dieu-Homme, est ressuscité, et qu'en remontant au ciel il a complètement remis le royaume de Dieu qu'il avait fondé à saint Pierre, puis aux apôtres, et après eux au pape et aux évêques, leurs successeurs légitimes, par ces paroles : « Allez, enseignez toutes les nations, leur apprenant ce que je vous ai dit... Tout ce que vous lierez ou délierez sur la terre sera lié ou délié dans le ciel. Les portes de l'enfer (l'erreur et le mal) ne prévaudront pas contre vous... Voici, je suis avec vous jusqu'à la fin des temps. »

Par ces paroles, qui lui imposent sa *mission* et lui assurent l'assistance permanente du Saint-Esprit, l'Église reçoit le pouvoir souverain sur les esprits et le don de l'infaillibilité. Mais quelle est l'Église à qui ont été octroyées cette mission et cette infaillibilité ? Évidemment celle dans laquelle s'est transmise la succession légitime apostolique, l'Église romaine.

L'Église apostolique romaine est donc la seule autorisée, la seule dans laquelle on puisse être sauvé.

Il en résulte deux conséquences : la première, qu'à tout prix il faut entrer et obliger d'entrer dans cette Église du Christ, dût-on employer la force, le fer et le feu, *compelle intrare.* La deuxième, que les autres Églises, telles que la grecque et les protestantes, ne sont que des rameaux morts, impuissants pour le salut, puisqu'ils sont détachés du tronc vivant du catholicisme ; elles ne sont que des sectes pernicieuses que doit livrer à l'anathème, puis au bras séculier, l'épouse légitime du Sauveur qui a la responsabilité des âmes, le pouvoir des clefs et de l'enseignement.

Voici d'ailleurs l'exposition de cet enseignement.

B. *Exposition des vérités révélées.* — Cet enseignement converge vers trois objets particuliers :

Le *Dogme*, qui s'adresse à l'intelligence pour aboutir à la foi ;

La *Morale*, qui intéresse la conscience pour régler sa vie chrétienne ;

Les *Sacrements*, qui déversent dans les âmes les grâces du salut.

1° Le *Dogme*. L'enseignement du dogme avait été confié à un jeune prêtre de vingt-sept à vingt-huit ans, du nom de Varin.

L'intelligence du professeur, comme son savoir, tenait du juste milieu ; son jugement pratique avait encore beaucoup à apprendre des leçons de l'expérience ; l'expression de son caractère révélait quelque chose de féminin. Aussi la conscience qu'il avait de son extérieur agréable inspirait à l'abbé Varin une certaine recherche dans sa mise, sa parole et ses manières ; il tombait parfois dans l'afféterie. C'est ainsi en particulier que le jeune maître se servait avec une grâce trop voyante d'un mouchoir toujours sans tache et blanc comme un lis, dont pendant ses leçons il effleurait sans cesse d'une main délicate et fine son doux et beau visage. Naturellement ses auditeurs saluaient cette exhibition continuelle par des sourires furtifs et mérités. Du reste, les mœurs de l'abbé Varin paraissaient intègres, quoiqu'il fût le père spirituel de maintes jeunes matrones de la ville.

Ce fut un matin d'octobre 1849 que l'abbé Varin ouvrit son cours. Il le fit à peu près en ces termes :

« L'homme a un impérieux besoin de certitude ; sa

conscience exige cette dernière, surtout dans le domaine de la religion, dépositaire de ses intérêts les plus graves et d'immortelles espérances.

» Or, l'Église catholique a cet avantage essentiel sur les autres cultes qu'elle a reçu directement du Christ la vérité religieuse et l'*infaillibilité* pour l'exposer aux fidèles.

» Cette vérité ayant été déposée *par elle* dans le double sanctuaire des Écritures et de la tradition, c'est à elle seule qu'appartient le droit de l'en extraire aussi bien que le don de l'interpréter infailliblement. En effet, qui, plus que l'auteur d'un livre, en connaît le sens et a le droit sur sa propre pensée, afin de la commenter?

» Ceci posé, il résulte que la simple exposition d'une vérité religieuse par l'Église catholique suffit pour entraîner l'adhésion complète de notre esprit et emporter notre foi.

» Toutefois, le corps enseignant de l'Église n'est pas seulement un maître dont le droit et l'autorité absolus exigent *uniquement* une foi *aveugle;* non, il est également un père qui daigne donner à ses enfants la *raison* de leur croyance. L'Église commande, il est vrai, la soumission immédiate de l'esprit à chacun des articles qu'elle présente comme révélés; mais, aussitôt après, elle montre, au moyen de preuves philosophiques, combien fondées sur l'Écriture et la tradition, combien d'accord avec les lumières de la raison, combien adaptées aux besoins de la nature humaine et de la société sont ces vérités chrétiennes imposées à l'âme du croyant. Nous suivrons, messieurs, la méthode d'un des créateurs de la scolastique, de l'illustre Anselme de Cantorbéry : *Fides precedit intellectum, credo ut intelligam,* c'est-à-dire : Nous exigeons d'abord la foi, mais c'est afin de conduire par elle plus sûrement à l'intelligence de l'objet accepté par la foi. ·

» Ainsi chaque vérité catholique, certaine en soi et exigeant de prime abord la foi du fidèle, sera ensuite démontrée dans sa convenance par la science humaine.

» Cette science, dans la forme aristotélique que lui ont donnée les docteurs de l'Eglise, s'appelle la *scolastique*. »

Ainsi parla l'abbé Varin.

Une fois que Francisque fut dominé par la certitude de ces principes, tous les doutes qu'aurait pu appeler dans son cœur l'exposition ultérieure des dogmes devaient s'évanouir ou se briser devant cette conviction : l'*Église le dit*, donc Dieu l'a *révélé ;* par conséquent c'est vrai, absolument *vrai !*

Le professeur continua son cours, qui devait durer trois années, par l'enseignement du dogme catholique. Celui-ci fut l'exposition systématique du *Symbole* dit des apôtres. Tous les fidèles le connaissent.

2° La *Morale*. Parallèlement à l'exposition des vérités dogmatiques avait lieu celle de la morale.

Celle-ci était enseignée par l'abbé Prudentius. C'était un homme foncièrement honnête, d'un coup d'œil sûr et d'une conscience délicate, pour ne pas dire scrupuleuse. Il pouvait avoir cinquante ans et appartenait au gallicanisme.

Certes, ce n'est pas lui qui eût enseigné et surtout pratiqué la théorie du *probabilisme* comme Escobar. Pour tout ce qui touchait au salut, il choisissait toujours le chemin le plus *sûr* et non pas le plus commode, dût ce moyen facile réunir en sa faveur *certaines probabilités* de légitimité.

Il n'entre pas dans mon but de rappeler son cours ; je ne puis qu'en signaler les traits principaux.

« La morale catholique est l'exposé des *devoirs* que l'Église croit avoir été révélés par Dieu, de même que le dogme est celui des *vérités* divines.

» Cette morale se divise en deux parties :

» La première embrasse les *préceptes* ou devoirs qui s'imposent à tous les chrétiens sans distinction. Ils sont contenus dans le Décalogue et les six commandements de l'Église. Ces devoirs s'adressent soit à Dieu, à la Vierge, aux saints, aux morts, soit à notre prochain, ou à notre propre personne ; on peut les lire dans le catéchisme.

» La seconde renferme les *conseils* et ne regarde que les chrétiens qui font vœu d'atteindre la perfection évangélique. Ces conseils sont ceux de *pauvreté*, de *chasteté* et d'*obéissance aveugle*. »

Ce qui précède suffit, ce nous semble, pour faire envisager dans leur physionomie générale le *dogme* et la *morale* catholiques ; nous terminerons par une observation qui caractérise leur enseignement.

Comme on a pu le constater, le point de départ et l'objet de la connaissance religieuse sont complètement extérieurs au croyant, ils sont dans la révélation et surtout dans l'Église, ce grand corps que vous voyez là debout devant vous, semblable à un géant qui fixe, impose, foudroie. Tout sort de lui ; tout est objectif, tout est science d'autorité.

Il n'est pas nécessaire que vous compreniez par l'intelligence cet objet de la foi, que vous le touchiez par l'évidence, ou que votre conception humaine l'atteigne. La question n'est point là ; mais en ceci : *le maître l'a dit, l'Église l'a dit*, donc crois et fais.

De là vient que la foi et la morale, dans l'enseignement clérical, sont, avant tout, affaire d'*obéissance*. La vie et la félicité chrétiennes ne sont pas exclusivement la possession intime du vrai, du bien et du parfait

par la conscience humaine ; ils sont essentiellement
dans l'acceptation de dogmes, compris ou non, dans la
pratique de préceptes fixés par l'autorité et dans la
récompense qu'un autre vous accorde.

Le mal, le péché, n'est point tout élément corrupteur
du vrai, du bon, du parfait, mais la désobéissance à
la loi imposée. Le malheur éternel, l'enfer, n'est point
uniquement la perte ou l'altération du bien infini en
nous, ainsi que le désespoir éternel que nous causera
cette perte et cette altération, mais en première
ligne un feu extérieur ayant la vertu de torturer âmes
et corps par des supplices affreux et sans fin.

Le péché est *mortel* ou seulement *véniel* ; mortel, il
a pour châtiment l'enfer ; véniel, il attire les peines du
purgatoire, lequel est l'enfer, sauf la durée.

Une chose effrayante pour l'âme sérieuse de Francisque, et qui la troublait jusque dans ses profondeurs,
c'est la facilité avec laquelle on peut commettre un
péché mortel. Une erreur d'une valeur infime de cinq
francs dans les transactions commerciales, un simple
retard au culte du matin le dimanche, une fugitive
pensée relative aux mœurs, constituent matière à péché mortel et exposent à l'enfer. Aussi un catholique
ne sait-il presque jamais s'il est en état de grâce, et
une conscience timide ou délicate ne peut-elle être
tranquille, dans la crainte où elle se trouve que la
mort, venant la surprendre à l'improviste, ne la jette
dans les abîmes éternels. Ce dogme et les perplexités
qu'il engendre sont terribles ! Ils firent l'angoisse irrémédiable de Francisque. Des adoucissements inter-
mittents pouvaient à peine être apportés à cette âme
par la réception fervente des *sacrements*.

Ces *sacrements* sont dans l'Église les sources de la
grâce. Par eux, le chrétien est purifié, fortifié et
vivifié.

3° Les *sacrements*. L'institution des sacrements, dont l'ensemble aussi bien que chacun en particulier correspondait merveilleusement dans la pensée soumise de Francisque aux besoins religieux des sociétés et des individus, captivait sans cesse la reconnaissance et l'admiration du séminariste.

Un chétif enfant est à peine né sur la terre, que voici l'Église auprès de son berceau. Divine mère, elle s'empresse par son *baptême* de venir laver son nouveauné de la souillure native.

Plus tard, au moment où la vie de combat va commencer, cette mère vigilante remet au jeune athlète, par la *confirmation*, le bouclier et les armes du combat.

La lutte a été bien sanglante peut-être, ses années bien longues et l'athlète voit enfin venir la mort. Son heure est redoutable...; ne crains pas, frère, sœur, qui vas mourir, car ta fidèle gardienne est accourue à ton dernier appel comme à ta venue première. Debout au chevet de ton lit, elle tient dans sa main libératrice le baume de l'*extrême-onction*. Par lui, les horreurs de l'agonie s'adoucissent, l'âme purifiée une dernière fois est remise victorieuse et sauvée entre les mains de Dieu.

Ce n'est pas tout. Ces trois sacrements marquent le lever, le midi et le couchant de la vie. En voici d'autres pour les circonstances ordinaires; ils offrent en toute occasion le secours réclamé par les besoins habituels de la lutte et du travail quotidien. Ce sont :

· Le bain de la *pénitence*, qui lave et relève ; le banquet de l'*eucharistie*, qui nourrit et fortifie d'étape en étape le pèlerin.

Voilà les secours pour les besoins des *particuliers ;* il en faut maintenant pour ceux *de la société chrétienne.*

Celle-ci embrasse deux grandes classes, antithèses l'une de l'autre : celle des *simples fidèles* ou des *enseignés* et celle du corps *enseignant*, des *pasteurs* du troupeau.

Pour *perpétuer* sur la terre le *peuple* des enfants de Dieu, l'Église possède le sacrement créateur du *mariage* ; pour renouveler sans cesse les ministres ou pasteurs du troupeau, elle a reçu le sacrement de l'*ordre*.

Telle est l'économie des sept sacrements de l'Église romaine. Tout y révélait aux regards du jeune lévite une sagesse et une sollicitude providentielles. Il admirait, bénissait en particulier cette Providence, de ce qu'elle avait attaché l'efficacité de ces sacrements, non à la sainteté, bien imparfaite quelquefois, des ministres qui les dispensent, non à la science souvent bien médiocre du simple fidèle qui les reçoit, mais qui a mis dans le signe sacramentel, le pouvoir d'agir « *ex opere operato*, » par le fait seul de son application.

Il est vrai que Francisque eût désiré trouver dans l'*Écriture sainte* et la tradition primitive l'expression explicite et complète de l'institution des sept sacrements par le Christ ; qu'il regrettait que l'*Écriture* ne parlât clairement que du *baptême* et de la sainte *eucharistie* ; mais, par contre, il avait appris que le Sauveur n'avait pas choisi l'*Écriture* comme moyen essentiel de fonder son œuvre, mais la tradition. Il regrettait encore que dans la tradition écrite on ne vît apparaître pour la première fois le nombre de sept sacrements que vers le xiie siècle, dans les écrits de Otto, évêque de Bamberg ; qu'en particulier le dogme de la transsubstantiation et le sacrifice de la messe n'eussent point laissé de traces extérieures durant les premiers siècles et que la confession orale sacramen-

telle ne fût devenue un ordre officiel qu'en 1215, par
un décret du concile de Latran ; mais comme, d'un côté,
on lui avait prouvé que durant les premiers âges les
chrétiens étaient tenus de cacher leurs mystères aux
païens, et comme, de l'autre, l'Église *infaillible* ne
pouvait enseigner que la vérité, cela lui suffisait.

Qu'on ne l'oublie jamais, la foi inébranlable à cet
axiome catholique : *l'Église est infaillible*, voilà ce
qui chez Francisque coupait court à toutes les difficultés, procurait à son esprit repos et confiance !
Voilà le secret qui a fait que de grands génies, comme
les Augustin, les Fénelon et tant d'autres, ont renoncé
à leurs convictions personnelles, répudié même
l'œuvre de toute leur vie, lorsque l'Église avait prononcé contre eux ou autrement qu'eux.

Voilà ce qui explique comment, de nos jours, des
évêques tels que les Dupanloup, en France, tels que
ceux de l'Allemagne ont, malgré leur science historique et sa certitude, reconnu pour articles de foi, après
le décret du concile de 1870, ce qu'ils avaient déclaré
inadmissible la veille encore, l'*infaillibilité* du pape.

La nécessité de la foi en ce *principe capital* et
fondamental du catholicisme, l'*infaillibilité* de
l'Église, explique le soin avec lequel on l'inculque à
tout fidèle de prime abord et avant tout autre, l'extrême sollicitude avec laquelle on le fait sucer, comme
le lait de la mère, à tout enfant, à tout chrétien et
surtout à tout prêtre futur. N'est-il pas toute la force
du catholicisme ! Il faisait donc celle de Francisque.

Le *dogme*, la *morale*, les *sacrements*, tels sont
donc les objets essentiels du catholicisme ; ils constituent le centre de l'enseignement *spéculatif* catholique. Les autres sciences, telles que celle de la
liturgie et de l'*homilétique*, sont primées par ces
premières et n'en sont que des expressions.

Comme elles appartiennent au domaine pratique, nous y toucherons au chapitre de la *Vie cléricale*.

Après quatre années d'études très sérieuses, Francisque possédait la science catholique dans tout son ensemble et avec une conviction parfaite; les attaques de la science moderne n'étaient pas capables d'en ébranler l'édifice.

Nous allons en présenter un exemple assez extraordinaire.

CHAPITRE II

Durant les dernières vacances de son grand séminaire qui précédèrent d'environ six mois son ordination à la prêtrise, Francisque fit une excursion dans
le centre de son département, et à cette occasion traversa un village, où il aperçut un temple protestant.

La curiosité le prit d'y entrer, afin de pouvoir se
faire par lui-même une idée exacte d'un lieu de culte
hérétique et d'en tirer parti, le cas échéant.

Mais la porte du temple était fermée. Force lui fut
donc d'aller frapper à celle du presbytère pour se
faire ouvrir l'édifice religieux.

Le ministre, du nom de Bardot, était en ce moment
occupé à la culture de son jardin, en costume assez
simple.

Ce fut un sujet de scandale pour le jeune prêtre que
ce travail et ce vêtement qui lui était approprié.

Cet homme-là, pensa-t-il, ne sent point la sainteté
de son ministère. Du reste, à l'arbre j'aurais pu juger
le fruit : une Église sans dignité ne peut avoir que des
ministres sans respect d'eux-mêmes.

Francisque tombait en pleine erreur. Le ministre
Bardot était au contraire un homme des plus dignes et
des plus sensés sous des apparences modestes. Missionnaire courageux durant de longues années au

milieu des nègres de l'Afrique du Sud, il était venu, à
l'âge de cinquante ans, achever sa vie de dévouement
au milieu d'un petit troupeau de campagne, qu'il nourrissait des fruits d'une longue expérience. Celle-ci
s'unissait chez lui à une science profonde, large et
originale dont il avait puisé les fondements dans de
fortes études universitaires, et qu'il avait développée
par le génie particulier de son esprit libre et élevé, au
sein des vastes régions qu'il avait parcourues et des
peuplades incultes qu'il avait dû civiliser et évangé-
liser.

Francisque était trop imbu de cette pensée, qu'un
homme ne vaut pas ordinairement mieux que ses
idées, pour croire qu'un pasteur d'une religion mauvaise fût un honnête homme ou un esprit vraiment
éclairé.

Aussi, tout en abordant le ministre avec une poli-
tesse froide, avait-il pour intention unique de le prier
de lui ouvrir la porte de son temple.

Le ministre, après avoir prié l'étranger de lui accorder quelques minutes, reparut bientôt après dans
son habit ordinaire et fit voir à Francisque, dans sa
personne, un ensemble de dignité tellement prévenante et de franchise si exquise, que le séminariste
ne put se refuser à l'offre que lui fit un instant après
le ministre d'entrer avec lui dans une causerie religieuse.

— » Je le veux bien, répondit Francisque, mais à la
condition que la vérité seule triomphera et que celui
de nous deux qui sera convaincu d'erreur embrassera
les convictions de l'autre. Ce disant, le jeune abbé
ne doutait pas et ne pouvait douter que lui seul pût
avoir raison.

— » De tout cœur, repartit le ministre Bardot. »

Le séminariste, qui voyait là une âme à conquérir

à son Maître, invoqua celui-ci par une prière intérieure, rapide et fervente, puis, indiquant immédiatement du doigt à son guide une Bible antique posée
sur l'autel nu d'un temple froid et dépouillé de tout
ornement, il lui dit :

— » Voilà votre pape !

— » Oui, monsieur l'abbé, répondit le ministre, la
sainte Bible est notre pape, comme Pie IX est le
vôtre.

FRANCISQUE. — » Le nôtre est vivant ; il parle inspiré
au milieu de la grande Église universelle ; mais le
vôtre est muet ; c'est une feuille morte.

LE MINISTRE. — » C'est là une erreur, jeune homme.
Ce livre vient de Dieu, selon votre foi et la nôtre ; son
contenu sort des lèvres d'un maître bien vivant, d'un
maître plus grand que Pie IX, de celles de notre
Maître à tous. Lorsque j'ouvre de ma main les feuillets vénérés de ce livre saint, mon cœur en même
temps, s'élevant à l'Esprit qui les a inspirés, lui
demande d'ouvrir mon intelligence et mon cœur devant ce foyer de lumière et de charité qui de son sein
divin est entré dans l'âme des prophètes et des apôtres,
pour de là reposer dans ces pages comme le feu
sacré sous la cendre ou la lumière du sanctuaire
dans sa lampe sainte. Quand j'ai prié cet Esprit devant
ces lettres, qu'il a comme dictées pour les âmes, et
que je m'approche avec foi de cette lampe sacrée ;
quand j'écarte avec respect la cendre divine pour y
découvrir la lumière ou la charité du Christ, oh ! alors
au contact de l'Esprit du Seigneur, je sens mon esprit
s'éclairer et mon cœur devenir meilleur. Je sens la
vie d'en haut pénétrer dans mon âme, grâce, non
point seulement, croyez-le, jeune homme, à l'influence unique que la lecture produit par mes yeux
sur ma conscience, mais surtout au souffle du Saint-

Esprit, qui, après avoir entendu mon humble invocation, daigne venir vers moi et, à travers l'enveloppe visible du texte, déverse cette vie spirituelle dans mon âme, dans celle des chrétiens et dans celle de son Église entière.

» Ainsi ma Bible n'est pas aussi muette, aussi frappée de mort que vous pourriez le croire *à priori*. Mais je m'aperçois que nous avons commencé notre conversation comme par un anneau du milieu d'une chaîne. Pour qu'elle puisse être autre chose qu'une discussion sans issue et oiseuse, procédons scientifiquement et partons, si vous le voulez bien, de principes premiers admis par chacun de nous. Je dis si vous voulez, et non point si vous pouvez; car vous me paraissez déjà façonné pour la discussion théologique et peut-être fort avancé dans vos études cléricales.

Francisque. — » Je termine en effet dans six mois mon séminaire.

Le ministre. — » Dans ce cas, vous réunissez dans toute leur fraîcheur et leur ensemble vos notions et vos arguments, et mieux que personne vous êtes à même de me battre et de me convertir au besoin. »

Ces dernières paroles furent accentuées avec un air de provocation de bon ton.

Puis le ministre ajouta :

— » A vous l'honneur de commencer, monsieur l'abbé.

— » Je ferai selon votre désir, répondit Francisque avec un accent sous lequel perçait une joyeuse assurance, mais aussi un certain égard pour un adversaire qui avait su le conquérir au respect pour sa personne. Commençons donc par le titre qui ouvre le grand livre spirituel de l'humanité, par le mot Religion. Qu'est, selon vous, monsieur, la religion ?

Le ministre. — » Vous et nous sommes convenus d'appeler de ce nom l'ensemble de nos rapports avec Dieu. Cette définition est, je crois, celle de toutes les Églises du monde.

Francisque. — » C'est notre définition, il est vrai, avec cette remarque toutefois que l'Église catholique y fait entrer l'idée toute spéciale de *relier*; car la religion, selon elle, renoue des liens préalablement existants entre l'homme et Dieu, mais brisés par Adam.

Le ministre. — » Nous pourrons revenir sur cette idée particulière; en attendant, tenons-la préalablement en réserve afin de dégager de tout accessoire le fond essentiel de la définition.

» La religion est donc l'ensemble de nos rapports avec Dieu (rapports une fois troublés ou non).

» Mais quelle en est l'essence fondamentale, embryonnaire?

Francisque. — » La foi et l'obéissance filiale au Dieu créateur et révélateur.

Le ministre. — » Sans doute, ces éléments appartiennent essentiellement à la religion. Toutefois, vous n'avez pas précisé l'élément primordial, le fait originaire de la religion, tel que je vous le demandais. Permettez-moi de le faire pour vous. Si donc nous pénétrons jusqu'aux racines de l'âme, là où cette âme commence à poindre comme sentiment, intelligence et volonté, je la vois déjà, dans ces limites d'une spontanéité première, apparaître comme être religieux. Ce moi, dans ce sous-sol primitif, est déjà un besoin, une tendance vers le haut et le sublime, le grand et le supérieur, vers l'infini et le parfait, vers Dieu! Ce Dieu, le moi humain le cherche par toutes ses facultés instinctives, il le réclame par son intelligence comme lumière; il l'appelle par son sentiment et son cœur, comme bonté et amour; il le poursuit par son activité libre, par la volonté, et lorsque celle-ci l'a trouvé en tant que cause créatrice, elle se dévoue et s'unit à lui par l'offrande de soi-même.

» Telle est la religion dans son essence et son origine.

» Elle est donc une situation, un fait, mais situation, fait naturels, remarquez-le bien; car l'homme créé à l'image de Dieu, sorti de lui souffle de souffle, vie immortelle de vie éternelle, tend par conséquent, par nature, à conserver, à développer, à renouveler cette vie divine. Et pour cela il remonte instinctivement, nécessairement au foyer d'où il sort et qui doit l'alimenter.

» Mais jusqu'ici la religion est un fait, un rapport uniquement *intérieur*.

» Elle va devenir aussi *extérieure*. Lorsque mon âme est possédée et toute remplie de la pensée de Dieu, elle en trahit au dehors le sentiment; la religion, de même que toute autre partie de la vie intime, s'exprime irrésistiblement par des actes extérieurs: ce sera le cri de l'admiration, l'accent de l'humble prière, l'adoration qui incline le front; le culte, le dogme qui jailliront par le cœur, par l'intelligence, par l'être tout entier.

» Ainsi la religion intérieure revêt diverses formes visibles; dès qu'elle apparaît dans la sphère du monde des sens, du monde social, elle prend le nom de *religion, culte extérieur*, pour chaque individu d'abord. Puis ces expressions individuelles de croyance, d'amour, de prière produisent une résultante qu'on appelle *culte de la communauté, culte, religion nationale*, etc. Telle est la religion; elle sort des *entrailles humaines* comme une *aspiration vers l'infini*, comme un désir ardent d'union avec Dieu.

FRANCISQUE. — » Mais vous supprimez, monsieur, la source essentielle, le facteur premier, Dieu.

» La religion est une révélation directe de la divinité à Adam, à Moïse, aux prophètes et enfin au Christ.

» Ce facteur unique de la religion, vous l'avez omis.

Le ministre. — » C'est que, dans votre impatience, vous m'avez, monsieur l'abbé, interrompu dans le développement de ma pensée ; je continue donc :

» La religion est, selon moi, l'état naturel de l'homme, son mouvement instinctif vers Dieu, selon cette parole de Tertullien : « L'âme humaine est naturel-
» lement chrétienne ; » il aurait dû dire « religieuse. »
Ce mouvement instinctif qui élève notre âme vers Dieu et nous pénètre de sa pensée, voilà l'acte essentiel de la religion, la religion en réalité.

» Mais veuillez remarquer qu'au fond de ce mouvement instinctif, de ce soupir inné, je trouve Dieu soupirant pour ainsi dire lui-même en nous, selon l'admirable doctrine de Paul : « C'est l'Esprit qui, en nous,
» prie par d'inénarrables gémissements ; » et « en Dieu
» nous avons l'être, le mouvement, la vie, » non seulement la vie matérielle, organique, mais surtout la vie spirituelle, morale, religieuse.

» Je vais plus loin, et je dis que Dieu est également présent au développement extérieur, social de la religion. Celui qui préside à l'éclosion, au déploiement et à l'harmonie de la vie universelle des mondes, qui en règle et ordonne les manifestations diverses, ne présidera-t-il pas également à la vie sociale de son fils premier-né, de sa créature de prédilection, l'homme ?

» Peu importe le nom que vous donniez à cette action du Créateur ; appelez-la providence naturelle ou miracle ; pour moi, je constate avant tout ce fait : Dieu est attentif à la destinée de l'humanité, des peuples, des tribus, de chaque enfant des hommes ; il domine

et dirige leur vie religieuse comme tous leurs actes
dans les sphères diverses de leur activité. Oui, Dieu
a été avec Israël et avec Moïse, avec le Christ et avec
les peuples chrétiens. L'histoire du peuple juif, la révélation en Jésus et le développement organique de
l'Église chrétienne en sont des preuves irréfragables.

» Mais c'est lui également qui a présidé à la religion des autres peuples, en dehors du mosaïsme et du
christianisme.

FRANCISQUE. — » Je vous arrête ; sauf le mosaïsme et
le christianisme, les autres religions sont des œuvres
humaines, corrompues comme leur source.

LE MINISTRE. — » Sous peine de renverser de fond en
comble nos idées sur la justice, la bonté et la puissance divines, il me faut déclarer hautement que Dieu
n'a pu livrer à l'abandon ni les peuples qui ont précédé la révélation mosaïque, ni l'univers au milieu
duquel la nation juive n'était qu'un point, et où les
chrétiens ne forment que la neuvième partie des quatorze cent millions d'hommes qui l'habitent.

FRANCISQUE. — » Dieu n'a point délaissé l'homme,
mais l'humanité a abandonné son Créateur.

LE MINISTRE. — » Comment ?

FRANCISQUE. — » Par la chute d'Adam, notre premier
père.

LE MINISTRE. — » Mais vous faites là un sophisme
horrible, monsieur l'abbé. Ne voyez-vous donc pas
qu'en rendant à perpétuité des milliers de générations
humaines responsables de la faute d'un premier an-
cêtre, avec lequel elles n'ont eu aucune relation morale,
vous faites de Dieu, leur créateur, un juge inique,
qui vouerait à la malédiction éternelle jusqu'à la des-
cendance la plus reculée mille millions d'enfants, de
femmes, de vieillards, d'hommes de toute condition,
parce que leur premier père, à leur insu et en de-

hors de leur consentement, a failli. Quel arbitraire ! Quelle cruauté ! Et pourtant c'est le dernier mot de la foi catholique.

FRANCISQUE. — » Mais cette chute a eu pour conséquence la venue du Sauveur, et je la bénis pour son dénouement admirable, selon la parole du grand Augustin : « Heureuse faute, qui nous enfanta un tel Sauveur ! »

LE MINISTRE. — » Fatale faute, qui nécessita tant de sang et une telle rédemption ! D'ailleurs, nos péchés personnels suffisant à eux seuls pour expliquer ce rédempteur, pourquoi inventer comme raison essentielle le dogme absurde du péché originel ?

FRANCISQUE. — » Je n'explique pas, monsieur, je constate seulement un fait : celui de la chute d'Adam, et partant celui du châtiment et de la corruption de sa race. Or, aucune puissance au monde ne saurait changer un fait. Dès qu'il est, il est.

LE MINISTRE. — » Mais ce fait, dans la teneur et le sens que vous lui donnez, anéantit l'essence même du Créateur. Eh quoi ! selon vous, Dieu le Très Sage, le Tout-Puissant, le Bon, aurait créé un monde, le premier dans l'ordre moral et supérieur, le monde humain ; cette humanité devait être le poète, le roi et le prêtre par lequel toute la création serait chantée, gouvernée et offerte à son créateur ; et voilà, aussitôt que cet homme paraît, la clef de voûte de l'édifice se brise, et avec elle l'œuvre universelle subit un effondrement terrible, immense, irréparable ! Sentez bien cette conséquence, cette chute formidable ! Et ce fait, que vous affirmez être la foi catholique, la sagesse, la bonté et la puissance de Dieu n'ont pu le prévenir ?

FRANCISQUE. — » Dieu respecta la liberté d'Adam.

LE MINISTRE. — » Pour rendre coupables, sans leur

participation volontaire, ces milliers de générations inconscientes, et pourtant responsables dès leur entrée dans ce monde ?

FRANCISQUE. — » Mais je répète que c'était afin de faire éclater en Christ son immense miséricorde.

LE MINISTRE. — » Oh ! celle-là est infinie, et j'en bénis et en bénirai éternellement mon Créateur ; mais elle n'a rien à faire avec vos données étranges sur une catastrophe première, retombant en fautes et en punition sur des êtres qui en sont innocents. Ces données, et l'explication que vous en faites pour les justifier, aux yeux de quiconque va au fond des choses, mettent à la charge de l'architecte incomparable plus qu'une lourde et aventureuse maladresse. Je vous prie, préjugés mis à part, avouez que votre dogme est impossible, et reconnaissez franchement qu'il fait de Dieu un créateur aussi méchant que maladroit.

FRANCISQUE. — » Quelle horreur impie ! Vous êtes sans foi et sans respect pour le Très-Haut, vous, ministre de son Évangile.

LE MINISTRE. — » C'est vous, monsieur l'abbé, qui me présentez un Dieu peu respectable ; car non seulement son œuvre à peine créée s'écroule, mais l'architecte farouche se venge en s'acharnant à perpétuité sur tous les descendants d'Adam, et se voit enfin réduit à essayer de réparer cette catastrophe épouvantable. Cette réparation avorte comme la construction primitive de l'édifice ; car, malgré des prodiges de dévouement, le réparateur sera obligé de dire lui-même : « Il y aura beaucoup d'appelés, mais peu d'élus. » L'enfer regorgera de damnés qui maudiront à jamais cet Éternel, leur Créateur et leur Sauveur, dont la bonté ne les avait appelés à l'existence que pour qu'ils pussent le louer et l'aimer, au sein de la félicité, aux siècles des siècles.

» Est-ce vrai, monsieur l'abbé, que c'est là votre croyance ?

FRANCISQUE. — » Vous voulez donc que l'homme naquît impeccable ? ou que Dieu le forçât à bien faire et à rester irrépréhensible ?

LE MINISTRE. — » Non, monsieur, mais que vous soyez assez sincère pour admettre une des deux données que voici : Ou bien que Dieu a pu et dû tellement entourer de sa sollicitude paternelle le chef-d'œuvre de sa création, que sans ôter au premier homme, notre type, sa responsabilité morale, sa grâce efficace eût agi de telle sorte qu'Adam, créé parfait selon vous, fût au moins aussi fidèle à son Créateur que l'ont été dans la suite des temps des milliers de ses descendants nés coupables et imparfaits.

» Ou bien que la race humaine, en conformité avec les faits fournis par la science et l'expérience, a été créée *imparfaite* dans son origine, comme l'ont été les autres règnes des êtres qui peuplent l'univers ; que l'humanité suit la marche progressive, comme toute chose ; que Dieu, pour déployer sa gloire, fait sortir la perfection croissante de l'imperfection native, la grandeur de la petitesse, l'arbre puissant du germe fragile ; en un mot, la virilité morale et religieuse en Christ, de la faiblesse et de l'ignorance originelle de notre race en Adam.

» Cette doctrine, qui rétablit l'harmonie dans l'œuvre de Dieu, est conforme à l'analogie générale des mondes et des êtres ; elle rend un hommage éclatant aux perfections divines ; elle explique et éclaire l'histoire des religions sans en exclure aucune de l'action providentielle, tout en affirmant la supériorité hors ligne des révélations mosaïque et chrétienne.

» D'ailleurs, elle est confirmée par les documents de l'histoire cosmique et humaine.

Francisque. — » Je proteste d'avance et vous déclare hérétique.

Le ministre. — » Vous ne le pouvez, monsieur l'abbé; votre parole est engagée. Écoutez-moi, réfutez-moi, et dans ce cas, mais dans ce seul cas, je vous ai promis d'être des vôtres.

» C'est, ai-je dit, un fait cosmique général que le Créateur procède par progrès dans son travail éternel. L'univers, d'abord myriade d'atomes, se groupe ensuite en nébuleuses, se condense en globes solides et devient monde minéral. Sur celui-ci s'élève alors le monde végétal, toujours plus parfait et se superposant depuis la plante fossile aussi simple que primitive, jusqu'à la flore délicate et compliquée des époques ultérieures.

» Puis, sur le règne végétal, le grand Ordonnateur fonde le règne animal; et l'univers, sans rien perdre de ce qu'il était jusque-là, revêt un caractère supérieur, celui de la sensibilité et de l'intelligence.

» Sur ce dernier degré enfin, le maître de toutes choses place comme souverain le genre humain; avec celui-ci, la création n'est plus seulement intelligence, sensibilité, mouvement spontané, mais aussi raison et conscience, liberté et responsabilité, moralité, religion, aspiration vers l'infini et le parfait absolu.

» Voilà le témoignage cosmogonique. Voici celui de l'histoire des peuples: Ces annales nous font suivre comme pas à pas la marche progressive de l'humanité dans chacune de ses sphères, dans les arts, dans les sciences, dans l'ordre social, politique, moral et religieux. Partout l'histoire signale d'abord la naissance et l'enfance; puis, partout, l'enfance marche vers la jeunesse et arrive enfin à l'âge mûr et viril.

» Me restreignant ici au seul domaine religieux, je vois l'humanité s'élevant toujours davantage vers un

culte plus pur, plus élevé et plus dégagé de la matière.
De l'adoration presque inconsciente du fétiche et des
forces brutales de la nature, elle parvint insensiblement à la conception d'un Dieu moins grossier, plus
humain, plus juste ; elle passe alors à une divinité
plus spirituelle, plus parfaite, jusqu'à ce qu'enfin elle
atteigne et saisisse le Dieu « Esprit et Amour » par
essence, « qu'on adore en esprit et en vérité. »

» C'est ainsi que, de degré en degré, ce mouvement
d'ascension et d'épuration fait sortir la religion des
langes de l'enfance des premiers temps, pour la conduire jusqu'au culte admirable des chrétiens, qui
opère l'union filiale et complète de l'homme avec son
Créateur.

» Mais, au milieu de cette *gravitation* universelle et
successive vers Dieu, nous voyons se dessiner nettement un autre fait capital, celui de la *diversité* des
religions et des cultes.

» Cette variété est la loi de toute chose, excepté
de Dieu qui est immuable. Variété et diversité nécessaires, inhérentes à la nature des êtres et des objets
limités et sujets au changement, qui passent sous
notre regard ; variété et diversité résultant aussi de
la différence des esprits, des nations, des temps, de la
civilisation qui reçoivent ces objets, ces êtres et même
Dieu dans la forme particulière de leur génie, de leur
culture, de leur conscience.

» Cette variété des religions et leur progrès ren-
trent dans la grande loi essentielle de la vie d'ici-bas,
et comme tels ils *sont voulus de Dieu.*

» Il importe donc de séparer la *forme extérieure*
de la religion, ses apparitions individuelles et sociales,
de son *essence intime* et de ce qui en fait le fond capital. Ces derniers caractères sont immuables dans
tous les siècles et sous toutes les zones et se résu-

ment dans *la marche vers Dieu* et *l'union* de *l'humanité avec lui*, par l'adoration et la crainte, l'amour et la soumission. Il y aura des degrés différents dans cette marche et dans cette union, mais la substance essentielle reste identique, pendant que ses manifestations diverses, telles que rites, dogmes, cérémonies, culte, se modifient selon le caractère des races et des temps et leur mouvement vers l'idéal, vers le Très-Haut.

FRANCISQUE. — » Ce sont là, monsieur, des spéculations humaines, n'ayant pour base que des hypothèses incertaines.

LE MINISTRE. — » Mais je viens de vous démontrer que ce sont des faits incontestables. Placée sous ce vrai jour, la destinée religieuse de l'homme s'illumine et apparaît dans son développement harmonieux et réel.

» Adam et comme lui ses descendants, placés sur un des globes inférieurs de l'immense échelle des mondes physiques qui roulent dans les cieux, furent créés relativement imparfaits, afin que de cette imperfection sortît l'être immortel et fort, destiné à s'élever de sphère en sphère, sur les ailes des temps, par la lumière et la vertu, jusqu'à Dieu. Dans l'organisme périssable de notre premier père, aussi bien que dans celui de chacun de nous, un germe spirituel et conscient fut déposé, afin d'y éclore et grandir vers le beau firmament des esprits.

» Mais, lié à des organes physiques qui ont leurs lois et leurs besoins charnels, ceux de l'égoisme, cet élément spirituel dont nous parlons, faible encore dans ses commencements, est sujet à une lutte contre les instincts de la chair, souvent contraires aux siens, et succombe parfois à l'attrait des sens et des séductions de la vie terrestre. Telle fut la faute d'Adam, faute qui s'explique par son imperfection native et par la guerre que fit en lui la partie inférieure contre la partie immatérielle ; faute qui devient originelle en ce sens, non qu'Adam nous rendit coupables de son propre péché, mais qu'il nous transmit sa propre nature imparfaite, telle qu'il l'avait reçue du Créateur, et que le premier, aussi, il donna l'exemple d'une chute morale.

» Mais cet élément invisible et spirituel, qui constitue l'âme humaine, malgré ses faiblesses, se fortifie même par la lutte et, jusque dans ses chutes, monte toujours davantage vers Dieu, comme le règne végétal qui s'élève incessamment vers l'astre du jour pour se pénétrer et vivre de sa chaleur.

FRANCISQUE. — » Votre théorie a contre elle toutes les orthodoxies.

LE MINISTRE. — » Sans doute, mais elle a pour alliés la plupart de ceux qui font l'élite de notre civilisation, qui en sont la lumière et les grands exemples. De plus, elle réconcilie la conscience avec les perfections divines ; elle est conforme, je le répète, aux données des sciences naturelles et historiques et surtout ne touche en rien à l'œuvre rédemptrice de Jésus-Christ.

FRANCISQUE. — » Mais à quoi bon ce Sauveur? et que signifient ces paroles : « Il n'y aura qu'un troupeau et un pasteur? »

LE MINISTRE. — » A quoi bon un sauveur? Je vous l'ai déjà dit : le Sauveur est le fils qui s'offre à son père en holocauste pour des frères librement responsables ; il demeure le *modèle* sublime que doit suivre l'humanité ; il reste la *preuve* incomparable donnée à l'homme de l'immense amour que son créateur lui a témoigné afin de conquérir son cœur. Le Christ est venu pour *répandre* sur toute notre race son *Esprit* de force et de sainteté, pour être la *manifestation* de Dieu, source de toute vie parfaite et bienheureuse sur cette terre aride et inquiète, enfin, et en un mot, pour y fonder le véritable Royaume de Dieu. N'est-ce point assez, monsieur l'abbé?

» Mais, remarquez-le bien, ce Royaume de Dieu n'a pas échappé à la loi à laquelle la création universelle est soumise, à la loi de diversité aussi bien qu'à celle du progrès. De même que l'*univers*, sous sa grande unité ascendante, renferme des systèmes de mondes divers ; de même que l'humanité, tout en restant *une*, marche en avant par groupes nationaux, indépendants et variés, de même en est-il du Royaume de Dieu ; ses enfants se groupent en Églises différentes ; mais, grâce à Dieu, toutes ces diversités, loin de briser les unités cosmique, humanitaire et religieuse, en font l'harmonie...

FRANCISQUE. — » Assez, monsieur le ministre, interrompit le jeune abbé, scandalisé par un langage inouï pour lui : vous êtes un maître consommé dans l'art de séduire les âmes.

» Adieu, je me hâte de fuir, car vous m'êtes en scandale.

LE MINISTRE. — » Mais, monsieur l'abbé, je n'ai fait que parler le langage de la conscience et de la vérité ; je n'ai répété que ce que disent les faits et les hommes sérieux et éclairés de notre civilisation.

FRANCISQUE. — » Aussi l'esprit de notre civilisation moderne est-il l'ennemi de Dieu et de sa sainte Église. Or, moi, je ne connais que mon Seigneur bien-aimé, que le bercail de ma sainte mère l'Église catholique, et que notre vénéré pasteur, le bienheureux Pie IX. Ceux-là, je le sais, le monde et la Réforme ne les comprennent point et les maudissent. Mais les cœurs humbles, et moi à leur exemple, nous nous soumettons à leurs oracles divins. En dehors de l'unité de leur enseignement, de l'unité de leur juridiction, il n'y a qu'égarement.

» Je prierai Dieu pour vous, monsieur. Adieu.

LE MINISTRE. — » Cette exagération de l'importance que vous mettez dans l'unité extérieure est l'abîme qui nous sépare, et je le regrette infiniment. Vous écoutez avant tout Rome et son esprit, et vous regardez comme perdu tout ce qui existe ou se fait en dehors d'eux; moi, je ne regarde comme nécessaire que d'écouter l'Esprit de Dieu, qui parle dans l'Écriture, dans ma conscience, dans chaque Église, dans l'ensemble de la chrétienté; l'Esprit du Christ, agissant dans toute âme sincère qui l'invoque, dans les grands cœurs de chaque époque et dans celui de mon siècle. Avec cet Esprit, qui, selon la promesse du Maître, habite avec *elle jusqu'à la fin des temps, l'humanité chrétienne,* je dis plus *l'humanité religieuse ne s'égarera pas;* elle possédera *toujours* selon l'étendue de ses besoins la somme de vérité et de grâce suffisante pour son salut et possédera toujours le sentiment *infaillible* et la force nécessaire de son union avec Dieu, source de vie éternelle. »

Francisque ne répondit plus. Une douleur profonde avait envahi son cœur, car non seulement il voyait dans le ministre une âme perdue mais un séducteur d'autant plus obstiné qu'il paraissait plus convaincu.

Bardot, qui était un homme excellent et compatissant, fut touché de cette amère tristesse, dont il se sentit tout pénétré lui-même. Aussi, et malgré les résistances de Francisque, accompagna-t-il pendant une demi-heure le jeune voyageur qui s'éloignait. Alors, le quittant, il lui dit d'un cœur paternel et ému, ces paroles d'estime : « Cher jeune homme, vous êtes une âme sincère. Eh bien ! priez l'Esprit de Dieu, et j'espère que, lui aidant, il arrivera un moment où vous aurez la force de secouer le joug de Rome, dont vous sentirez peser le poids écrasant; car, sachez-le, et quoi qu'il m'en coûte de le dire en présence de votre douleur, l'esprit de cette Rome est inconciliable avec la vie individuelle et sociale telle que Dieu l'a créée et développée de notre temps. »

Puis, élevant son regard vers le ciel, le ministre ajouta :

— « Dieu de miséricorde, fais que ce digne jeune homme se rappelant les paroles que tu m'as inspirées aujourd'hui te demande de nouvelles lumières, et qu'un jour il puisse bénir cette entrevue! Que celle-ci soit le commencement de sa délivrance future.

Francisque. — » Que le Seigneur ne vous entende point, monsieur; adieu! »

La science du séminaire ainsi exposée, contredite et défendue, nous passons à la vie qu'on y mène.

CHAPITRE III

Le prêtre est à la fois un homme privé et un homme public; il doit simultanément créer en lui-même un enfant de Dieu, puis former au dehors des fils à l'Éternel. Il s'appelle tout ensemble, dans le royaume du Christ, simple fidèle et apôtre.

Mais, artiste divin, comment fera-t-il surgir du bloc des masses ces admirables statues vivantes qu'on appelle des chrétiens?

En puisant dans sa propre vie, une fois formée, l'idéal des chefs-d'œuvre à accomplir à l'extérieur.

Il faut donc qu'il commence par faire de sa personne un autre Christ; puis, qu'il dise au troupeau : Soyez mes imitateurs, comme je le suis du Sauveur!

Telle est la double vocation du sacerdoce : *vie personnelle* et *vie pour les autres*.

Le grand séminaire est l'école de cette double vie, que nous nommerons : *vie individuelle et vie pastorale.*

ARTICLE PREMIER

Vie pastorale au grand séminaire de Sion

Lorsque l'homme appelé à sauver des âmes aura été placé par son évêque au milieu d'une communauté, il devra posséder comme moyens d'action extérieurs : 1º la *parole*, dont l'art, appelé *homilétique*, se diversifie en prédication et en catéchisme ; 2° la science des cérémonies du culte et des sacrements qui forment le groupe *liturgique*.

Nous nous arrêterons seulement à l'homilétique.

§ 1er. *Homilétique.* — Celle-ci est l'art et la pratique de la prédication et de la catéchisation.

Signalons spécialement la *Prédication*.

La parole sainte est la grande épée des conquêtes spirituelles, et la semence qui éclôt en moissons de vie ; c'est par elle que le ministre crée la foi : *Fides ex auditu.* La foi vient de la parole qu'on entend.

Francisque, dès son arrivée au séminaire, fut placé au milieu d'une atmosphère richement saturée de rhétorique et d'éloquence religieuse.

Chaque soir, il entendait à tour de rôle un de ses condisciples prêcher durant le souper un sermon de sa propre composition ; chaque matin, durant le déjeuner, deux élèves s'efforçaient de traduire et de rendre, avec le plus de perfection possible, deux formules d'éloquence chrétienne, dans lesquelles on avait condensé les différents mouvements oratoires que comporte un discours modèle. Tous les samedis dans la soirée, trois conférences étaient prêchées par un des professeurs et par deux condisciples. Enfin, le dimanche, on conduisait toute la communauté à la cathédrale pour y entendre les orateurs ordinaires et extraordinaires.

Je signalerai en outre les lectures publiques, qui avaient lieu deux fois le jour, et étaient faites successivement par les jeunes lévites dans le but de perfectionner la prononciation ; je citerai aussi les leçons spéciales de déclamation données chaque année pendant douze ou quinze jours par un maître dans l'art déclamatoire, et qui fut, durant le séjour de Francisque à Sion, le même qui avait dirigé les premiers développements de l'illustre tragédienne Rachel. Enfin j'indiquerai encore la leçon théorique et pratique de prédication, présidée chaque dimanche, de six à sept heures du soir, par le professeur d'éloquence.

Ce professeur était l'abbé Régis.

Parfait de stature, grand et fort, âgé de trente ans, si je ne me trompe, l'abbé Régis semblait un athlète dans la chaire. Sa voix répondait à cet extérieur respectable; elle était puissante et sonore; les paroles que son organe projetait au dehors étaient d'une prononciation irréprochable et distincte jusque dans les syllabes muettes.

La nature avait doué le jeune professeur d'un don spécial et utile au rhéteur, celui d'imiter d'une façon presque incroyable le débit de tout lecteur, de tout déclamateur et de tout prédicateur qu'il entendait; c'eût été à s'y méprendre, si le regard n'avait rappelé qu'on voyait bien devant soi l'abbé Régis et non un autre.

Mais cela ne faisait pas de lui un orateur. Pour en posséder toute la réalité, il faut en effet le don éminent du cœur, comme le disait déjà l'oracle de l'art antique, Quintilien : *Pectus quod dissertos facit*. C'est le cœur qui fait l'orateur.

Or, ce cœur faisait défaut au maître de Sion. L'abbé Régis n'avait qu'une âme ordinaire.

De plus, son jugement ressemblait tant soit peu à un de ses yeux, auquel on ne pouvait s'empêcher d'accorder le défaut de voir les objets légèrement de côté.

Par contre, le professeur avait fidèlement inscrit et rangé dans sa mémoire jusqu'aux moindres règles de la rhétorique; il composait et récitait un discours d'une façon fort correcte.

Tel était le maître des conférences.

Sous sa direction utile quoique incomplète, Francisque fit des progrès dans l'art de dire et de prêcher.

Mais une préoccupation dominait ses travaux écrits et son éloquence, celle de la précision dogmatique.

Cette rigueur dans la pensée et l'expression, qui est un frein salutaire, aux yeux du clergé, contre tout écart en dehors de la foi de l'Église, est en même temps la paire de ciseaux qui souvent coupe les ailes de la spontanéité et entrave les élans du prédicateur vers les idées nouvelles, vers les sentiments nouveaux. Enchaîné par le dogme, il ne peut sortir de l'horizon fixé; il n'a point d'autres cieux et d'autres régions que le ciel et la région catholiques; on lui interdit l'infini dans tous les autres sens.

Constamment arrêté par cette préoccupation, les talents de Francisque ne pouvaient se développer avec plénitude et dans sa nature propre et originale; ses efforts ne devaient fatalement aboutir qu'à des compositions correctes et orthodoxes, dans lesquelles on devait sentir la gêne d'une nature comprimée quoique persuasive. Il avait bien parfois laissé tomber dans le sillon de ses compositions, telle et telle pensée neuve, tel point de vue original; mais, incompris par son maître, on les avait vite et nettement supprimés.

Francisque resta donc incomplet comme orateur, quoique ses professeurs eussent déclaré qu'il avait atteint un des premiers rangs parmi ses condisciples.

Il en résulte donc, par son exemple et mille autres, que l'Église catholique peut fournir de grands orateurs; qu'elle inspire et convainc par ses cérémonies imposantes, par sa morale ascétique et sévère, par son dogme élevé et rigoureux; mais un orateur complet à *tous les points de vue*, elle n'en connaît plus, elle n'en forme plus, puisqu'elle supprime et écarte

d'eux la vie immense qui circule en dehors de son
point de vue, la vie de la civilisation moderne.

ARTICLE DEUXIÈME

Vie cléricale individuelle à Sion

Mais ces exercices de la *vie pastorale* n'occupaient
que le second rang; le premier était réservé à ceux
de la vie spirituelle de l'*individu*. L'homme destiné
au sacerdoce devait avant tout former sa vie intérieure.

Il ne m'est guère possible de retracer dans tous ses
détails ce travail progressif intime, qui devait achever
de faire de Francisque un véritable ministre. Nous
nous bornerons à l'ensemble, puis aux traits caractéristiques de la vie spirituelle de notre séminariste.

Que le lecteur se rappelle le noviciat des jésuites,
qu'il retranche de la vie spirituelle, si absorbante, un
temps suffisant aux études théologiques, et l'on aura,
sur ce point, le tableau à peu près exact de Sion.

Grâce à la fidélité avec laquelle Francisque faisait
toutes choses, la vie supérieure, dont ce milieu contenait les éléments et présentait les modèles, pénétrait
toujours plus toutes ses facultés.

C'était surtout la pensée du Christ et de sa sainte
Mère qui remplissait son âme. C'est à ces deux
êtres de sa prédilection qu'il faisait l'offrande de toute
son activité; c'est sous leur regard et à leur exemple
qu'il faisait et disait toutes choses.

Par là il devint un modèle pour tous, et monseigneur
Bellegarde put, quelques années après, rendre de lui
cet éclatant témoignage :

— « Francisque a été l'ange de mon séminaire et de
mon diocèse ! »

Ces paroles sont textuelles.

Deux traits dans cette vie distinguaient Francisque :
ceux d'une *abnégation mortifiée* et d'une *charité
généreuse.*

A. *Mortifications.* — Francisque avait une inclination particulière à la sévérité envers lui-même ; il
cherchait avec une ardeur quelquefois inquiète les
mortifications extérieures. Celles imposées à l'esprit
ne lui coûtaient presque plus, tant il y avait été rompu
à Béthanie ; mais les mortifications corporelles répugnaient beaucoup à la nature sensible de ses organes.

Afin d'être conduit plus sûrement dans cette voie,
il choisit pour guide spirituel le plus austère de ses
maîtres, l'abbé Bernard.

L'abbé Bernard n'avait pas encore atteint sa tren-
tième année. Ce qui apparaissait de prime abord chez
lui, c'était la magnificence de son extérieur et la
beauté ascétique des traits de son visage ; ce qui frappait ensuite ceux qui l'approchaient, c'était un cœur
d'or et une pureté angélique, une haute intelligence
et les traces de ses rigueurs. Il y avait en lui l'âme
d'un martyr ; il devint en effet plus tard missionnaire.

Francisque avait promptement remarqué cette bonté
mortifiée. Le vêtement de l'abbé Bernard, léger pendant l'hiver, son éloignement du foyer pendant les
froids rigoureux, les privations qu'il s'imposait pendant les repas, dont il acceptait à peine le nécessaire,
ses veilles au travail enfin, l'avaient vivement surpris.
De la surprise, le jeune séminariste passa à l'admiration, de l'admiration au désir de l'imiter.

Il le prit donc pour confesseur.

Ce choix n'était pas le plus sage ; les antécédents
de l'ancien novice le démontrent clairement. Il allait
simplement remettre dans la voie des rigueurs une
âme qui y avait échoué. Quoi qu'il en soit, conducteur

et disciple se comprirent tout de suite et s'aimèrent tendrement.

Dès que le disciple demandait l'autorisation de s'imposer une mortification assez raisonnable, elle lui était immédiatement accordée ; et aussitôt que le père spirituel conseillait une privation, le pénitent l'exécutait sans retard et avec joie. A l'exemple de son confesseur, il se laissa avoir froid ; il ne connut plus de manteau durant l'hiver, ni de feu dans sa chambre, lorsqu'il était seul ; aux repas, il mangeait son bœuf sans sel, se refusait chaque jour les desserts présentés sur la table ; il en vint jusqu'à compter le nombre des bouchées qu'il devait s'accorder.

Il eût bien voulu frapper son corps de la discipline, comme au bon temps de Béthanie ; mais la règle, hélas ! le lui défendait. Afin de s'en dédommager, il trouva plusieurs moyens ingénieux dont je ne citerai qu'un seul. Il demanda au supérieur la charge d'*excitateur*. On appelait ainsi le séminariste qui allait éveiller le matin chacun de ses condisciples.

Cette faveur fut facilement accordée à Francisque ; il en profita avec bonheur, heureux non seulement d'avoir une nouvelle occasion de rendre service, mais surtout de pouvoir se priver d'une heure de sommeil et de s'élancer à la hâte, et parfois pieds nus, à travers les corridors et dans les chambres, sur les dalles glacées.

A l'heure actuelle, Francisque sourit quelquefois de ces naïvetés inconsidérées de mortification ; mais l'ardeur juvénile qui emportait alors cette âme sincère nous permet de lui octroyer une bonne part d'indulgence.

Tel fut l'esprit de mortification de Francisque.

Il y avait pourtant en lui un trait plus caractéristique encore.

C'était la bonté généreuse du cœur.

B. *Bonté généreuse et charité.* — On peut assurer qu'il portait et ressentait dans son âme les misères de l'humanité. La pensée que des millions d'hommes sont perdus pour l'éternité était une de ses préoccupations continuelles. Il en gémissait souvent devant son maître. Lorsque l'hiver approchait, les souffrances des classes pauvres troublaient le repos de ses nuits. Quelque calamité publique survenait-elle, après avoir donné pour les victimes le pécule entier que sa bourse modeste contenait alors, il multipliait ses démarches et ses instances devant Dieu et les hommes de sa connaissance en faveur des malheureux.

Je n'en finirais pas si je voulais citer tous les exemples de cette miséricorde dont il retrouvait souvent le modèle dans les pages évangéliques qui retracent les œuvres de compassion du Sauveur.

J'en rapporterai cependant quelques-uns.

Durant le cours d'une de ses années de séminaire, un de ses condisciples devint la proie d'une épouvantable hémorrhagie.

Il pria trois de ses camarades de lui venir en aide et de ne point le quitter durant ses nuits douloureuses où la mort pouvait le saisir d'un instant à l'autre. Francisque fut l'un de ceux qui se vouèrent à ces veilles pénibles. Après quelques semaines de vain espoir, le malade demanda, comme grâce suprême, de pouvoir aller mourir au sein de sa famille. Après des hésitations nombreuses, on se décida pour ce départ. Mais qui devra être chargé de le conduire dans un pareil état, chez les siens, éloignés de seize lieues du séminaire de Sion ? Ses parents, semble-t-il ? Mais, le patient refuse absolument que cette douleur soit imposée à son père et à sa mère, déjà avancés en âge. Il désire ardemment avoir pour conducteur un

de ses trois compagnons. Chacun redoute d'aller au-
devant d'une responsabilité aussi grave. Enfin, le malade s'adresse à Francisque.

Dès lors ce dernier n'hésite plus. Après quinze
heures d'un transport plein d'angoisses, la voiture
s'arrête le soir devant la maison paternelle.

Le premier soin de Francisque fut alors de préparer
la rencontre entre le fils et ses parents. Puis, aidé du
cocher et du père, il transporte le moribond sur le lit
qu'on lui avait préparé.

Sa mère, s'inclinant alors sur son enfant, lui dit
avec un accent maternel intraduisible : « Oh! mon fils,
je suis ta mère, et je te sauverai!... » Et elle voulait
le couvrir de baisers.

Francisque, redoutant un excès de tendresse, attire
doucement vers lui cette femme, qui allait se livrer à
toutes les émotions de son âme, et la prie de fléchir
les genoux avec lui. « C'est à Dieu aussi de sauver
mon ami, lui dit-il, prions-le ensemble. »

Après avoir remis entre les mains du Sauveur la
santé du malade, il entretint avec calme et espoir la
famille entière.

Six heures après, il repartit pour Sion.

La prédilection de Francisque était, avons-nous
dit, surtout pour les plus délaissés et les plus misérables.

C'était en 1851. Il partait pour les vacances. Pendant qu'il était dans la salle d'attente avec une dizaine
de condisciples, un R. P. jésuite, arrivant des Indes
orientales, leur présente deux jeunes naturels de ce
pays, qu'il amenait en Europe, afin d'en faire des
prêtres. On devait les reconduire ensuite comme missionnaires dans leur pays.

L'un des deux appartenait à une caste élevée ; c'é-
tait un enfant d'un extérieur charmant; l'autre, d'une

condition ordinaire, paraissait timide et n'offrait rien de saillant.

Les séminaristes s'empressent d'entourer le premier et semblent n'avoir point aperçu le second, qui, honteux et triste, reste seul sur un des bancs de la salle.

Francisque, ému de cet abandon, va droit au pauvre petit, lui montre une préférence marquée, l'assoit sur ses genoux, puis le console par un petit discours proportionné à son âge.

L'enfant semblait comprendre et vouloir prendre courage... Francisque ne le quitta qu'au signal du départ et qu'après lui avoir donné un paternel baiser.

En montant en wagon, Francisque ne put s'empêcher de faire un reproche à ses compagnons d'avoir ainsi délaissé ce cher petit.

Dans une autre circonstance, il apprend qu'un ouvrier, père de quatre enfants et vivant avec leur mère, n'a point fait sa première communion et n'a pas fait sanctionner son union par la loi. Un désir irrésistible de sauver cet homme et de régulariser la position de sa famille s'empare de Francisque. Il va trouver ce père, lui parle avec intérêt de ses enfants et de la femme qui est avec lui, le gagne et le persuade. Se chargeant alors de son instruction religieuse et de toute son affaire, il le prépare à sa première communion, au sacrement du mariage et au baptême de sa petite famille.

En sortant du sanctuaire, le brave travailleur, embrassant Francisque avec effusion, lui dit : « Cher et bon monsieur l'abbé, je me sens aujourd'hui heureux et grand comme un roi ! je vous dois ce bonheur ! »

Cette miséricorde savait aussi s'imposer des sacrifices d'argent et des privations. Tout ce qu'il possédait

il le considérait comme appartenant aux pauvres aussi
bien qu'à lui-même.

Un Polonais exilé, réduit à la misère, avait, durant
un long hiver, obtenu toutes les faveurs de Francisque,
qui lui donna d'abord, petit à petit, tout son argent,
puis lui fit passer successivement ses bas et ses che-
mises, jusqu'à ce que le donateur fût à peu près réduit aux vêtements qu'il portait sur lui; encore eût-il
voulu volontiers pouvoir s'en passer pour son protégé.

On était certain, chaque année, qu'à la venue des
vacances Francisque reviendrait dans sa famille les
mains et les malles vides; mais il fallait se résigner,
car il n'y avait rien à changer à cet état de choses. Sa
belle-mère, il est vrai, avait essayé une fois de lui en
faire comme un reproche; mais il avait répondu :
« Chère mère, tant que je posséderai deux objets et qu'un
malheureux n'en ayant aucun m'en demandera un au
nom de Dieu, je ne pourrai jamais le lui refuser ! »

Durant une autre année, il apprend de l'aumônier des
prisons qu'un meurtrier, âgé de vingt et un ans, a été
condamné à la peine capitale et doit être exécuté dans
la quinzaine.

La pensée des maux dont ce malheureux doit être
accablé dans son noir cachot obsède l'âme de Francisque et la déchire. Il faut donc qu'il lui vienne en
aide; et puisqu'il ne peut l'arracher à la mort et à la
prison, il en adoucira au moins les dernières horreurs.

Que fait-il? Il recueille autour de lui une petite
somme, réunit pendant huit ou dix jours les desserts
de ses repas; puis, quand il se croit assez pourvu, il
demande et obtient pour lui et deux condisciples l'autorisation d'une visite au malfaiteur. Muni de cartes,
on arrive chez le geôlier, dont on obtient les services
en faveur du misérable, auquel Francisque a voulu
préparer une heure d'oubli.

On dresse alors dans la chambre du gardien une table et on y dépose un repas confortable et une pièce d'or.

Le malheureux est alors amené, chaîne aux pieds, devant les séminaristes... A sa vue, un frisson passe dans leur corps ; à l'aspect des séminaristes, l'émotion s'empare de l'infortuné. Cette visite de frères aux derniers jours du condamné fit une telle impression sur cet homme, jusque-là endurci, qu'il fondit en larmes.

En se séparant de lui, Francisque le serra contre sa poitrine avec une indicible pitié, en lui disant : « Courage et au revoir au ciel ! »

Cette miséricorde, Francisque la poussait jusqu'à exposer sa propre vie.

C'était pendant les vacances de 1850 ou 1851. Le choléra, qui sévissait depuis quelques semaines dans son diocèse, fond un soir subitement sur son village effrayé.

Dès le lendemain matin, la plupart des habitants consternés quittent précipitamment leur foyer. Francisque apprend que deux femmes, la mère et la fille, abandonnées de leur propre famille, sont livrées sans secours aux tortures du fléau homicide. Il se dirige immédiatement vers son père : « Mon père, dit-il, je dois me dévouer pour ces pauvres créatures délaissées ; c'est mon devoir de donner l'exemple devant cette population craintive. »

Puis il part. Les deux malheureuses gisaient seules sur deux chétifs grabats. La mort les avait déjà marquées de son sceau. Toutefois, Francisque lutta un jour et une nuit entière pour les sauver et ne les quitta qu'après avoir aidé de ses mains à déposer leurs dépouilles mortelles dans la fosse.

Les laissant alors, il visita les familles les plus

abandonnées, atteintes de l'inexorable maladie, les encourageant et les aidant durant plusieurs semaines.

Son village a conservé fidèlement la pieuse mémoire de Francisque et de sa charité. Il y a quelques années, une des connaissances de l'ancien séminariste visita le père de celui-ci. En lui parlant de son fils, le vénérable vieillard rappela l'effroyable fléau de 1850 et raconta à son hôte comment plusieurs habitants portaient encore sur eux, comme reliques, des morceaux d'une soutane ayant appartenu à Francisque.

Celui-ci, au regard de tous, réunissait la science, les vertus et les dons qui font le digne prêtre.

Et pourtant Francisque n'avait point encore la conscience parfaitement en paix !

Que se passait-il donc en lui ?

Toujours le même tourment intime, toujours l'anxiété commencée à Sainte-Croix, se poursuivant à Béthanie et ne pouvant arriver à son terme à Sion.

C. *Angoisses d'âme.* — Le mal en vint à un degré tel, qu'un jour, comme égaré par la douleur, Francisque s'était élancé vers l'abbé Prudentius, qu'il avait dû prendre pour médecin spirituel et pour nouveau confesseur.

Il se jette dans ses bras, l'étreint sur son cœur et s'écrie avec terreur : « Oh, mon père, au nom du ciel, sauvez-moi!... Dieu me fait peur... Son joug m'est terrible!... Sauvez-moi ! sauvez-moi!... »

Cette démarche suprême, ce cri d'effroi étaient la vive lueur qui éclaira les profondeurs de l'âme de Francisque et y révéla le monstre contre lequel elle se débattait en vain.

Dieu ne se montrait à Francisque que sous sa face *sainte et terrible*, et la vocation *de prêtre* ne lui présentait que sa sublimité et son effrayante responsabilité !

Le confesseur comprit tout !... Ému de pitié devant une souffrance aussi désespérée et touché de tant de confiance, il se jura de sauver son pénitent ; et à l'instant il se traça une ligne de conduite appropriée à la nature du mal, qui, sans être radicalement guéri, fut rendu supportable.

Pendant les six premiers mois qui suivirent cette entrevue, chaque fois que Francisque, inquiet, venait trouver son père spirituel, cet homme de cœur donnait comme première réponse un franc et paternel baiser sur les joues de son grand enfant malade, dont il prenait cordialement la tête dans ses bonnes mains.

Ce baiser, venant directement du cœur de ce saint homme sur l'âme ulcérée, produisait toujours un effet instantané ; tout le mal disparaissait pour le moment.

Après cette première réponse en action et tout en dehors des règles de la casuistique, le confesseur en donnait une autre, qui variait selon les circonstances et qui avait toujours pour but d'amener son pénitent à la confiance et d'ouvrir une voie plus facile et plus large devant le malade craintif.

« Quoi, Francisque, lui dit-il une fois, vous ne vous accusez que de cela ? Mais moi, votre directeur, je pèche bien autrement que vous, et cependant j'ai la conviction d'être tendrement chéri de Dieu ! »

Une autre fois il s'écriait : « Mais je vous jure que Dieu aimerait vous voir faire de plus grandes fautes, afin d'avoir au moins quelque chose à vous pardonner. » Un certain jour, il lui dit en souriant : « J'aimerais vraiment vous voir un peu diable !... »

« Voulez-vous donc, lui répondit-il dans une circonstance où le séminariste n'accusait que des imperfections légères, que votre Sauveur ait donné pour rien tout son sang ! »

Dans d'autres occasions, il refusait d'entendre sa confession et l'obligeait à communier sans absolution plusieurs jours de suite ; faisant en cela comme un père qui, pour guérir son fils de la crainte d'un fantôme imaginaire, lui ordonne d'en approcher et de le palper.

De cette façon, il ramena peu à peu Francisque à la confiance et à un calme relatif.

D'un autre côté, afin de détourner son esprit de lui-même, il passionna le séminariste pour la musique religieuse, que lui-même cultivait avec un véritable talent, il lui donna à faire des travaux scientifiques spéciaux, pour lesquels il avait de l'aptitude et du goût, lui ménagea des excursions archéologiques dans les environs, lui commanda la course, le jeu, les exercices violents du corps, supprima toutes les privations permises par le premier confesseur, lui ordonna de bien boire et de bien manger et lui fit procurer tous les délassements compatibles avec la vie du grand séminaire.

Cette conduite judicieuse du confesseur, unie à une obéissance absolue, qui était d'ailleurs la vertu fondamentale du pénitent, permit à Francisque d'arriver à la possession de son âme, d'achever sans entraves ses études et de se préparer aux saints ordres.

CHAPITRE IV

LES SAINTS ORDRES ET LA HIÉRARCHIE CATHOLIQUES

(Premiers degrés jusqu'à la prêtrise)

L'*idée* de la prêtrise juive, qui avait passé dans l'Église chrétienne, celle du sacrifice de la messe, centre du catholicisme, enfin celle de l'Église en tant qu'institution dépositaire unique du salut, amenèrent la *notion*, puis la *création* d'un *clergé* au-dessus du peuple et intermédiaire entre Dieu et les hommes.

En assez peu de temps, ce clergé finit par constituer à lui seul l'Église maîtresse de la doctrine et des grâces divines ; il fut définitivement séparé de l'assemblée par la tonsure, l'habit et le célibat, et reçut, par une consécration ou ordination spéciale, un caractère indélébile, auquel est attaché le droit et le pouvoir de gracier ou de pardonner, d'anathématiser ou d'ouvrir les portes du ciel.

Avec le temps, ce clergé s'échelonna en divers degrés, coordonnés les uns aux autres. L'ensemble de ces degrés forme l'échelle de la hiérarchie ecclésiastique. Celle-ci est le corps organisé de l'Église enseignante, auquel seul appartient toute domination religieuse.

Cette grande hiérarchie a, sur la terre, pour chef suprême le pape, lequel réunit la plénitude des pouvoirs du Christ lui-même.

La personne du pape est entourée de soixante-dix cardinaux, qui constituent son conseil ou son sénat. Ils appartiennent à différentes nationalités et sont nommés directement par le souverain pontife. A eux seuls revient l'élection du pape. Ils sont les plus hauts fonctionnaires de l'administration de l'Église universelle; ils se divisent en groupes, pour former les congrégations ou comités pour les diverses branches administratives, dont le réseau et le ressort s'étendent sur la catholicité entière.

Au-dessous du pape et de son conseil, qui s'identifie avec lui, se placent immédiatement les primats, qui gouvernent l'Église d'une nation entière, convoquent les conciles nationaux, surveillent les archevêques et les citent à leur barre.

Viennent ensuite les archevêques, qui exercent sur une province et sur les évêques, leurs suffragants, les mêmes pouvoirs que le primat possède sur une nation.

Enfin se présentent les évêques. Ceux-ci font usage de toutes les parties de la puissance ecclésiastique dans une circonscription plus limitée, appelée diocèse. On les regarde comme les successeurs directs des apôtres. De là une ordination particulière qui leur est conférée à côté de celle de la prêtrise.

Des évêques émanent tous les pouvoirs et la mission des simples curés, desservants, aumôniers, qui ne sont que leurs mandataires dans le cercle qu'ils jugent bon de leur assigner.

Le prêtre ne peut devenir mandataire de son évêque que par l'ordination.

Pour arriver à l'ordre de la prêtrise, il faut préalablement avoir réuni en soi six ordres d'un rang inférieur. Ces ordres sont d'abord, et immédiatement au-dessous de la prêtrise, le diaconat et le sous-diaconat, qui avec elle sont appelés *ordres majeurs;* puis, plus bas encore ceux de portier, de lecteur, d'exorciste et d'acolyte, lesquels sont dits *ordres mineurs.*

Cette nombreuse et vaste hiérarchie est la plus ancienne de celles qui existent de nos jours ; on la dit aussi la plus admirable et la plus forte.

La plupart des ordres religieux n'entrent pas dans son rouage et son fonctionnement réguliers, mais relèvent directement du premier moteur, le pape, pour former ensuite une annexe à part.

C'est dans le réseau et sous l'action universelle de cette hiérarchie que doit vivre d'une vie chrétienne, au sein de l'ordre et de l'obéissance, le monde catholique.

Comme cette corporation imposante et superbe pose ses premières assises durant le temps du séminaire, et comme c'est dans son enceinte que tous ses membres, jusqu'au souverain pontife lui-même, y reçoivent leurs sept premiers grades, nous allons en suivre le travail et la collation à Sion, dans la personne de Francisque.

ARTICLE PREMIER

Premier pas ou premiers degrés de la hiérarchie catholique.
Les sept ordres mineurs

Le sacerdoce, qui porte un homme sur une sommité tellement élevée, que cet homme y devient, comme un autre Moïse sur le Sinaï, l'intermédiaire entre Dieu et l'humanité ; le sacerdoce, qui fait d'un simple mortel un être saint, grand et à part, en lui imprimant le caractère de pontife éternel, selon l'ordre de Melchisédech, ce sacerdoce fut l'idéal incomparable que, dès l'âge de vingt ans, Francisque envisagea pour ne plus le perdre de vue.

Depuis lors, toute sa pensée et toute son action furent

fixées vers ce but ; depuis lors, sa marche et ses efforts constants tendirent en avant pour l'atteindre. Au nom seul de sacerdoce, son âme frémissait d'enthousiasme et de crainte.

A sa vue, le monde entier des plaisirs, des honneurs et des richesses disparaissait comme la fumée que le vent emporte sans rien laisser de sa trace.

Aussi, lorsqu'en octobre 1848, mettant le pied pour la première fois dans la modeste cellule du séminaire de Sion, il revêtit la soutane, cet habit de deuil, ce fut en toute sincérité qu'il s'écria : « Que cet habit soit le symbole de la séparation de la vie de mon cœur d'avec celle du monde ; désormais, je marche uniquement vers Dieu et son autel. »

Dès lors, il se prépara immédiatement et constamment aux ordres mineurs.

Cette préparation fut de deux années. Comme ces quatre premiers ordres ont perdu leur importance primitive, nous n'y toucherons pas davantage, afin d'arriver immédiatement à l'ordre important du sous-diaconat.

ARTICLE DEUXIÈME

Le sous-diaconat

Son institution remonte au commencement du IIIe siècle et devient générale au IVe. La consécration à cet ordre impose à l'ordinand la double obligation du bréviaire et surtout du célibat.

Loi du célibat. — Lorsque apparut le christianisme, l'idéal du mariage était inconnu. L'état d'abaissement et de servilité de la femme, d'un côté, la dépravation et la corruption, de l'autre, avaient altéré l'idée de l'importance et de la beauté morale du mariage.

De là sa dépréciation, et l'estime dont, au contraire,

devait jouir le célibat, au sein d'une religion de pureté !

Cette estime conduisit à sa pratique. Plus tard, les intérêts de la hiérarchie en firent une loi toujours plus rigoureuse parmi le clergé.

Cette loi, toutefois, ne remonte pas aux premiers siècles de l'Église chrétienne. En effet, et quoique le célibat fût considéré dès lors comme un état plus haut et plus convenable aux ecclésiastiques, quoique Paul en eût donné déjà le libre exemple et l'eût conseillé, les prescriptions de l'Église apostolique lui furent contraires, et le concile de Néocésarée, en 304, défendit qu'on en fît une loi.

Quelques années plus tard, il est vrai, le concile de Nicée, en 325, fait un pas vers une ordonnance du célibat, mais il permet encore au prêtre marié de garder son épouse ; il n'interdit le mariage qu'avec une veuve et défend au prêtre marié de devenir évêque. En 692, le concile de Trullanum maintint les ordonnances du concile de Nicée.

Dans l'Église orientale, le mariage est maintenu dans le clergé inférieur, et l'Église grecque russe finit par en faire une obligation pour le simple prêtre.

En Occident, le développement de la hiérarchie romaine exigea le célibat, selon cette parole du pape Hildebrand : *Non liberari potest Ecclesia a servitute laïcorum, nisi liberentur clerici ab uxoribus ;* « L'Eglise ne peut être affranchie de la servitude des laïques, si les clercs ne sont d'abord affranchis de leurs femmes. » Dès lors (1074) le célibat fut exigé avec une grande sévérité.

En différents lieux, les ecclésiastiques se révoltèrent contre la prétention exigée d'eux de bannir leurs épouses ; mais après que la bulle papale de 1074 eut lancé (chose terrible dans ce temps) l'excommunication contre tout laïque qui recevrait les sacrements d'un prêtre marié, le peuple se mit du côté de la hiérarchie contre les récalcitrants.

Le concile de Reims (1119) et celui de Latran dissolvent et annulent le mariage des prêtres.

Après l'introduction de la Réformation l'*interim* permit bien de nouveau leur mariage, mais le concile de Trente revint aux lois premières, tout en restreignant le célibat aux ordres majeurs. Une réaction contre ces prescriptions ne fut pas chose rare, même dans l'Église catholique, et dans les derniers temps on vit reprendre en Italie la lutte contre le célibat. Cette opposition ne fit que rendre plus ferme dans ses principes la curie romaine, et une encyclique de 1832 vint les fortifier.

L'historique du vœu de chasteté ainsi rappelé, demandons-nous quelles dispositions y apporte Francisque.

Depuis son retour à Dieu pendant la retraite prêchée par le P. La Force, il n'avait pas l'ombre d'un reproche à s'adresser à cet égard. Pas une pensée impure n'avait trouvé accès auprès de lui, et ses relations avec les femmes avaient été constamment des plus réservées.

Sa conduite et sa conscience étaient irréprochables.

Toutefois, il y avait un point vulnérable sur lequel le jeune athlète devait veiller pour ne pas être surpris et devait suffisamment s'éprouver lui-même pour juger de sa vocation au vœu de chasteté.

La source du danger se trouvait dans l'idéal que Francisque avait conçu de la femme.

Certes, les prêtres qui avaient élevé Francisque, pas plus que l'enseignement catholique, ne lui avaient parlé avec avantage d'elle. Sous les portraits qu'en avaient faits la hiérarchie du moyen âge et les écrits de maint docteur de l'Église, elle lui apparaissait comme une séduction aussi hideuse que perfide. C'était toujours Ève, mais Ève dégénérée.

Ces enseignements et ces tableaux avaient imprimé en lui une vive répulsion et une retenue sévère.

Mais, tandis que, d'un côté, l'Église catholique faisait ainsi naître ce sentiment d'éloignement, elle en produisait un contraire par le culte qu'elle lui inspirait, dans une sphère plus élevée, pour Marie. Si elle abaissait au regard du séminariste la femme terrestre, elle la glorifiait dans la mère de Dieu, dans la Vierge immaculée.

Cette créature incomparable était pourtant une femme, la femme dans sa réalité vraie. En Marie donc l'âme pure et élevée du lévite s'était fait un idéal infiniment beau de la fille d'Ève, transfigurée, divinisée, arrivée à son resplendissant apogée, et, dans son admiration, il lui avait voué toute sa vénération et tout son amour. Mais en adorant la Vierge, il reportait à son insu une partie de cet idéal et de son culte pour lui sur la femme véritablement chrétienne, puis sur toute femme en marche vers cet idéal.

Là était le danger. De là étaient venues les attaques les plus vives de son cœur, mais aussi, grâce à Dieu, les victoires les plus réelles.

Il est indispensable de présenter la dernière au jugement du lecteur.

Francisque s'était, avec quatre compagnons, rendu un lundi vers onze heures à la cathédrale pour y catéchiser les enfants. Le cours avait lieu dans une des chapelles latérales. Avant l'arrivée de ses jeunes élèves, ses fonctions consistaient à aligner les chaises pour ses petits disciples, et à faire évacuer la chapelle.

Deux dames vêtues de noir et agenouillées y priaient auprès de l'autel. Elles paraissaient absorbées dans leur

entretien profond avec Dieu. Malgré le bruit occa-
sionné par l'arrivée des cinq séminaristes, elles restaient immobiles et complétement étrangères à ce qui
les entourait.

Ce deuil et ce recueillement pénétrèrent Francisque
de respect, en même temps qu'ils lui inspiraient une
émotion sympathique dont il ne se rendit pas compte.
Il eût bien voulu ne pas arracher ces deux âmes à
leur adoration et à leur entretien intime avec le ciel.
Mais c'était une prescription qu'il lui fallait accomplir.

Après un moment d'hésitation, Francisque s'approche gravement des deux dames et leur dit, avec un
ton empreint d'égards :

— » Mesdames, veuillez me pardonner la nécessité
où je suis de vous prévenir que notre instruction religieuse va commencer. »

L'une d'elles se retourne vers le catéchiste; elle
était fort jolie; son entretien fervent avec Dieu semblait d'ailleurs l'avoir transfigurée.

Regardant alors Francisque, elle lui répond avec un
air de modestie ravissante.

— « C'est très juste, monsieur l'abbé; merci... » Et
s'inclinant devant lui, elle se retire en rougissant un
peu. Ce disant et faisant, son regard avait rencontré
celui du catéchiste. Ce regard exprimait une douceur
indicible et émue.

Rien d'extraordinaire, semble-t-il, dans la demande
du séminariste et la réponse qui lui fut faite; et pourtant, l'ensemble de l'apparition se gravait ineffaçable
dans l'âme de Francisque et ce regard le perçait droit
au cœur !...

Une lutte des plus saisissantes en fut la suite.

En vain, Francisque troublé s'efforça-t-il, à l'instant,
d'effacer de son esprit ce regard et cette apparition;

à son grand étonnement, le visage, l'œil, l'âme entière de la jeune chrétienne restèrent fixés dans son âme.

Rentré au séminaire, Francisque se rend immédiatement à la chapelle, se prosterne au pied de l'autel et, là, il conjure le Christ et sa sainte Mère de ne point permettre une atteinte à sa pureté. Mais sa prière aussi resta vaine. Il ne se doutait pas que son esprit avait rencontré, dans un moment de rayonnement, l'objet de longues et inconscientes aspirations de sa vraie nature : la grâce et l'amour incarnés dans une femme jeune et d'une suavité céleste.

Après le diner du même jour et le soir avant de reposer sur sa couche, il prolongea sa prière et ses instances auprès du ciel ; mais ce fut encore inutile, et la vision importune, et invincible d'attraits à la fois, siégea à son côté.

Il appela à son aide, jour après jour, la diversion qu'apportent les études, et il redoubla ses labeurs. Mais, études, travail de la pensée, pas plus que prières persévérantes, n'apportèrent aucun soulagement à la plaie qui saignait.

Au contraire, plus Francisque faisait d'efforts pour écarter l'image, plus celle-ci revenait redoutée et adorée.

Cette lutte aboutit, après trente jours de durée, à une crise finale des plus poignantes.

C'était le vendredi saint de 1851.

Le séminariste était allé à la cathédrale pour entendre un prédicateur de renom prêcher la crucifixion du Sauveur. Ce fut durant cette prédication que Francisque, toujours aux prises avec sa tentation opiniâtre, vit le monde et l'enfer tenter leurs derniers efforts contre lui.

Il s'était assis sur une chaise à demi tournée vers

l'orateur chrétien et avait en face de lui un grand crucifix suspendu à une des murailles.

Francisque essaya d'abord d'écouter l'exposition préliminaire du discours, mais impossible ; le drame intérieur s'était complètement emparé de lui et était arrivé à l'état de crise aiguë et mortelle. Francisque agonisait, triste jusqu'à en mourir, enveloppé d'un voile funèbre, ne voyant plus d'issue pour sortir d'une situation intolérable.

Ce fut alors qu'à l'exemple de son maître, dont on retraçait les tortures en Golgotha, il poussa à Dieu cette sombre clameur : Mon Dieu, mon Dieu, pourquoi m'as-tu aussi abandonné ?...

Ce cri de détresse avait à peine été jeté au ciel, que Francisque sentit subitement son courage se ranimer...; puis sa conscience, s'élevant tout à coup au-dessus des douleurs et des angoisses de son cœur, se posa une dernière fois, clairement et catégoriquement, cette question : « Mon cœur, veux-tu, oui ou non, faire vœu de virginité ?... Réponds péremptoirement une dernière fois et que ce soit irrévocable. »

A cette question définitive, Satan, le monde et leurs séductions semblent se réunir tous instantanément, tumultueusement pour résister à la volonté impérieuse du séminariste et emporter son cœur par un dernier assaut. En un clin d'œil, se dressent sous son regard toutes les difficultés insurmontables d'un célibat éternel, toutes les horreurs d'une lutte sanglante qui ne doit cesser qu'avec la vie ; les incertitudes de la victoire se mêlent au spectacle affreux de cette lutte. En même temps, les joies pures et si intimes de la famille se présentent splendides à son imagination !... L'image de la jeune fille surtout lui revient, mais si incomparable que tout son cœur se sent subitement et plus vivement transpercé que jamais et va comme être arraché sans retour à la volonté.

Mais le regard du jeune athlète tombe sur le grand crucifix. A sa vue, il entend cette parole intérieure, qui lui semble venir du Sauveur :

— « Cœur de mon Francisque, préférerais-tu donc une femme à ton Dieu? »

Le dilemme était posé sous cette forme nouvelle : ou son Sauveur ou une fille d'Ève. Pour lui, en ce moment, prendre la dernière c'était renier le premier.

Francisque se sentit meurtri, anéanti sous le coup; il était saisi entre deux objets et par deux objets également chers et dont chacun voulait s'arracher et posséder exclusivement son âme; il se mourait à la fois de douleur et de honte.

Déchiré et écrasé, son sentiment semble se répandre en larmes de sang. En vain le jeune homme se cache discrètement le visage de la main, du mouchoir, puis du camail qu'il relève contre son visage; il veut fuir les regards, mais c'est impossible; pour rester inaperçu, il veut se faire violence; mais la violence qu'il s'impose fait éclater un premier sanglot, et Francisque est réduit à quitter précipitamment et furtivement le temple pour ne point trop éveiller l'attention. Arrivé au séminaire, il se jette sur sa couche et laisse un libre cours à ses pleurs, à ses sanglots, à ses prières; il lutte en toute liberté, appelant à son aide ses protecteurs du ciel, sa sainte mère, son Sauveur...

Le Sauveur, touché sans doute de la torture de son disciple, qui lui rappelle son Gethsémané, lui envoie aussi son ange consolateur, ou plutôt il est lui-même cet ange et vient...

Mais il se présente directement à l'endroit malade, à ce cœur trop épris de la créature; il se place en face de ce cœur obsédé par l'image de l'amour mondain et lui oppose l'image salutaire de ses blessures; il lui montre les plaies de ses mains et de ses pieds, lui découvre sa tête ensanglantée pour lui, son regard éteint par la mort, sa poitrine entr'ouverte et prête à lui servir d'asile.

C'était le grand crucifix de la muraille, mais le crucifix vivant et substituant son apparition sublime et profondément touchante à celle de la jeune femme qui avait prié. Et cette apparition du Christ aimant et mourant effaçait insensiblement celle de l'enfant de la terre, qui lui était si fatale. En même temps, le cœur de Francisque sent comme tomber goutte à goutte sur sa plaie chacune des grâces bienfaisantes de ce roi, chacune des souffrances de son amour. Alors aussi, pour se reconquérir lui-même à son doux et admirable maître, il oppose à son propre regard le contraste de ses ingratitudes et de ses indignités personnelles avec les perfections adorables de son Dieu; enfin sa volonté fait cet appel suprême à sa générosité : O mon cœur, pour toi infime et méchant, ton Sauveur a bu la lie de toutes les douleurs et de toutes les infamies!... Ah! sacrifie-lui donc noblement une créature pécheresse comme toi-même !

Le cœur de Francisque se sentait calmé, vaincu. Il était plus que vaincu; il était résolument gagné à son maître.

S'adressant alors à ce dernier, Francisque lui dit avec un accent de reconnaissance indescriptible :

— O mon divin roi! Voici mon cœur pour toujours; ne me le rendez plus afin qu'il ne soit jamais qu'à vous!...

La lutte ne reparut plus durant le séminaire.

Ayant reçu appel au sous-diaconat, quelques semaines avant les Quatre-Temps de l'été 1851, de la bouche de l'abbé Martial, son supérieur, Francisque en conféra à deux reprises différentes avec son directeur. Il lui exposa une dernière fois avec franchise sa vie, ses inclinations et ses luttes; il lui communiqua aussi les appréhensions qu'il avait éprouvées à différents intervalles au sujet du vœu de chasteté.

L'avis et l'ordre de son père selon l'esprit furent qu'il devait avancer.

Francisque se résigna et remit son sort entre les mains de son Sauveur et de sa sainte mère, la reine des vierges.

Dès lors, il n'eut plus qu'une volonté, se préparer aussi généreusement que possible au sacrifice des joies de ce monde. La retraite qui précéda l'ordination ne fit que concentrer l'intensité de ses résolutions et des dispositions de son âme.

Enfin vint le grand jour de la décision irrévocable, jour à jamais mémorable dans la vie de Francisque.

L'évêque, escorté de sa suite, offrit le sacrifice. Les ordinands de différents ordres entouraient l'autel dans un recueillement frappant; le reste du temple était rempli par leurs autres condisciples et par des parents.

Tous étaient pénétrés d'une émotion profonde.

Le pontife, interrompant à diverses reprises le cours du sacrifice, faisait à chacune de ses pauses une ordination selon le degré des clercs qui étaient appelés, à partir des ordres mineurs jusqu'à la prêtrise. Celle du sous-diaconat arrivait après celle des quatre ordres mineurs.

A l'appel nominal et successif de chacun d'eux, ceux qui allaient être sous-diacres se levèrent, formèrent deux lignes parallèles, en face l'une de l'autre, sur le parvis, en avant de l'autel. A la vue de ces deux rangs de jeunes hommes debout, qui allaient prononcer le vœu irrévocable, un sentiment indicible d'anxiété vague saisit toutes les âmes : O Dieu ! se disaient tous les cœurs, si un seul de ces lévites devait devenir un jour infidèle à son vœu !...

Après cet appel, l'évêque, d'une voix solennelle, rappela aux aspirants au sous-diaconat les obligations attachées à la promesse redoutable qu'ils allaient faire, leur donna un dernier avertissement de ne prendre cet engagement définitif que dans un sentiment de liberté entière et après une épreuve sérieuse d'eux-mêmes. Il le termina par ces paroles adressées à tous :

— « Si vous êtes résolus à faire ce vœu à l'Éternel, *avancez !* »

Les deux lignes de lévites vêtus de leurs aubes blanches firent alors simultanément *un pas en avant !...*

Ils étaient désormais *liés à jamais !...*

Tombant tous alors sur le sol, ils y restent étendus comme autant de morts. Ils étaient en effet morts pour toujours au monde, et l'évêque, pendant qu'ils se trouvaient dans cette posture, récita sur eux les prières que l'on fait sur les défunts et auxquelles toute l'assemblée répondit avec une extrême gravité : Amen !

La prière achevée, le pontife dit à ceux qui n'étaient plus de ce monde : Relevez-vous...

Et eux, comme un seul homme, se relevèrent vivants, mais vivants seulement pour une autre patrie.

Francisque, ainsi que ses coordinands, reçut alors comme insignes de sa charge la patène et le calice.

Désormais son existence était engagée ; son vœu

venait de l'arracher pour toujours à la famille et avait fait de lui une partie intégrante du clergé catholique.

ARTICLE TROISIÈME

Le diaconat (le cours des diaconales)

Les premiers mois de la quatrième année du séminaire étaient consacrés à la préparation au diaconat.

Les diacres, dans l'origine, avaient pour fonction d'aider le prêtre à distribuer la sainte cène ; ils maintenaient l'ordre dans l'église et distribuaient les aumônes aux pauvres. Plus tard, le diaconat appartint aux ordres sacrés. Dès lors, on lui confia souvent la prédication. Cet ordre se confère par l'imposition des mains et resserre naturellement l'obligation du célibat, déjà contractée dans l'ordination au sous-diaconat.

Nous ne dirons rien ici de particulier de la préparation qu'en fit Francisque. Ce fut, de sa part, le même zèle consciencieux et la même piété ardente que pour le sous-diaconat et les ordres mineurs.

Mais nous toucherons un point spécial, lequel, à Sion, était lié à la collation de cet ordre. Il s'agit d'un cours particulier et secret appelé *diaconales* et réservé aux seuls diacres, durant le temps qui s'écoule entre leur ordination au diaconat et celle à la prêtrise.

Les *diaconales* sont destinées au confesseur en tant que juge spirituel ; elles ont pour matière essentielle les relations sexuelles entre l'homme et la femme.

Les jugements sont partagés sur la nécessité d'un tel cours.

Les uns le déclarent indispensable, puisque le prêtre, étant le juge de tous les péchés, de ceux contre la pureté aussi bien que des autres, ne saurait les juger et les absoudre qu'en parfaite connaissance de cause.

D'autres, au contraire, traitent ce cours de monstrueux et d'inutile.

Quant à nous, fidèle au devoir de l'historien, nous ne ferons que constater un fait et rappeler ce cours, et nous laisserons au lecteur seul la tâche d'apprécier.

Le cours des *diaconales* est donc un traité *complet* et *détaillé* sur tout ce qui touche à la conception de l'homme, à la chasteté ainsi qu'à l'incontinence, à l'impureté et à la luxure.

Rien n'y est omis, pas même les crimes de l'espèce que l'on peut commettre avec *les bêtes*, avec les *cadavres*, avec *les démons transformés en hommes ou en femmes*.

Quelque bref que nous ayons été ici, nous rougissons, cependant, de ces quelques lignes que nous avons été obligé de tracer.

Le traité qui fut remis entre les mains de Francisque et des autres diacres ses compagnons avait pour auteur monseigneur Bouvier, évêque du Mans.

Les conférences avaient lieu deux fois par semaine et Francisque apporta à leur préparation et à l'étude du livre la même conscience qu'il mettait dans tous ses travaux. Il le fallait, du reste. Mais en même temps, que d'anxiétés et d'embarras la délicatesse de ses sentiments n'éprouvait-elle pas lorsqu'il fallait se rendre au cours ou ouvrir les feuillets du livre ! Jamais il ne posa la main sur le volume, ne jeta son regard sur lui qu'en cas de rigoureuse nécessité. Le fallait-il, ou devait-il approcher de la chaire du professeur qui en faisait le commentaire, il adressait d'abord au roi des vierges la plus ardente prière, afin qu'il daignât préserver son cœur de tout souffle impur.

Vous l'eussiez aussi souvent trouvé les deux ge-

noux en terre pendant toute la préparation qui précédait la classe.

Grâce à Dieu et à cette vigilance, Francisque sortit
intact de ces diaconales; toutefois, il en résulta deux
conséquences.

La première, une connaissance de faits et de choses
dont Francisque ignorait jusqu'alors la nature, par suite
de l'isolement du petit et du grand séminaire.

La seconde fut ce doute qu'exprima plusieurs fois
depuis sa conscience : Si j'avais connu ces matières
et les dangers auxquels elles exposent le prêtre dans
le monde, je n'aurais peut-être jamais osé assumer
sur moi la responsabilité du vœu de chasteté.

Cher jeune homme, tu parles ainsi? Et pourtant tu
n'as encore reçu qu'une connaissance théorique du
fait le plus capital de ton existence.

Quoi qu'il en soit, le diacre de Sion avait mis dans
son maître une confiance égale à sa crainte de lui dé-
plaire.

Ce fut dans ces sentiments qu'il se prépara à la
prêtrise.

ARTICLE QUATRIÈME

La prêtrise (année 1852)

Francisque ne devait régulièrement être ordonné
prêtre que vers juin 1852; des circonstances particulières firent devancer cette consécration. Elle fut fixée
pour lui vers Pâques de la même année.

Quatre maisons fondées pour la jeunesse, dont une
de jeunes filles et une de jeunes garçons, sous la direction des religieuses de N., dont deux autres de
jeunes hommes, conduites par des religieux, et toutes
quatre annexées à une paroisse du diocèse, avaient
perdu leur directeur, l'abbé Paterne.

L'état déplorable dans lequel étaient tombées la direction et les mœurs des élèves de ces établissements avait suggéré à monseigneur Bellegarde, sous la responsabilité duquel elles étaient en partie, de déplacer le directeur, d'en nommer un nouveau et de lui adjoindre un auxiliaire jeune et actif.

Monseigneur Bellegarde tourna donc ses vues vers Francisque, et, dans ce but, il crut devoir avancer de trois mois son ordination.

Dès que Francisque eut reçu l'ordre de s'y préparer, il n'eut plus qu'une pensée : ne pas perdre un instant des jours qui lui restaient et exiger de chacun d'eux un désir, un acte préparatoires à la prêtrise.

La veille de la consécration arriva. Il était d'usage que le soir de cette journée un des ordinands de ce degré et un autre d'un degré inférieur fissent une allocution publique sur l'ordre qu'ils allaient recevoir. Francisque y parla de l'extrême et confiant amour que le Sauveur montrait au fils de l'homme qu'il appelait au sacerdoce. Il avait pris pour texte ces paroles de Paul : « Il m'a aimé et il s'est livré pour moi'; *Dilexit me et tradidit semetipsum pro me.* »

Il exposa, en paroles pénétrées et brûlantes, cet amour de distinction par lequel Jésus-Christ honorait de la prêtrise un pauvre mortel. Non seulement, disait-il, ce grand Dieu s'est offert à la mort pour lui comme pour le reste des chrétiens, mais il lui livre tous les jours sa propre personne dans le sacrifice de la messe.

Je n'oublierai jamais, répétait quelques années après un des condisciples de Francisque, le frémissement intérieur que j'éprouvai à l'accent sublime d'éloquence avec lequel il fit pénétrer jusqu'au fond de nos âmes l'enthousiasme de son amour; ses paroles étaient toutes de flammes. Elles resteront éternellement gravées dans mon cœur; voici celles que j'ai transcrites sur un album :

« Son amour pour toi, faible, mais trop heureux lévite du Seigneur, est si inouï, que pour te l'exprimer
il invente un moyen incroyable, extrême!... A ton
âme privilégiée, et qu'il aime jusqu'à l'excès, il me
paraît dire : «Que dois-je tenter pour te témoigner
» encore plus de dilection? O, mon prêtre, dis, que
» veux-tu que je fasse de plus que d'être mort pour
» toi? Dis, dis-moi!... »

» Et voilà que mon Sauveur cherche; il cherche
encore, il cherche toujours..., jusqu'à ce que son cœur
inspiré s'écrie : «J'ai trouvé!...» Alors, comme tres-
saillant de bonheur d'avoir créé un nouveau prodige
de charité, il vient te dire, avec l'accent d'une divine
et sublime folie : «Voici ce que je ferai :

» Chaque matin, sur l'autel, je me présenterai de-
» vant toi si réduit, que mon berceau même ne m'a vu
» ni si pauvre, ni si impuissant! Là, je n'existerai
» plus que par ta volonté! Là, tu me prendras, tu me
» mangeras d'après ton seul arbitre! Là, tu pourras me
» fouler, m'insulter jusqu'au sacrilège! y renouveler
» le baiser du traître, me pousser dans des cœurs
» souillés et m'y faire abreuver de tous les outrages!

» O mon prêtre! dis-moi maintenant, puis-je faire
» davantage? Vois et considère. Vois comme je me
» donne, considère comme je m'abaisse. Je me livre
» et je m'anéantis jusqu'à l'*excès*, comme te l'a dit
» l'apôtre de ma dilection : «Jésus, ayant aimé les
» siens, les aima jusqu'à l'excès. »

Et Francisque répondait à son Sauveur :

« O mon Christ! oui, *je vois* et je contemple!...

» Mais je ne vois que miracles, devant lesquels mon
esprit stupéfié se trouble!... Quoi! serait-il donc possible que tu te fasses ainsi ma créature, ma nourriture, ma victime, le jouet de mon cœur misérable!...
Aurais-tu donc oublié qui tu es et qui je suis?

» Ah! ma raison se perd ; elle se tait sans comprendre... Mais mon cœur, lui, a compris !...

» Oui, ô mon Sauveur, il en est ainsi ; pour moi tu t'anéantis et tu te livres. — Oh! mais alors ton amour est vraiment inouï ; il est en dehors et au dessus de tout langage, et si tu n'étais pas mon Dieu, infiniment sage, je dirais qu'il est immensément insensé !

» O excès d'amour ! ô prodige ! Mon âme reste confondue devant une miséricorde aussi inexprimable ; mes lèvres sont muettes sous l'émotion indicible de ma poitrine et les larmes montent à mes paupières sans que je puisse proférer une parole !...

» Mon Seigneur et mon Dieu, que ces larmes soient devant toi mon éloquence, qu'elles soient ma reconnaissance, qu'elles soient l'expression la plus agréable à tes yeux de ce serment que je te fais ; je n'aimerai désormais que toi seul sur cette terre ! toi seul seras mon tout !

» Plus tu veux t'abaisser devant moi par ta charité de prédilection pour moi, ton prêtre, plus ma pensée et mes adorations t'élèveront jusqu'au plus haut des cieux ! Plus tu te livreras à moi, plus mon cœur te vouera un excès d'inviolable, de délicat et de respectueux amour !...

» Et vous, ô mon âme, ô âmes des jeunes lévites mes frères qui m'entourez, ô âmes des mondes innombrables, unissons-nous tous ensemble pour louer éternellement l'agneau immolé et pour bénir le Christ, victime sur la croix, mais surtout le *Christ victime sur l'autel !*

» Telle est ma louange, tel est mon serment. Et si jamais je devais t'oublier, ô Jésus, fils de la Vierge et fils de Dieu, si je devais cesser un jour de t'être fidèle, à toi, l'ami insigne de mon âme, qu'à l'instant ma main droite se sèche et que ma langue s'attache à mon palais ! »

Sous ces paroles ardentes de Francisque, on sentait vibrer l'âme tout entière, une âme inspirée, ravie jusqu'à l'extase, transfigurée et frémissante par l'enthousiasme de l'amour le plus tendre et le plus puissant. Ce n'était pas un enfant des hommes qui paraissait avoir parlé, c'était l'Esprit d'en haut qui semblait s'être incarné en lui et s'être révélé par son organe.

Lorsque celui-ci eut achevé, son auditoire resta plongé quelque temps dans un silence si profond et si intense que rien ne pût le rompre ; tous semblaient courbés immobiles sous l'empire de l'éloquence vraiment céleste qui venait de sortir d'un cœur simple, mais aimant.

Après quelques minutes, l'autre séminariste qui devait faire la seconde allocution voulut parler à son tour. Mais l'effet produit par Francisque restait tel que son condisciple ne put continuer son discours.

Au sortir de la salle des conférences et durant toute la soirée, on entendit à plusieurs reprises maint séminariste s'écrier : « Puissions-nous être d'autres Francisques! Puisse Dieu nous préparer comme lui à la prêtrise !

Le lendemain, l'ancien novice de Béthanie recevait le caractère indélébile du prêtre.

On lui remit le vêtement du sacrifice, on lui fit une nouvelle imposition des mains, et la triple onction de l'huile sainte lui conféra le pouvoir de consacrer et de pardonner.

Je ne retracerai pas les détails de cette ordination; je ne redirai point l'émotion de l'assistance, ni la piété de Francisque, ni l'allocution que lui fit en particulier, au moment de sa consécration, monseigneur de Bellegarde ; je n'en rappellerai que ces dernières paroles :

« Francisque, je vous envoie comme un berger au milieu d'agneaux errants ; soyez-leur un bon pasteur. Je vous envoie vous-même comme une brebis au milieu des loups ; soyez donc simple comme la colombe, mais prudent comme le serpent ! »

Monseigneur disait vrai. Francisque allait surtout vers un troupeau dont le bercail avait été brisé, et duquel la plupart des agneaux s'étaient échappés ; mais en même temps il partait pour un monde de séductions corruptrices, il entrait dans un désert d'où allaient surgir sous les pas de sa simplicité et de son innocence des tentations redoutables et exceptionnelles.

L'œuvre du séminaire était accomplie. Francisque sortait de Sion comme une des créations les mieux réussies de l'éducation cléricale.

LIVRE IV

———

LES ÉTABLISSEMENTS

DE

MONTRETOUT

CHAPITRE PREMIER

Deux jours après son ordination à la prêtrise, Francisque, ayant célébré sa première messe avec l'émotion d'une piété angélique, quittait Sion, non sans de vifs regrets.

Muni de lettres d'obédience que lui avait remises Mgr Bellegarde, il partit pour Montretout, le centre de son activité pastorale.

Il se mit en route d'assez bonne heure, accompagné de quelques condisciples qui avaient à suivre la même route. Le voyage se fit à pied, quoique Montretout se trouvât à douze ou quatorze lieues de Sion. Malgré la longueur du trajet, le voyage ne lui parut point ennuyeux. Le souvenir de ce qu'il laissait au séminaire, la pensée de ce qu'il allait trouver, les récits que lui faisaient deux ou trois compagnons qui connaissaient les institutions de Montretout le rendirent insensible à la fatigue. Ajoutons aussi que Francisque se sentait bien au milieu d'amis, avec lesquels il sympathisait et qui semblaient en ce jour d'adieux redoubler d'égards pour lui.

Cher Francisque ! qui, en effet, aurait pu ne point s'intéresser à toi, en ce jour où, messager de salut et de paix, ton âme emportait avec elle l'idéal le plus élevé ? Ton cœur battait du dévouement le plus pur ! Ton front rayonnait à l'espérance d'un céleste avenir !

Mais hélas ! quelque chose de triste vient se mêler à mon admiration et à mon amour, c'est ton inexpérience.

Inexpérience du monde, inexpérience de tes propres forces !

Que Dieu te garde, Francisque, et te soit en aide !...

Le jour était sur son déclin ; la plupart de ses compagnons de voyage s'étaient successivement détachés du groupe formé au départ, pour rentrer dans leurs foyers échelonnés sur la route,et Francisque, fatigué, finit par ne plus avoir auprès de lui qu'un seul de ses condisciples.

Lorsque celui-ci arriva à son tour près de sa demeure, le jeune prêtre était encore assez éloigné du but de son voyage. Son compagnon lui fit observer qu'étranger au pays il ne pouvait se présenter aussi tard à Montretout. Il le pressa donc de passer la nuit chez ses parents, lui promettant d'ailleurs de l'introduire lui-même le lendemain matin « au *Rossignol*, » l'annexe de Montretout la plus rapprochée de l'endroit où ils se trouvaient.

Francisque, malgré son désir de voir ce jour-là une partie de ses ouailles, crut ne pouvoir refuser et accepta avec gratitude.

Aux premières heures du jour suivant, accompagné du jeune séminariste, son hôte, il se dirigea vers le Rossignol.

Après une assez longue marche, nos deux voyageurs descendirent la côte d'une charmante petite vallée bien boisée, qui courait de l'est vers l'ouest ; ils la traversèrent, puis remontèrent le coteau opposé.

Ils aperçurent alors un groupe de bâtiments dont l'ensemble annonçait un établissement agricole assez considérable : c'était le Rossignol.

A cette vue, Francisque dit à son compagnon :

— « Pourriez-vous m'indiquer le motif qui a fait appeler « le Rossignol » la ferme que nous avons sous les yeux ?

— » Ce nom, répondit le séminariste, lui vient des hôtes qui peuplent, durant la belle saison, la vallée au bord de laquelle l'établissement a été construit. »

Neuf heures du matin sonnaient lorsque Francisque et son compagnon se présentèrent. Deux frères et et un colon d'environ seize ans les reçurent.

Après s'être fait connaître et avoir été accueilli avec une respectueuse cordialité, Francisque se fit conduire tout d'abord à la chapelle, grande salle au rez-de-chaussée, n'ayant pour tout ornement qu'un simple autel surmonté de son crucifix et plusieurs rangées parallèles de bancs.

Francisque y remit son œuvre entre les mains de son divin maître et de son auguste mère, puis demanda à célébrer le sacrifice de la messe. Ce devoir rempli et suivi par l'action de grâces, l'un des deux religieux, qui était le frère comptable, vint prendre les voyageurs et les conduisit au réfectoire, où l'autre religieux, frère cuisinier, s'empressa de leur servir une tasse de lait et des œufs.

Ce repas, en apparence frugal, était cependant somptueux auprès de l'assiette de soupe épaisse qui faisait chaque matin le déjeuner des colons et des frères. C'est que la maison était bien pauvre encore, et tout ce qu'avait aperçu Francisque, chapelle, réfectoire, vêtements des deux frères, tout lui annonçait la gêne d'un établissement d'orphelins.

— « Vous êtes, en effet, dans un orphelinat qui cherche encore à s'affermir, lui dit le frère comptable qui avait compris que le jeune prêtre cherchait des explications. Quelques personnes haut placées ont eu l'idée de recueillir des orphelins, à partir de l'âge de deux ans jusqu'à celui de vingt et un, et de les élever dans les travaux de l'agriculture. Ces enfants ont été réunis en deux groupes ; les plus jeunes grandissent à une lieue d'ici, au village de Montretout, entre les mains des religieuses de N... ; ceux que vous verrez chez nous ont de treize à vingt et un ans et nous arrivent après leur première communion. »

Le déjeuner étant achevé, le frère comptable proposa aux nouveaux venus de visiter l'établissement. Cela fut accepté avec plaisir. On passa d'abord en revue l'habitation des hommes.

Une simplicité rustique avait posé partout son sévère cachet ; aucun tableau, aucun meuble du luxe le plus ordinaire ne se trouvait dans toute la maison. Une propreté parfaite aurait dû, semble-t-il, les remplacer et y accompagner cette austère nudité ; mais tous ces appartements étaient soignés et habités par des cultivateurs qui rentraient sans cesse des champs avec des vêtements poudreux ou boueux, et il fallait, sans doute, s'y contenter d'une propreté relative.

On fit ensuite la connaissance des dépendances, et l'on parcourut successivement les ateliers des cordonniers, des maréchaux, des menuisiers, des charrons et d'autres métiers créés comme accessoires nécessaires à l'agriculture. Un petit nombre de colons était voué à ces divers états ; le but essentiel de l'orphelinat étant le labourage, la culture des champs, l'élevage et le soin des bestiaux, le charroi et le battage des grains.

Les travaux pressants du printemps avaient, ce jour-là, réclamé tous les bras, et les ateliers étaient vides en ce moment.

On visita aussi les bergeries qui pouvaient contenir

de trois à quatre cents moutons et brebis ; la bouverie, possédant de trente à quarante génisses et vaches ; les écuries destinées à une douzaine de chevaux, et les porcheries riches d'une centaine de porcs.

Ces écuries et ces étables, presque entièrement neuves, semblaient tenues en parfait état ainsi que les hôtes qui les remplissaient.

— « Vous avez là un établissement important, dit Francisque au frère qui servait de cicerone. Quelle peut être l'étendue et la nature du sol que travaillent vos hommes et leurs auxiliaires et qui doit les nourrir ? »

Le frère répondit :

— « Il nous faudrait environ une heure et demie pour en parcourir le pourtour, mais un quart de la propriété peut seul être considéré comme bon terrain, le reste est maigre. Toutefois, et grâce à un chimiste de Paris, nous avons pu, dans une certaine mesure, tirer parti de toutes nos terres ; nous y semons une sorte de seigle à tige mince qui ressemble à celle de la paille d'Italie ; cette tige une fois blanchie au moyen d'un procédé chimique, nous la vendons pour chapeaux à des prix avantageux. De plus, la petite lentille que nous jetons dans les sillons du seigle, croît en s'attachant à lui. Elle nous est également un bon revenu et fait avec la pomme de terre, que nous récoltons en abondance, la nourriture ordinaire de nos colons.

» Du reste, ajouta-t-il, comme vous désirez sans doute voir notre frère régisseur, qui se trouve en ce moment au grand lavoir, à vingt minutes d'ici, nous pourrions, si vous n'êtes point fatigués, messieurs, aller jusque-là. Le parcours vous offrira un aspect général de nos terres. »

Tous trois entrèrent alors dans un sentier qui courait sur le haut de l'un des flancs de la vallée. Ils avaient à leur droite une belle plaine dans laquelle on remarquait çà et là, et à certaine distance, un groupe de colons dirigé dans son travail par un frère dont l'habit couleur marron le détachait du reste de l'escouade, vêtue de bleu ; à leur gauche, la jolie vallée qui développait aux regards des voyageurs les sinuosités de ses prairies déjà verdoyantes. Bientôt ils aperçurent une source qui sortait avec abondance du sol et s'épanchait en un limpide ruisseau.

Après dix-huit ou vingt minutes d'une marche modérée, on arriva près d'un petit bâtiment percé de quatre fenêtres de front et qu'on avait élevé sur une des rives : c'était le grand lavoir.

Le frère régisseur y était occupé avec deux grands colons à des préparatifs de lessive. A la vue des étrangers, il s'avança de quelques pas vers le frère comptable qui présenta les hôtes.

— « Soyez les bienvenus, leur dit le frère régisseur. »

Quittant alors les deux colons après leur avoir donné ses ordres, il se mit en devoir de faire les honneurs d'une fraternelle réception à celui qui allait être un de ses supérieurs.

En retournant à la colonie, Francisque lui demanda quelques explications sur le lavoir et sur le travail qui s'y préparait.

— « Chaque mois, répondit ce dernier, nos sœurs de Montretout viennent à ce ruisseau avec vingt ou trente de leurs plus grands orphelins et y font le lavage du linge de nos différents établissements. La veille de chaque lessive, nous venons déposer au grand lavoir tout ce qui est nécessaire au travail du lendemain. Le jour du lavage, nous allons de grand matin à Montretout chercher avec des voitures les personnes et le linge. Or, c'est ce que nous ferons demain et ce qui nécessite aujourd'hui les préparatifs que vous avez entrevus. »

Il était onze heures et demie lorsque Francisque rentra à la colonie. Le régisseur ordonna alors de disposer la chambre du nouveau sous-supérieur.

— « Inutile pour cette première visite, interrompit Francisque, car ce n'est que dans quinze jours ou trois semaines que je dois entrer en fonction ; mais, si vous le permettez, j'attendrai le retour des frères et des colons ; je les saluerai, nous partagerons ensemble votre dîner, à condition que vous n'y ajouterez rien, puis je me rendrai à Montretout pour y présenter mes lettres d'obédience à mon supérieur, le chanoine Curtius, directeur de vos établissements. »

Cependant les colons commençaient à rentrer successivement par petites troupes, marchant deux à deux et ayant à leur tête un religieux.

Puis vint le dîner, qui, commencé par une prière, se passa dans le silence. L'attention des colons était fixée sur la lecture faite par l'un d'eux de l'*Histoire de la Révolution de 1789.*

Maîtres et élèves eurent pour mets une soupe, du pain bis et des pommes de terre à discrétion. On ajouta pour Francisque et son compagnon quelques œufs transformés en omelette appétissante.

Le repas se termina par une seconde prière.

Le régisseur fit alors réunir le long d'un cloître, et sur deux lignes parallèles, frères et colons, puis il leur présenta leur nouveau maître.

Francisque avait dans son extérieur quelque chose de très agréable et d'extrêmement sympathique. Cet extérieur, joint à une parole spirituelle et pleine de bonté, fit de prime abord une excellente impression.

S'adressant successivement à chacun, il sut trouver

pour tous un mot d'à-propos si juste et si bienveillant, qu'il conquit presque tous les cœurs. Prenant
enfin congé d'eux, il dit aux religieux :

— « Je me réjouis du fond du cœur que Dieu m'ait
donné aujourd'hui huit frères de plus à aimer.

— » Et vous, ajouta-t-il en se tournant vers les colons, voulez-vous que je sois votre père et me permet-
tez-vous de vous adopter pour mes enfants? »

Et tous répondirent d'une seule voix :

— « Avec plaisir, monsieur l'abbé.

— » Eh bien ! il en sera ainsi ; au revoir, dans deux
ou trois semaines. »

Il achevait à peine ces derniers mots, qu'un colon
s'approcha de lui en disant :

— « La voiture est prête, monsieur l'abbé.

— » Et pourquoi une voiture? reprit vivement ce
dernier.

— » Mais pour vous conduire à Montretout, repartit
le frère régisseur. »

Déjà la carriole était devant Francisque. Le frère, y
ayant fait monter les deux voyageurs, se plaça sur le
siège et fit partir le cheval au galop, au grand hourra
des colons qui criaient :

— « Vive monsieur l'abbé ! Au revoir ! »

Une heure après, on descendait au presbytère de
Montretout. Il était environ trois heures.

Pour y arriver, on avait rejoint la grande route et
par là doublé la distance. En faisant ce détour, le
but du régisseur avait été de rapprocher de son village l'obligeant séminariste qui, au tiers du chemin,
fit ses adieux à Francisque reconnaissant; en outre,
il voulait donner à ce dernier un aperçu de la contrée.

Le chanoine Curtius, qui avait reçu avis de l'arrivée de Francisque, se présenta immédiatement sur le
seuil de la porte au bruit de la voiture.

Ayant lu les lettres d'obédience de son vicaire, il l'embrassa en signe de bienvenue. La première connaissance faite, il le conduisit à l'église, presque adjacente au presbytère.

— « C'est dans ce temple, dit l'abbé Curtius, que vous viendrez célébrer le saint sacrifice deux fois par semaine et faire entendre chaque mois la parole de vie à la paroisse dont vous êtes désormais le vicaire. En effet, nous alternerons nos travaux ; tandis que je serai au Rossignol vous serez à Montretout, et lorsque je resterai ici vous habiterez le Rossignol. »

On quitta alors le sanctuaire et , pendant que Francisque posait quelques questions sur le caractère général et la population de la paroisse, qui comptait huit cents habitants environ, le chanoine Curtius le faisait entrer dans une grande cour par une porte percée à travers une longue muraille.

Ils avaient mis le pied dans la possession de M. Le Hardi.

Cette possession était le centre où s'étaient réunies les institutions de Montretout. Ces institutions étaient au nombre de trois principales : 1° celle des jeunes orphelins ; 2° un pensionnat de jeunes filles ; 3° une ferme-école.

C'était un hameau que ce groupe de bâtiments et sa population d'environ cent cinquante à deux cents âmes.

Le tout, hommes et choses , était enclos d'une muraille ou de haies vives d'une demi-lieue de circonférence.

L'abbé Curtius conduisit d'abord Francisque à la supérieure des orphelins. Elle avait cinquante ans ; son extérieur était simple et doux.

Francisque fut ensuite introduit dans une salle où étaient venus se ranger cinquante à soixante orphelins, dont le plus âgé pouvait avoir douze ans et le plus jeune deux à peine.

Alors leur supérieur, qu'ils nommaient le R. P. Curtius, s'adressant à ces enfants :

— « Monseigneur, leur dit-il, vous envoie un second père dans M. l'abbé Francisque que voici ; soyez-lui obéissants comme à moi-même. »

Parlant ensuite au jeune prêtre :

— « Voici de pauvres petits abandonnés que Dieu nous a confiés ; veuillez les laisser venir à vous, comme le Sauveur le fit à l'égard des petits enfants de la Judée.

— » De tout cœur, révérend père, répondit Francisque, et en cela je n'aurai qu'à suivre votre exemple. »

Ce disant, il commença à embrasser tendrement les orphelins, du plus jeune au plus grand, et le chanoine Curtius congédia la troupe enfantine en lui accordant une demi-heure de récréation.

— « Maintenant, si vous le permettez, monsieur l'abbé, je vous présenterai à M. Le Hardi, protecteur et bienfaiteur de nos colons. »

Après ces paroles du R. P. Curtius et un dernier salut fait à la supérieure et aux sœurs, on se dirigea vers la demeure du propriétaire.

— « Je vous attendais, monsieur l'abbé, lui dit cordialement à son entrée un homme d'un aspect imposant.

» Oui, nous vous attendions tous, répéta-t-il d'une voix accentuée, car tous nous avons besoin de vous. Si vous possédez de l'activité, elle aura largement à se déployer au milieu de nos œuvres. Car ce n'est pas seulement la paroisse et les deux maisons d'orphelins, lesquelles tombent directement sous la juridiction de M. le chanoine, qui vont demander votre travail et votre zèle ; mais j'ai aussi mes œuvres à moi, qui réclament votre obligeance et votre dévouement.

J'ai environ quarante élèves en agriculture, dont trente boursiers du gouvernement, et une douzaine de volontaires appartenant à de riches familles; j'ai une quinzaine d'artistes peintres; j'ai, en outre, un personnel actif dans ma ferme et mes industries qui comptent une centaine d'âmes; eh bien, je désire que tous trouvent en vous un conseil, un aumônier, un ami. Je m'adresse donc à votre charité en leur faveur.

— « Je serai tout à vous, monsieur, répondit Francisque, autant que mes forces pourront répondre à vos vues. »

Pendant ce temps, on avait fait préparer quelques rafraîchissements, auxquels Francisque, au milieu de ses émotions, toucha à peine.

Après la collation, on montra au jeune abbé les établissements de M. Le Hardi. C'était un gigantesque bazar agricole, industriel, artistique et scientifique, où tout s'agglomérait et se mêlait un peu confusément, et au milieu duquel Francisque pouvait à peine s'orienter.

Huit heures sonnaient et la visite finissait à peine. Francisque, fatigué, retourna au presbytère.

Le lendemain matin, il prit congé de M. Le Hardi et de son supérieur qui le pria de venir s'installer à son poste le premier dimanche de mai.

Les adieux faits, Francisque partit pour aller embrasser ses parents et célébrer solennellement, au milieu de sa famille, ce que les prêtres nouvellement consacrés appellent « leur première messe. »

Ce fut une véritable fête au village de Francisque que le dimanche de cette célébration publique, car le souvenir de son dévouement durant le choléra de 1850 y était bien vif encore.

Ses vacances achevées et ses devoirs envers les siens accomplis, il reprit le chemin de son cher Montretout, où ses vœux l'avaient précédé et où l'attendaient bien des désirs.

A son retour, Francisque fut reçu par le chanoine Curtius, M. Le Hardi et l'agent de la société qui avait fondé le double orphelinat de Montretout et du Rossignol ; c'était un avocat de Paris, que nous appellerons du nom de M. Mandais.

Homme honnête, il avait pour fonctions salariées de venir passer deux jours chaque mois au Rossignol pour s'y faire rendre compte de l'état de la colonie et puis en adresser un rapport à la société fondatrice.

Celle-ci ne comptait guère qu'un membre ou deux qui portassent un intérêt actif et sérieux à l'œuvre. Elle avait pour âme un homme de l'entourage de l'empereur, M. Ricard, ancien directeur des hôpitaux de Paris. Connaissant les misères de ces établissements de la charité publique, il avait, dans son amour pour les orphelins, conçu le dessein de créer pour ces déshérités des colonies agricoles au milieu de l'air sain des champs et d'essayer de les substituer, en cas de réussite, aux hôpitaux cloîtrés des grandes villes.

Dans cette pensée, il avait fait appel à des noms et à des bourses. On lui avait répondu par des protections et des souscriptions, et on en avait créé le Rossignol et l'orphelinat de Montretout.

Lorsque Francisque y arriva, il y avait quinze à dix-huit ans qu'ils existaient ; mais, par suite d'entraves diverses, la fondation n'avait donné que des résultats médiocres et douteux ; de sorte qu'à part l'homme généreux qui l'avait conçue et l'agent honorable mais payé dont nous venons de parler, les autres protecteurs avaient senti l'activité de leur zèle se refroidir, tout en conservant à l'œuvre leurs souscriptions.

Toutefois, le changement important qu'on venait d'opérer dans le personnel de Montretout par la suppression d'éléments compromettants ou incompatibles, par la nomination d'un nouveau directeur et par l'envoi de Francisque, avait un peu ranimé les espérances des souscripteurs ; le conseil d'administration nommé par eux reprit ses réunions à époques fixes et tous tentèrent un dernier essai.

C'était pour recevoir Francisque au nom des fondateurs que M. Mandais se trouvait à Montretout.

— « La Société fondatrice, lui dit-il, place en vous, monsieur, une partie de ses espérances et vous prie de vouloir seconder M. le chanoine Curtius et M. Le Hardi, notre digne bienfaiteur »...

Ces mots « digne bienfaiteur » n'étaient-ils pas, sinon dans la pensée de M. Mandais, du moins devant la réalité, une ironie ?

En effet, malheureusement, M. Le Hardi ne cherchait, dans toutes ses entreprises, qu'à exploiter les hommes et faisait servir sa haute position à son ambition personnelle.

C'était en grande partie son égoïsme qui avait fait péricliter l'œuvre des colonies agricoles. Il en avait fait écarté les hommes indépendants dont la conscience n'était pas à son service, et Mgr Bellegarde, trompé par lui ou cédant à son influence, venait d'arracher aux orphelinats leur premier directeur et supérieur, l'abbé Paterne.

Le nouveau supérieur lui appartenant tout entier, M. Le Hardi pouvait faire servir les colons à son profit, et Francisque devait, dans sa pensée, n'être que son instrument sous la direction du chanoine Curtius.

Mais, quelque conciliant que fût Francisque, il allait se trouver avec un supérieur impliqué dans une situation trop équivoque pour qu'une entente prolongée fût possible entre eux. Avant tout, le jeune prêtre était probe, d'un esprit honnête et simple ; il allait directement au but; il ne pourrait donc vivre longtemps do complications intéressées et dans une voie tortueuse. D'ailleurs, les tendances et les caractères des deux abbés étaient si différents !

Le chanoine Curtius, jusque-là aumônier d'un couvent de religieuses, en avait rapporté et continué au milieu des champs la vie douce, régulière et presque minutieuse; tandis que Francisque, jeté en plein vent, allait y retrouver sa vraie nature, longtemps comprimée, mais non anéantie aux séminaires, et y vivre libre, actif, calquant le développement de sa nouvelle existence et le déploiement de son activité selon les circonstances et les hommes qui l'entoureraient.

C'était bien là ce qu'il fallait; car quelle diversité de choses, quelle multiplicité de caractères!... Quels étaient surtout ces hommes? Continuons-en les portraits.

A Montretout, Francisque allait, tout d'abord, se trouver en face d'une paroisse dont la population intéressée ne pratiquait plus guère sa religion et se piquait d'émancipation vis-à-vis de son curé.

Et à côté?... Il rencontrait l'exploitation Le Hardi. Au centre de cette exploitation, le personnel inférieur de la ferme, pour plaire au maître, devait faire montre extérieure de religion. Mais, sous ce dehors, quel mélange d'un peu de bien avec beaucoup de mal !

A l'aile gauche est l'atelier de peinture; le directeur est un jeune homme de talent, mais déjà épuisé par la débauche. Parmi les autres artistes, vous trouvez deux ou trois moralités; le reste est vicieux. Il. y a aussi les médiocrités de passage.

A l'aile droite sont les étudiants libres en agriculture, au nombre d'une douzaine, fils de famille, n'ayant pour la plupart rien su faire à la maison paternelle.

Les élèves de la ferme-école, qui habitent la même aile, sont des garçons généralement vigoureux et éveillés, mais assez matérialistes. Ils apprennent l'agriculture dans le but de diriger plus tard une ferme ou une propriété.

Mais ce n'est là qu'une partie des ouailles de Montretout ; passons de l'exploitation Le Hardi aux maisons des sœurs.

Là, vous trouvez les petits enfants de la localité remplissant une salle d'asile.

Puis douze à quinze jeunes filles composant un pensionnat, et, à côté, les cinquante à soixante petits orphelins, qui doivent être la joie de Francisque, et dont l'activité se partage entre l'école, les travaux de la couture, des lessives ou des champs de M. Le Hardi.

On le voit, c'était un petit monde enfantin auprès d'un autre monde plus âgé. Cette variété impose à Francisque des qualités, des ressources et des directions multiples.

J'allais oublier les éducatrices de ces jeunes troupes. Elles sont au nombre d'une douzaine.

Leurs occupations sont assez enchevêtrées. En effet, outre l'instruction et l'éducation de tous ces enfants, elles sont chargées de la nourriture de tous les établissements de Montretout, de leur blanchissage et de celui du Rossignol. Il faut encore ajouter à cela la confection des vêtements de tous les colons.

C'est assez pour Montretout et n'oublions pas le Rossignol, d'autant plus que c'est là le champ spécial de Francisque.

Huit religieux, dont six valides, y étaient alors préposés aux colons. De ces huit hommes, deux inclinaient déjà vers la tombe et moururent quelques mois plus tard ; les six autres étaient les épaves d'une communauté naissante, mais brisée et dispersée par l'ou-

ragan qui avait passé sur le Rossignol au départ de
l'abbé Paterne. Avec ce dernier, les quelques sujets
indépendants qui se trouvaient dans cette communauté lui avaient dit adieu. Parmi les six valides que
trouva Francisque, quatre étaient restés par suite de
leur impossibilité à se caser ailleurs; un cinquième,
du nom de frère Rinald, y avait été retenu par son
dévouement; après l'éloignement du premier directeur, on leur avait adjoint un sixième compagnon, le
frère Martin, régisseur, jusque-là employé par M. Le
Hardi dans la direction des travaux agricoles de sa
ferme-école.

Les hommes de cette modeste troupe méritaient le
respect par leur esprit d'abnégation. Soumis à un
régime sévèrement frugal, méprisés des colons, qui
les injuriaient du nom de traîtres, parce qu'en restant
ils leur semblaient avoir déserté la cause du bon père
Paterne, ces religieux ne se plaignaient presque jamais de leur sort.

Entre ce personnel des maîtres et des élèves se
trouvaient quelques hommes à gages, dont deux ou
trois étaient des êtres pervers et hypocrites; ils para-
lysaient le bien que les religieux et les directeurs pouvaient faire et semblaient avoir reçu pour mission sa-
tanique de corrompre ces jeunes déshérités afin de les
énerver; le seul avenir de ces enfants ne reposait cependant que sur l'honnêteté et sur le travail.

Lorsque Francisque arriva à cette grande colonie,
il n'y avait plus un seul de ces garçons de treize à
vingt et un ans qui eût échappé à la contagion du mal,
et plus un seul qui pût y entrer sans être fatalement
marqué d'avance, comme une victime qui lui était
inévitablement vouée.

Chaque jour, ce mal faisait son œuvre aux écuries,
aux étables, aux granges et aux greniers. Les hontes

de Sodome et de Gomorrhe y régnaient cachées.

Il abrutissait les esprits et épuisait les corps. Chez certains garçons, les ravages que faisait le vice apparaissaient d'une manière effrayante au regard clairvoyant et exercé.

L'impiété et la dissimulation, la paresse et l'esprit d'insubordination en furent d'autres conséquences presque irréparables.

C'était à ce point que la piété et le devoir étaient devenus une dérision, et que le départ de l'abbé Paterne fut l'occasion d'une révolte générale et d'une confusion indescriptible. Les maîtres étaient conspués ; on leur jetait de la boue à la face, on en vint même jusqu'à les lier aux poteaux du cloître. Sans la vigueur indomptable du frère Rinald et l'envoi immédiat au Rossignol du frère Martin, on en serait venu aux derniers excès ; ces deux frères refrénèrent la révolte, et on effraya les mutins par le châtiment exemplaire des meneurs.

C'est quelques semaines après ces événements qu'était arrivé Francisque.

Nous savons maintenant avec qui il venait vivre ; nous connaissons le sol qu'il avait à travailler.

CHAPITRE II

Lorsque Mgr Bellegarde avait envoyé Francisque à Montretout, il ne lui avait point donné de titre particulier, mais seulement dit :

— « Allez, et, sous la direction de l'abbé Curtius, faites tout le bien que vous pourrez. »

S'étant ensuite adressé à son nouveau supérieur, ce directeur lui avait répondu :

— « Écoutez et voyez; puis entreprenez avec tact tout ce que votre cœur et votre conscience vous inspireront. »

On laissait ainsi aux circonstances et à la situation que Francisque allait prendre au milieu d'elles la solution de l'avenir du jeune prêtre.

C'était sa valeur et son activité personnelles qui devaient la créer; ses supérieurs n'auraient qu'à la sanctionner ensuite.

L'activité publique de Francisque durant les trois années qui vont suivre sa sortie de Sion a donc pour champ d'action essentiel Montretout et son annexe le Rossignol.

Montretout lui demandera de deux à trois jours de travail chaque semaine; le Rossignol en prendra de quatre à cinq.

Chaque jeudi matin, l'on voyait arriver Francisque à Montretout; il en repartait pour le Rossignol le sa-

medi suivant, sauf la dernière semaine du mois, où le
jeune abbé ne rentrait à la ferme des champs que sur
la fin du jour saint.

Quittant le Rossignol son bréviaire sous le bras, un
livre ou un cahier dans la poche de sa soutane, il entrait à Montretout après une heure de marche rapide.
Sa course était utilisée soit par une lecture, soit par
la préparation d'une prédication, soit par le tracé du
plan des occupations auxquelles il allait se livrer les
jours suivants au lieu qui l'appelait.

Dès son arrivée, le travail commençait immédiatement.

Trois occupations essentielles lui étaient imposées
par ses devoirs envers la paroisse : la préparation du
sermon pour le dernier dimanche, la confession de
ceux qui désiraient s'approcher du tribunal de la pénitence et la visite des familles.

Celle-ci absorbait une notable partie de son temps.
En général, Francisque voyait chaque maison à tour
de rôle ; les maladies, les infortunes, les grands événements du foyer domestique, tels que naissance, mariage, étaient des occasions de visites extraordinaires.
Les familles où la religion semblait le plus méconnue
attiraient les préférences du visiteur.

Ces visites convainquirent bientôt Francisque que
l'idéal et la réalité de la vie aux yeux et dans la pratique des populations étaient extrêmement éloignés
pour ne pas dire à l'antipode de l'idée qu'il s'était jusque-là faite lui-même de la vie chrétienne ; que toutes
les aspirations et les efforts s'y concentrent dans les
intérêts terrestres, et que ses habitants ont à peine
conscience des devoirs religieux.

Vouloir leur parler de Dieu d'une façon directe et
pratique, essayer de pénétrer leur vie quotidienne et
leur pensée de la présence du Roi des cieux, appli-

quer les principes théologiques appris au séminaire
lui parut peine perdue ; et il lui fallut bientôt se contenter de faire respecter, en général, son ministère et
d'être humainement utile.

Sauf quelques cas de grande infortune dans lesquels
la religion reçut un accès plus facile, sinon efficace,
Francisque ne pouvait aborder que des sujets concer-
nant les affaires et les occupations particulières à la
famille visitée ; on y acceptait volontiers une parole
utile à la situation du moment, on se sentait flatté
lorsque le nouveau vicaire s'informait de chaque membre du foyer domestique ; on aimait aussi le voir faire
venir en sa présence chacun des enfants, louant la
propreté, l'activité de l'un, réprimandant la paresse
ou la négligence de l'autre. Ses assiduités auprès des
délaissés, une parole sympathique à celui qui souffrait, un conseil à un patient au sujet de sa maladie
étaient acceptés d'ordinaire sans difficulté et quelquefois avec reconnaissance.

Les lignes qui précèdent suffisent pour indiquer la
physionomie générale de ces visites.

Les quelques faits et les quelques détails suivants
pourront initier au caractère intime et aux traits particuliers de ces relations avec ses ouailles.

Y avait-il, par exemple, des malades, il s'en occupait comme s'ils eussent été de sa famille et veillait,
lorsque cela était nécessaire, à ce qu'ils fussent soignés selon les prescriptions du médecin, dont il lui
fallait parfois exiger l'appel. Etant entré un jour chez
des cultivateurs, il vit près de la cheminée, devant
quelques rares tisons, une vieille mère gémissante.
A sa grande stupéfaction, il apprend que la malheureuse avait la jambe cassée depuis six semaines et
qu'elle n'avait pas encore été remise. Ce ne fut qu'à
force d'insistance que le vicaire put obtenir enfin

des enfants intéressés la demande et la visite du chirurgien.

Dans certaines maisons et surtout à l'auberge du village, il était reçu parfois avec des attaques ou des railleries contre la foi et les prêtres. Ces agressions étaient pour Francisque un motif de multiplier ses visites jusqu'à ce qu'il eût imposé le respect.

Il se produisait aussi dans sa cure d'âmes des circonstances où l'application réelle des principes de la théologie de Sion eût été une faute.

A son arrivée dans une famille, il entend les parents injurier avec emportement leur jeune fille. Celle-ci, faible et tremblante, avait auprès d'elle un nouveau-né, son enfant. Depuis cette naissance, la jeune mère était accablée sous les reproches incessants de ses parents; peut-être même venait-elle d'être maltraitée au moment où apparut le vicaire.

Devant une telle situation, qu'allait faire Francisque? Blâmer les parents ou se joindre à eux pour charger celle qui était tombée? Il réfléchit un instant, puis son jugement et son cœur lui ayant fait trouver la note juste, il prend le mari et la femme par la main et leur dit :

— « Allons, mes bonnes gens, c'est assez de reproches. Nous n'avons rien à faire contre un fait accompli; soyons assez raisonnables pour changer le mal en bien. Tâchons que ce pauvre petit devienne un jour l'appui et la joie de votre maison. Bien des choses se réparent dans le monde; adoptez l'enfant, élevez-le honnêtement et ne faites pas mourir sa pauvre jeune mère. »

S'adressant à cette dernière :

— « Que Dieu vous pardonne ! »

Il partit ensuite après avoir laissé le support, mais pour revenir régulièrement pendant six semaines, afin que la position ne fût plus compromise par de nouvelles récriminations et de nouvelles défaillances.

Dans une autre circonstance, la conscience de Francisque se trouva extrêmement perplexe.

Un vieillard vivait maritalement depuis quinze à dix-huit ans avec une femme qui l'avait reçu chez elle en dehors des lois civiles et religieuses. Cette femme, étant tombée dangereusement malade, fit demander à Francisque les derniers sacrements de l'Église. Mais, comme la cohabitation était connue de tous, l'Église exigeait la séparation après une réparation publique. Le vicaire insistait sur cette dernière.

Le concubinaire, qui était venu trouver Francisque, la déclara impossible et supplia, toutefois, qu'on assistât la malheureuse.

On se quitta sans avoir cédé de part ni d'autre.

Cependant l'angoisse remplit l'âme de Francisque; d'un côté, son cœur était navré de voir cette femme mourir dans l'impénitence; de l'autre, sa conscience était enchaînée par l'inflexibilité catholique.

Que pouvait-il faire? Absolument rien, sinon prier Dieu qu'il eût pitié de cette âme qu'il avait rachetée au prix de son sang.

Pendant ces tortures intimes, le chanoine Curtius, qui était en voyage, revint. Francisque lui exposa l'affaire.

— « Je vous comprends, répondit le curé, et je respecte vos scrupules. Allez en paix, je me charge de tout. »

Sans perdre de temps, l'abbé Curtius se rend chez la moribonde, l'exhorte et, au moment de lui remettre le viatique, il lui dit devant les personnes qui entourent le lit funèbre :

— « Je sais, ma sœur, que vous regrettez tout ce qui dans votre vie a déplu au Seigneur. »

Après cette phrase d'un sens bien général, à laquelle, d'ailleurs, il n'était point demandé de réponse, le curé donna la communion.

Francisque ne put jamais comprendre cette redoutable action de son supérieur, car il était convaincu que les coupables n'auraient point consenti à désavouer leur vie scandaleuse.

Toutefois, il ne se permit point de condamner les intentions de son supérieur.

Répétons-le, un fait capital que Francisque constata durant les trois années de son ministère à Montretout, c'est le petit nombre d'hommes qui prennent au sérieux la religion et en reçoivent une influence efficace.

Dans toute la paroisse, il ne rencontra qu'une seule âme dont les chagrins ou les souffrances reçurent quelque adoucissement par suite des considérations chrétiennes qu'on put lui présenter.

Cet abîme, qui lui semblait creusé entre ses convictions et celles de ceux qui l'entouraient, ainsi que l'impossibilité de le combler, furent autant de motifs qui inspirèrent plus tard à Francisque l'idée de rentrer dans un ordre religieux.

— Le monde est trop corrompu, pensait-il, ou trop radicalement éloigné de l'idéal chrétien que j'ai nourri dans mon sein pour que je puisse l'amener, même de loin, aux sentiments et à la vie que l'Église demande dès qu'il s'agit de distribuer les choses saintes. Et pourtant, soit habitude, soit exigence de l'opinion, il est des époques où une partie des populations s'approche du tribunal de la pénitence et de la table sacrée. Oh! combien, ajoutait-il, la vocation du prêtre me paraît redoutable!... S'il ne s'agissait que de donner l'exemple d'une vie irréprochable, d'essayer d'élever peu à peu la pensée et les sentiments des âmes jusqu'à un certain degré réalisable, ma charge de ministre ne m'accablerait pas ; mais je suis en face de cette cruelle alternative, ou éloigner davantage de l'Église, par mon refus des sacrements, les fidèles toujours plus rares, ou risquer de profaner le corps et le sang de Jésus-Christ par une condescendance qui trouble ma conscience.

— Il vaut mieux que je quitte le monde et que j'aille prier pour lui dans la solitude de quelque cloître, ou me vouer, dans un ordre actif, à l'instruction et à l'éducation de la jeunesse.

Ce qui le retenait encore, c'étaient les établissements de Montretout et du Rossignol. Là, peut-être, aurait-il plus de succès ; les cœurs y étaient jeunes et plus directement sous son autorité.

Il ne se rebuta donc pas encore ; il se consacra, au contraire, avec plus de dévouement à ces instituts.

Le premier contact de Francisque, en arrivant chaque semaine à Montretout, était avec les fils de famille.

Il assistait régulièrement à une de leurs conférences scientifiques, comme simple auditeur, dans le but d'offrir l'exemple de l'exactitude et du travail à ces étudiants volontaires, qu'il retrouvait, d'ailleurs, à la table où il devait être leur modèle de sobriété et de convenance. De plus, Francisque les voyait chacun en particulier. Dans ces visites, il s'efforçait d'entrer dans leurs goûts honnêtes, faisait de la musique avec l'un d'eux qui possédait un harmonium, essayait des expériences scientifiques avec un autre, propriétaire d'un petit laboratoire, causait livres avec un troisième qui avait reçu quelque nouvel ouvrage ; en un mot, il essayait de seconder une inclination ou une occupation honnête et utile chez chacun d'eux, pour les amener à des habitudes salutaires et puis les conduire au Seigneur. Mais là aussi il eut des déceptions. Un seul d'entre eux se montra vraiment sérieux, sinon chrétien.

Les élèves de la ferme-école prenaient également une partie du temps de Francisque. Durant leurs récréations, celui-ci donnait des leçons de solfège et de chant ou s'occupait amicalement avec eux de tout ce qui pouvait leur être de quelque avantage. Il en prépara même quatre au brevet d'instituteur qu'ils obtinrent. Deux ou trois fois, chaque semaine, il causait sciences avec leurs maîtres et profitait de ces entretiens pour les encourager dans leur tâche difficile. Enfin, chaque trois mois, il confessait tous les membres de cet institut. Mais le résultat chrétien fut également à peu près nul.

De la ferme-modèle il passait à l'atelier des peintres. Là, comme partout, il cherchait d'abord à rehausser à leurs propres yeux la carrière qu'ils avaient choisie, à les y affermir ; puis, il essayait de les conduire plus haut. Mais ici, comme ailleurs, dès qu'il touchait à la réalité de la vie chrétienne, il sentait immédiatement que rien ne lui répondait. Le directeur était un épicurien impie, dont il fallait chaque fois réfuter les attaques et qui ne voulait point être convaincu. Toute sa philosophie se résumait à nier un but final et un ordre moral dans l'univers, et à dire que chacun doit chercher, par ses seules forces, tous les moyens possibles de vivre agréablement. L'artiste graveur, homme très loyal, ne connaissait rien d'un monde supérieur, ne savait que son art et refusait d'entendre toute conversation religieuse. La plupart des autres, gens sans mœurs, fuyaient jusqu'à la présence du jeune prêtre.

Francisque crut, cependant, avoir rencontré deux hommes qui le comprendraient et avec lesquels il pourrait lier quelques rapports intéressants. L'un portait l'habit religieux, l'autre avait quitté le grand séminaire de B. pour la peinture, vers laquelle l'entraînaient ses goûts.

Le premier, long et maigre, aux traits pâles et fatigués, aux yeux rouges et au regard baissé, révélait une santé usée. L'était-elle par l'austérité, le travail ou le vice ? Il couchait sur la planche, couvert d'un simple manteau, ne vivait que de pain et d'eau, se frappait rudement le corps avec la discipline et était revêtu du cilice. Servant le chanoine Curtius à l'autel, il y faisait des démonstrations extraordinaires de piété. Trompé par sa propre candeur, Francisque résolut de se lier avec lui. Toutefois, il ne fut sa dupe que durant deux ou trois mois. Au bout de ce temps, il remarqua que les facultés intellectuelles de cet homme étaient sans équilibre, que l'orgueil et le mépris de ses semblables le dominaient ; que dis-je ? il le surprit revenant de Paris où il était allé passer quelques nuits dans l'orgie.

Le malheureux abusait de la bonne foi des autres et cherchait peut-être à s'étourdir lui-même. Mélange d'hypocrisie et de faiblesse, il couvrait ses excès sous un masque d'ascétisme, et voulait en même temps les expier par des rigueurs dont il faisait parade. Malgré ses vices, M. Le Hardi l'aurait conservé pour son habileté ; mais, s'étant vu dévoilé et méprisé, il se retira sous un prétexte quelconque.

Il n'en fut pas de même de l'ancien séminariste. Francisque eut quelque temps le bonheur de posséder en lui un vertueux compagnon.

Une vocation irrésistible pour l'art l'avait arraché, ai-je dit, à l'enceinte du séminaire, sans lui faire perdre toutefois les habitudes régulières qu'il y avait contractées et la piété qu'il y avait puisée. Au milieu de ses compagnons mondains, il était un modèle de pureté en même temps qu'un véritable artiste. Aussi était-il une des consolations de Francisque durant les heures que celui-ci pouvait passer avec lui. Toutefois, l'artiste avait trop d'avenir et possédait une âme trop élevée pour rester longtemps dans ce milieu fangeux. D'ailleurs, M. Le Hardi ne tenait point les promesses brillantes qu'il lui avait faites pour l'attirer. Il en résulta que notre jeune peintre prit dignement congé, ne regrettant que l'abbé Curtius et Francisque.

Cependant, le travail de ce dernier n'était point sans quelque autre compensation. Il la trouva dans les pauvres orphelins confiés aux religieuses de N. C'était spécialement à eux que Francisque vouait sa plus grande sollicitude.

Rappelons que, dès son arrivée, il sentit surgir en lui tous les sentiments d'un père adoptif pour ces abandonnés. Aussi éprouva-t-il le besoin immédiat d'en remplir les devoirs sacrés. Assurer l'avenir de leurs âmes et de leur vie terrestre fut le but constant des efforts de son amour ! Suivre assidûment par la pensée et l'action le développement et l'état de leur santé et de leur esprit fut son occupation continuelle !

Deux fois la semaine, il leur donnait une instruction religieuse, par laquelle il cherchait à déposer dans leurs consciences, en termes clairs et précis, les principes de la foi chrétienne et ses espérances.

Chaque mois, dans un entretien particulier, il plaçait chacun de ces tendres cœurs devant le sien, le faisait s'ouvrir devant lui, par la confiance, comme le doux rayon de soleil fait au matin du jour épanouir la tendre fleur. L'âme ouverte, il l'examinait soigneusement, en remarquait tous les traits, les défauts, les aptitudes, les souillures, les bonnes intentions, puis il la purifiait, la relevait et mettait chacun dans sa voie après avoir fait passer comme une partie de lui-même dans l'enfant.

Ce n'était pas tout. il surveillait ensuite lui-même, par sa présence et pas à pas l'application de ses leçons. Durant les deux jours qu'il passait à Montretout, il quittait le moins possible ses orphelins. Après s'être informé chaque semaine, après sa venue et auprès des sœurs de leurs progrès ou de leur relâchement, il se rendait souvent aux classes pour louer ou stimuler ; il assistait parfois à leurs repas, il jouait même avec eux pendant leurs récréations. En un mot, il était pour tous et pour chacun ce qu'une mère est pour ses petits.

Dans les premiers temps, son âme de prêtre ne trouva que bonheur dans ce travail et dans la reconnaissance enfantine des orphelins de Montretout. Plus tard, lorsqu'il eut été frappé douloureusement par l'amère conviction qu'arrivés au Rossignol ses enfants adoptifs feraient naufrage, et que les efforts de son amour ne pourraient conjurer cette ruine, un sentiment de douleur profonde se mêla à son zèle, sans toutefois le ralentir. Au contraire, ce dernier n'en devint que plus tendre, plus prévoyant et lui suggéra des remèdes préventifs contre un danger inévitable. Il encouragea et prépara ses orphelins à la lutte, comme la poule fait pour ses poussins qu'elle sent menacés par l'oiseau de proie.

Ces mêmes soins, Francisque les prodigua sous une forme plus réservée aux jeunes filles pensionnaires.

Les religieuses aussi obtinrent une part de son activité. Il les encourageait dans leur emploi par le tableau enthousiaste et idéal qu'il leur faisait de leur œuvre aussi sublime que modeste ; il les soutenait dans leurs défaillances par de bonnes paroles, et renouvelait leurs forces spirituelles en leur distribuant la communion et en leur accordant au confessionnal des entretiens spirituels renouvelés au besoin.

Il avait, en particulier, distingué parmi elles deux âmes qui rencontraient dans leur vocation des luttes très pénibles.

L'une, née avec des instincts sensuels, était aux prises avec ses faibles organes terrestres ; il fallait que le jeune prêtre relevât et maintînt chez elle l'esprit, affaiblît et réprimât les sens par l'austérité de la vie physique.

L'autre était une âme tendre, un cœur dévoué, mais avait des aspirations exagérées. Elle ne trouvait ni satisfaction ni repos dans sa position obscure et restreinte. A son regard, comme autrefois à celui du Christ dans le désert, le tentateur montrait le vaste monde revêtu de royales splendeurs et donnant des joies ineffables. Francisque comprit bientôt cette âme que rien ne paraissait pouvoir rassasier. Il opposa devant elle, aux séductions de la terre, les régions splendides et sans bornes du royaume des cieux ; il jeta, à pleines mains, dans son cœur avide le trésor de l'amour infini du Sauveur, l'époux des âmes, et du Père qui nourrit ses enfants des moissons savoureuses de la vie supérieure.

On le voit, c'est une tâche compliquée, délicate parfois, souverainement difficile que celle de pasteur des esprits. Il faut au prêtre une force invincible, une pureté inviolable, une prudence consommée et surtout une charité immense et inaltérable. De plus, il faut que son âme renferme une vie tellement puissante et riche qu'elle puisse alimenter tout un troupeau depuis les nouveau-nés, qui n'ont besoin que dé lait, jusqu'aux forts qui exigent une abondante et substantielle nourriture.

Tel essaya d'être Francisque à Montretout.

Voyons-le maintenant au Rossignol pendant les trois mêmes années.

CHAPITRE III

Par sa solitude au milieu des champs, cette institution présentait un travail plus simple et paraissait offrir un accès plus complet à l'influence de Francisque.

Aussi, notre abbé résolut-il, dès son entrée dans cette maison, de transformer l'œuvre selon un type qu'il conçut puis médita longuement et sérieusement.

Faire de tous ces jeunes gens des *chrétiens* en même temps que des *ouvriers agricoles* modestes et intelligents, tel est le but qu'il se proposa. La ferme du Rossignol devait servir de noviciat.

Francisque fixa ensuite l'idée mère qui devait diriger son action vers cette fin. C'était que tout, au Rossignol, dans l'ensemble comme dans les détails, fût déterminé de façon à préparer et accomplir l'avenir spirituel et matériel de chacun des colons.

Cette idée mère, il l'incarna dans un règlement.

A sa demande, son supérieur l'autorisa à composer les articles d'une constitution qui embrassait à la fois l'élément religieux et l'élément temporel.

Cette constitution était théocratique. C'était Dieu qui devait régner comme maître souverain et comme père sur la maison et sur ceux qui l'habitaient. C'était lui qui avait marqué l'avenir de ces enfants sans parents et qui inspirait chaque pensée de l'âme et chaque action du corps qui devaient le préparer ;

c'était lui que l'orphelin devait voir sans cesse et partout. En un mot, c'était à lui qu'il obéissait lorsqu'il priait, travaillait et se récréait de la manière indiquée par le règlement, où tout avait été coordonné en vue de sa double vocation.

Ces mesures préliminaires de l'activité de Francisque étaient d'autant plus nécessaires que jusque-là l'œuvre des orphelins avait marché un peu au hasard des circonstances.

Dans cette règle, le jour et la nuit déroulaient successivement leur travail et leur repos.

Son exécution constante et régulière devait faire contracter aux colons des habitudes de réflexion et d'ordre, de travail et d'exactitude, de modestie et de soumission; elle devait aboutir à peupler les fermes de la campagne de vrais enfants de Dieu et de serviteurs respectueux et honnêtes. Bref, une telle règle était le moule qui devait saisir, enserrer, puis rendre formées pour le ciel, ces jeunes existences qui avaient à trouver leur pain quotidien durant leur pèlerinage terrestre.

Francisque en confia le succès à Dieu et l'exécution aux religieux qui l'entouraient. Lui-même en prit la surveillance.

Tous les soirs il avait un entretien particulier avec chaque frère. Il se faisait rendre un compte sommaire de ce qui s'était passé sous son inspection spéciale. Chaque dimanche, il réunissait tous les frères en conférence. Dans celle-ci, on examinait avec soin la marche d'ensemble, et les particularités les plus saillantes de la semaine écoulée et on préparait les jours suivants.

Après la conférence, on réunissait les garçons pour les punitions ou les récompenses; celles-ci étaient ordinairement en argent. Cet argent allait grossir la

masse qui devait être remise au colon à sa sortie du
Rossignol.

Ce n'était pas tout. Francisque agissait *individuel-
lement*. Il avait compris qu'il devait être au Rossignol
l'impulsion et le modèle.

Debout à quatre heures du matin, il s'attachait à la
communauté pour ne la laisser qu'après son coucher.

Était-elle au-dedans de la ferme? il ne la quittait pas
un instant; aux champs? il allait la visiter deux fois
la semaine.

Arrivé sur le lieu du labeur en compagnie du frère
régisseur, il appelait le frère surveillant, et celui-ci,
devant toute l'escouade, donnait note précise du travail
et de la conduite de chaque sujet de son peloton.

Francisque était donc partout; il s'y montrait vif et
doux, sérieux et gai, actif et mesuré; il entraînait
littéralement avec lui toute cette population. Certes,
ce ne semblait plus être le Francisque inquiet et captif
du noviciat ou du grand séminaire; la liberté en avait
fait une inspiration et une puissance.

Et, au milieu de cette action universelle, le principe
qu'il jetait dans l'âme des travailleurs, principe qui
devait les tailler comme on taille les pierres qui entrent dans la construction d'un édifice, était celui-ci :
« Chers orphelins, *faites bien la chose que vous faites*,
comme si en dehors d'elle il n'existait rien ; faites-la
sous l'œil de Dieu, et elle vous conduira sûrement au
salut et à un heureux avenir sur la terre. »

On arriva bientôt à aimer et à craindre généralement un tel maître. L'autorité et la sympathie dont il
jouissait, et qui étaient surtout le fruit d'un dévouement absolu et aimable, lui avaient été en partie conquises d'un seul coup dans une circonstance qui montre
l'originalité ingénieuse de son amour pour ses pupilles.

Francisque poussait l'affection pour ces enfants, non

seulement jusqu'à vouloir travailler comme eux, et se contenter, comme eux, pour son repas du plat de lentilles ou de pommes de terre, mais jusqu'à se soumettre quelquefois aux punitions infligées aux coupables. Dès les premiers jours de son arrivée, et par suite d'une mutinerie générale des colons, le frère régisseur les avait condamnés à une heure d'arrêt. Ils se trouvaient rangés sur deux rangs le long du cloître, afin de monter aux dortoirs comme à l'ordinaire, lorsque le frère leur dit :

— Restez ainsi fixés jusqu'à dix heures.

Mais un murmure général s'élève, il va peut-être se transformer en une mutinerie générale ; aux premiers bruits du mécontentement, Francisque s'avance d'un pas tranquille et, sans mot dire, va se fixer à la tête de la ligne. Il y reste silencieux. Après quelques minutes, les coupables, d'abord étonnés de sa présence, finirent par comprendre que M. l'abbé faisait avec eux la punition ; dès lors s'établit le plus grand silence et la punition s'acheva avec une résignation complète. Lorsqu'elle fut terminée :

— « Mes amis, leur dit Francisque, lorsque vous voudrez me forcer aux arrêts, vous n'aurez qu'à vous conduire aussi mal qu'aujourd'hui. »

Ce trait d'abnégation judicieuse lui valut une part importante de son influence. Pourtant, sous la régularité extérieure qui se reformait dans la marche de la maison, et que maintenait l'exemple des maîtres, et une discipline sévère qui allait jusqu'à imposer la peine du fouet et une détention au cachot pouvant s'étendre à quinze jours, se cachait un mal incurable : la dépravation inouïe des mœurs.

Francisque se jeta corps et âme au-devant du monstre, résolu à l'anéantir, avec l'aide de Dieu et de ses frères.

Toutefois, la première année de son arrivée, il ne put attaquer qu'incomplètement l'ennemi ; les moyens lui manquaient, surtout parce que la surveillance des religieux n'était pas clairvoyante. Il lui fallut long-temps attendre une circonstance favorable.

Enfin un jour, le frère de la seconde escouade arrive bouleversé chez Francisque :

— « Monsieur l'abbé, dit-il, je viens de monter à l'im-proviste sur une meule de blé où j'avais laissé seuls cinq enfants de mon peloton et je trouve les malheu-reux commettant des actions honteuses !

— » Eh ! pourquoi, lui répond Francisque avec indi-gnation, les aviez-vous laissés seuls ? De telles impru-dences ne se commettent jamais, mon frère ! »

Après avoir maîtrisé son émotion, il ajouta :

— « Les coupables savent-ils que vous êtes venu chez moi ?

— » Oui, monsieur l'abbé.

— » Cela suffit ; maintenant allez, et priez Dieu sé-rieusement de vous accorder son pardon et de la pru-dence. Quant à cette affaire, n'en parlez à personne. »

Une fois seul, il déplora cette souillure, mais il en-trevit en même temps l'utilité de cette découverte. Il en remercia Dieu, en même temps qu'il l'implorait pour les cinq malheureux enfants. Puis, sans perdre de temps, il fit immédiatement son plan : par ces cinq coupables il faut, se dit-il, arriver avant tout à la con-naissance complète de l'immoralité. En cas de réus-site, l'état du mal indiquera la cure.

Francisque s'était à peine tracé sa marche qu'il en-tend frapper à sa porte.

— « Entrez, dit-il. »

Et il voit se présenter devant lui un grand colon de seize ans, à la figure creuse, à l'œil consterné.

— « Oh ! pardon, monsieur l'abbé, s'écria-t-il aussitôt en tremblant; c'est moi..., c'est moi..., j'ai fait une vilaine chose... »

Francisque se taisait.

— « C'est moi, continua le coupable, c'est moi tout seul, j'ai entraîné les autres ! »

Francisque avait depuis son arrivée conquis une grande autorité et une confiance presque entière chez la plupart des colons, et tous savaient que son indulgence pour la franchise égalait sa sévérité inflexible pour le mensonge, les excuses et toute délation.

C'est ce qui explique en partie la démarche et l'aveu spontanés du coupable.

Rien n'échappait à Francisque. Ce malheureux n'est pas sans courage et sans franchise, pensa-t-il, et il y a encore du bon dans cet enfant corrompu. En même temps, il fixait sur lui un regard sérieux. Après un instant de silence, il lui dit avec une extrême gravité :

— « Je savais déjà que vous aviez commis cette infamie et ce crime ! Oui, un crime, car vous avez entraîné quatre de vos compagnons dans une même action déshonnête. »

Frappé par la force et l'accent de ces expressions, qui lui révélaient la profonde horreur qu'inspirait son odieux attentat, le colon resta atterré et sans réponse.

Après une nouvelle pause, l'abbé continua :

— « Est-ce possible que ce soit vous qui ayez traîné dans l'ordure vos jeunes frères, quatre âmes qui appartiennent à Dieu et à moi?... Savez-vous que ce sont mes propres enfants que vous venez de couvrir d'infamie et de perdre? »

Et l'accusé continuait son silence.

— « Que répondez-vous à Dieu?... Que me répondez-vous à moi-même?... Quel sera donc votre châtiment? dites... Pourrez-vous en porter tout le poids? Infortuné ! »

Le coupable restait toujours immobile, anéanti...

Après l'avoir laissé quelques minutes encore dans cette situation qui ébranlait de fond en comble, sous la crainte et la honte, cette âme qu'il voulait sauver :

— « Partez, lui dit alors Francisque ; votre faute est trop énorme pour que j'agisse aujourd'hui contre vous ; j'ai besoin de réfléchir devant Dieu sur le châtiment et la réparation qu'exige votre forfait. Vous-même, vous fixerez une punition équitable, je l'exige ! Demain vous reviendrez me l'indiquer chez moi. D'ici là, que pas un mot ne transpire sur ce qui s'est passé. Maintenant, partez, dis-je, car votre vue m'est odieuse ! »

Ces derniers mots furent accentués avec sévérité et douleur.

Le colon dut se soustraire à cette cruelle situation et partir.

Les vingt-quatre heures qui suivirent pesèrent sur lui comme une angoisse mortelle. Francisque avait compté sur leur efficacité. Elle fut sérieuse.

Le lendemain, Francisque vit derechef comparaître le coupable.

— « Quel châtiment vous a inspiré votre conscience ? Quelle réparation offrez-vous ? Je vous écoute !

— » Oh ! monsieur l'abbé, repartit en sanglotant le malheureux enfant, punissez-moi comme vous le jugerez bon, j'accepterai tout.

— » Quinze jours de cachot au pain et à l'eau sont-ils de trop ?

— » Non, monsieur l'abbé.

— » Êtes-vous prêt à vous avouer publiquement coupable ?

— » Oui, monsieur l'abbé.

— » Êtes-vous disposé à prier pour les pauvres compagnons de vos mauvaises actions ?

— » Oui, monsieur.

— » Enfin êtes-vous résolu à servir de bon exemple à tous et à empêcher devant vous ces choses infâmes? »

Ici le colon hésita.

— « De tout mon cœur je m'efforcerai de devenir un bon exemple ; mais empêcher le mal, monsieur l'abbé, cela est impossible, car tous le font devant moi, un jour les uns, un jour les autres. Seul, je ne puis rien contre tous, et tous se révolteraient contre moi.

— » Mais si vous ne le pouvez seul, repartit son maître, vous pouvez du moins m'aider, moi leur père, à sauver de la perdition vos pauvres camarades ; seriez-vous sans pitié et lâche ?

— » Oh! non, monsieur, je ferai mes efforts pour vous obéir.

— » Enfin, ajouta Francisque, et afin de me rendre possible cette tâche, consentez-vous à me faire connaître ceux qui commettent le plus ordinairement l'impureté et les circonstances habituelles dans lesquelles elle est commise? car, à tout prix, il faut anéantir ces abominations.

— » Oh! monsieur l'abbé! je ne puis trahir mes camarades, et d'ailleurs, tous me repousseraient comme un espion !

— » Ayez en moi confiance absolue, reprit Francisque. Aucun de ceux que vous me nommerez ne sera puni et le secret ne sera connu que de moi seul. D'ailleurs, je vais également interroger vos quatre compagnons et vous ne serez pas le seul à devoir me découvrir la vérité. Il faudra qu'ils confessent tout, car vous le savez bien, devant moi il n'y a que leur franchise qui puisse non seulement adoucir leur peine, mais obtenir un silence absolu sur cette vilaine action. »

Confiant en son maître, le colon donna tous les éclaircissements que Francisque crut nécessaires.

L'abbé, satisfait, lui dit :

— « Pauvre ami, je veux à mon tour donner à votre droiture et à votre bonne volonté leur récompense. Comme maître, je vous remets toute votre punition et la communauté entière ignorera votre méfait. Désormais vous n'aurez plus affaire qu'avec votre confesseur ; c'est lui qui vous aidera à vous réconcilier avec le ciel. N'oubliez pas vos promesses. Allez, et ne faites plus le mal. »

Les quatre autres coupables comparurent ensuite successivement. Déjà prévenus par leur camarade, ils furent naturellement d'une grande franchise.

Francisque étouffa l'affaire ; mais il en avait tiré tout ce qu'il désirait : la connaissance claire et précise du cancer horrible qui rongeait la communauté.

Il était universel, avons-nous dit, et tous, sans exception aucune, en étaient atteints. Francisque résolut d'y appliquer immédiatement tous les remèdes qui pouvaient être essayés. Mais, fidèle à sa parole, il garda son secret pour lui, et l'action curative qu'il allait désormais déployer, il l'exécuta seul, sans le concours direct des religieux, et n'ayant d'abord d'autre aide que le coupable repentant dont il se servit comme instrument, sans jamais toutefois lui révéler son plan.

Ce plan était bien simple ; il consistait à opérer une division entre les colons. Il opposa donc adroitement son jeune coopérateur, doué de caractère, à deux jeunes gens qui étaient l'âme de la déplorable corruption qui régnait dans la maison. Par lui, il chercha à soumettre à l'influence des maîtres, pour les dominer, les caractères flottants ou indociles ; à soustraire à l'action des pervers ceux à qui il restait encore quelque sentiment d'honnêteté.

Pendant la seconde année de son séjour au Rossignol, il resta fidèle à ce plan ; mais, malgré ses efforts, son travail ne porta pas des fruits abondants, et sauf une diminution dans le nombre des chutes chez plusieurs colons, la gravité du vice n'avait pas été vaincue, et peu d'orphelins avaient été soustraits efficacement à l'exemple de ceux qui les entraînaient à ces actions honteuses. Francisque comprit alors qu'il fallait porter un grand coup. Mais pour cela il lui fallait sortir de son action invisible et discrète. Profitant donc d'une occasion favorable, il fit expulser les deux coupables dont nous avons parlé, âgés de dix-neuf à vingt ans. Ces deux fauteurs de désordres divers, auxquels, en raison de leur ancienneté, étaient confiées les clefs de la forge et de la cordonnerie dont ils étaient les plus anciens travailleurs, y attiraient en secret leurs affiliés fidèles pour s'y livrer aux infamies de Sodome, y attiser le foyer de l'insubordination contre les supérieurs, et y aiguiser l'esprit de sarcasme contre ceux qui semblaient avoir des velléités de se soustraire à leur tyrannie. Surpris dans un de leurs ténébreux conventicules au moment où tous les frères, sauf un surveillant, étaient occupés à la prière, ils furent exemplairement châtiés. Les deux chefs furent chassés, et avec eux un des employés corrupteurs, soupçonné en outre, puis convaincu, d'un vol considérable.

Ce fut comme un coup de foudre, qui enlevait au monstre sa tête et semblait le morceler en tronçons. Depuis lors le crime perdit sa sécurité.

Cependant, Francisque avait pu grouper quelques colons dont la tâche était de lutter contre le mal partout où il se produisait ; il les réunissait chaque semaine chez lui, il était leur inspiration et leur soutien dans cette œuvre ; pour les séparer définitivement des autres et les en détacher en petite cohorte serrée, il les enrôla sous la bannière de la Vierge Marie et donna à leur groupe le nom de « Congrégation de

Marie. » C'était leur imposer la *moralité extérieure*, semble-t-il, et rendre impossible leur retour dans la société des pervers.

D'un autre côté, le jeune prêtre tenait en haleine la surveillance des maîtres, et maintenait d'une main ferme et vigilante la discipline de la maison. Francisque ne broncha pas un instant dans sa marche; il ne recula pas d'une ligne. C'était un jeune champion ardent et opiniâtre qui devait aller jusqu'aux limites du possible; il ne pouvait se briser que sur le roc de l'impossibilité ou tomber épuisé par ses efforts infructueux.

Mais hélas! tout fut impuissant à extirper et même à neutraliser les effets de l'immoralité.

Les enfants de son choix, eux-mêmes, ces enfants qu'il avait entourés de toute sa sollicitude après les avoir choisis, succombaient, à des intervalles rapprochés, sous l'empire d'anciennes habitudes. Francisque, il est vrai, les relevait immédiatement par ses entretiens et par la confession, mais ils retombaient toujours de nouveau, tant ils avaient été énervés. Le plus fort lui-même, celui à qui le jeune prêtre avait tout pardonné et dans lequel il avait placé une certaine confiance, ne put arriver à se rendre maître de ses passions. Assez résistant et courageux devant ses camarades, il était plus fragile qu'un roseau devant la séduction de son propre cœur.

De sorte qu'après trois années d'un labeur persévérant, énergique, le résultat acquis et impossible à dépasser se bornait à avoir intimidé l'audace éhontée du crime, empêché huit ou dix, parmi les moins coupables, de s'endurcir, et à diminuer le nombre des actes coupables.

A côté de ces résultats insignifiants, Francisque dut constater avec effroi que pas *un seul enfant* n'avait pu être guéri ; tous retournaient irrémédiablement à leur ancien « vomissement, » selon l'expression des livres saints.

Tout ce qu'on avait donc prodigué de force et de sollicitude, tenté d'efforts sur cette jeune communauté n'avait été que comme la galvanisation appliquée sur un cadavre. Le cadavre se soulève en sursaut, s'agite un instant, mais pour retomber inanimé et devenir la proie de la dissolution.

Aussi est-ce avec un véritable désespoir que Francisque, qui avait tout essayé, tout épuisé, jusqu'à compromettre son âme, sentit sa cause irrémédiablement perdue. Il était venu trop tard au Rossignol !...

Devant cette fatalité, il avait bien pensé un moment faire table rase, renvoyer ou placer tous ces enfants jusqu'au dernier, puis recommencer l'œuvre avec les petits colons qui arrivaient chaque année de Montretout.

Mais, outre que ces enfants n'étaient déjà plus tous innocents, la société fondatrice de l'œuvre eût accueilli la pensée de Francisque comme impossible à accepter ; elle l'eût écartée immédiatement, parce qu'elle n'eût jamais voulu, d'un côté, envisager toute l'étendue de la plaie qui gangrenait l'institut et parce que, d'un autre, on s'y inquiétait, avant tout, du gagne-pain que ces enfants pouvaient trouver dans l'établissement, malgré le mal moral qui le rongeait.

Quoi qu'il en soit, devant la conviction certaine d'un mal irrémédiable, Francisque pria Dieu de supprimer une maison mortelle pour toutes les âmes qui y entraient ou de la sauver par un miracle.

Le lecteur, qui, peut-être, a eu occasion de lire une de ces apologies intéressées ou irréfléchies sur les orphelinats ou les œuvres de charité, élevées souvent au prix de grands sacrifices de la part d'âmes miséri-

cordieuses, sera sans doute étonné de ce récit, du jugement de Francisque et de son découragement.

Nous n'avons qu'une seule réponse à faire, et elle
est péremptoire, honoré lecteur ; c'est que le tableau
précédent n'est que l'expression honnête et modérée
de l'état du Rossignol. Nous ajoutons que cet établissement, loin de faire une exception, subissait la triste
loi de la plupart des internats. « Toute agglomération
d'individus, disait le médecin de l'établissement à
Francisque éploré, fermente régulièrement la corruption. »

A côté de ce travail ingrat et poignant, Francisque
avait aussi à se vouer au noviciat des religieux du
Rossignol et à vaquer à ses études et à ses travaux
particuliers.

Enfin, en dehors du cercle de Montretout et du Rossignol, il avait encore un champ d'activité extraordinaire, celui des alentours.

On venait vers lui des villages et d'une petite ville
des environs ; il se rendait lui-même assez souvent
dans ces localités pour des prédications, pour des re-
traites annuelles et de première communion ; sa bonté
persuasive et son talent oratoire étaient vivement re-
cherchés, et le jeune prêtre se donnait partout largement et de cœur.

Nous ne terminerons pas ce chapitre de l'activité
de Francisque à Montretout et au Rossignol sans dési-
gner par quelques traits particuliers le prédicateur et
le confesseur en lui.

La prédication et la confession étaient, entre ses
mains, deux remèdes pour guérir et deux leviers pour
soulever les âmes.

§ 1er. *Prédication.* — Sa prédication avait un
charme pénétrant. Cela provenait de ce qu'elle était
l'expression spontanée et vive de son âme. Francisque

n'écrivait pas et n'imitait personne. Il était complètement original et ne copiait rien.

Les deux années passées au noviciat de Béthanie et de fortes études avaient déposé dans son esprit de riches matériaux; il n'avait qu'à les en extraire. Et puis, quoique jeune, il sentait se passer depuis longtemps sous sa poitrine un drame invisible. Pour être éloquent, il lui suffisait d'en exprimer les scènes de sa voix sympathique et fidèle.

A Sion, la présence des maîtres et la craintive révérence que leur portait Francisque étaient des entraves qui avaint tenu son âme captive et enchaîné son essor.

Mais, à Montretout, la liberté lui avait rendu sa spontanéité native, et celle-ci lui donnait en chaire une influence merveilleuse. Son aile, dégagée, prenait son vol; sa pensée, montant jusqu'aux régions les plus lumineuses de la vérité éternelle, se transfigurait; son cœur s'élevait jusqu'aux sphères de l'héroïsme chrétien où planent les martyrs, les saints et le Christ, et s'y transformait en apôtre. Alors l'auditoire qui l'entendait, qui le voyait, suspendu à ses lèvres et à son vol, séduit et enlevé par lui, s'élançait à sa suite vers les plaines éthérées et immortelles.

Une telle prédication n'était ni sans renom aux alentours ni sans quelque résultat au Rossignol. Là, où il prêchait deux fois la semaine en temps ordinaire, trois fois pendant le carême et l'avent, et chaque jour durant le mois de Marie, il ne fatigua pas son jeune auditoire par ses discours rapprochés. Il savait si bien mettre sa parole à la portée des colons et en faire un tel objet d'intérêt immédiat et pressant, il avait le don de la rendre si belle et si vive, de lui faire de sa simplicité même une auréole d'un charme si indéfinissable, qu'on se réjouissait toujours de l'entendre et qu'on se livrait tout entier à elle; aussi n'était-elle presque jamais sans fruit : après chaque sermon, Francisque voyait ses colons, touchés ou effrayés, ravis ou repentants, rester à la chapelle au nombre de dix, vingt, trente, se jeter à ses pieds et lui demander dans une confession immédiate pardon ou conseil.

Un des novices, son ancien condisciple à Sion, lui disait quelquefois au sujet de ses discours et de ses allocutions :

— « Cher monsieur l'abbé, vos prédications sont trop belles. Chaque fois que vous êtes en chaire, non seulement nous nous sentons d'autres hommes, mais nous éprouvons déjà la félicité d'une vie que vous avez jetée et mise en nous et que nous jurons alors de ne plus perdre ni quitter.

» Mais, hélas ! dès le lendemain, lorsque nous ne sommes plus sous le charme de votre parole et du souffle de votre vie, nous nous retrouvons de nouveau accablés sous le fardeau de la triste réalité terrestre ! Oh ! quelle distance presque infranchissable entre la vie idéale et divine du dimanche que vous nous avez donnée, et la lourde et demi-existence dans laquelle nous rampons honteux durant le reste de la semaine ! »

Et le frère, ayant ainsi parlé, versait à la fois des larmes de douleur sur sa misère et d'enthousiasme pour Francisque.

Ces prédications eurent donc des effets réels sur l'ordre d'ensemble de la maison d'abord, sur laquelle elles firent passer une influence générale, quoique invisible, puis individuelle sur les esprits des maîtres et des colons, dans lesquels elles produisaient souvent des impressions très vives et parfois très profondes. Mais les paroles de Francisque n'agissaient, hélas ! que pour le moment sur les personnes ; leur efficacité disparaissait ensuite devant l'action d'un génie plus puissant, le génie de la corruption.

Un autre moyen que Francisque employa pour essayer d'assainir et de perfectionner Montretout et le Rossignol fut la *confession*.

§ 2. *Confession*. — Au Rossignol et parmi les orphelins de Montretout, là où Francisque pouvait l'appliquer sans entraves, puisqu'il était le maître, la confession purifia, encouragea momentanément, mais ne parvint pas à y déraciner les habitudes de luxure.

Chez les plus jeunes, je veux parler des orphelins de Montretout, l'obligation catholique de découvrir le nombre et les circonstances des péchés offrait un danger difficile à éviter, celui d'initier des enfants plus ou moins innocents à la notion ou à une plus grande connaissance d'un mal ignoré ou incomplètement connu. Au Rossignol, au milieu de cette population corrompue, le tribunal de la pénitence fut un grave péril pour Francisque, dans l'esprit duquel il jetait continuellement des objets odieux.

Mais cette confession était un sujet tout autrement hérissé de difficultés dans une partie des œuvres et dans la paroisse de Montretout, dans les environs, enfin là où les consciences ne relevaient pas d'une manière aussi directe de Francisque.

Celui-ci remarqua qu'en général on taisait certains péchés d'habitude ; il ne pouvait en obtenir la révélation, tant la nature humaine ou la délicatesse du sentiment se révoltaient invinciblement contre leur aveu et surtout leur déclaration détaillée. Dans ces circonstances, le jeune confesseur était, d'un côté, convaincu que ce silence enfantait le sacrilège ; de l'autre, il ne pouvait refuser l'absolution au pénitent, qui lui aurait demandé compte d'un refus qui n'avait pas de prétexte plausible.

De là des douleurs morales indicibles.

Francisque remarqua encore que, sauf deux ou trois exceptions, les paroissiens ne se confessaient que par nécessité de faire leurs pâques. L'opinion publique l'exigeait dans certaines localités, surtout chez les filles non mariées; c'était pour elles un certificat officiel de moralité.

Mais, ô Dieu! ce certificat n'était, la plupart du temps, qu'un masque et un faux témoignage public qui voilait bien des turpitudes et qui s'obtenait par le mensonge ou le manque de complète sincérité des pénitents.

Le grave secret de la confession nous oblige à une discrétion trop grande pour notre sujet...

Quoi qu'il en soit, le lecteur en sait assez pour juger de combien de sacrilèges, de combien d'angoisses et de périls la confession est l'occasion, sinon la source.

Ce qui rendait surtout malheureux le jeune confesseur, c'est que, d'une part, sa conscience cléricale exigeait qu'il fît certaines demandes aux femmes, et que, d'autre part, sa pudeur lui fermait souvent la bouche. De là de nouveaux troubles violents.

En vérité, l'application des préceptes de l'Église touchant la confession est impossible avec notre société actuelle... A qui la faute? A l'Église ou à notre société?

Francisque se reprochait à lui-même cette incompatibilité; il s'accusait de manquer ou de courage ou de prudence. Aussi était-il quelquefois infiniment malheureux. Est-il étonnant qu'alors il songeât sérieusement à se retirer dans un couvent.

Dieu, qui seul pénétra au sein des tourments et des angoisses de Francisque, a aussi seul le droit de le juger.

Quant aux personnes qui le connaissaient, elles ne voyaient en lui que *l'homme de la situation.*

Au dehors, on vantait ses prédications ; parmi ses confrères et à l'évêché, on louait ses travaux écrits comme étant des meilleurs ; à Montretout et au Rossignol, on déclarait qu'il avait dompté l'insubordination, intimidé l'audace, rétabli la discipline, donné l'élan au travail et même vaincu l'immoralité. M. Le Hardi disait à ce propos, devant deux membres influents de la société fondatrice, venus pour passer en revue les deux colonies : « M. l'abbé a retiré de l'ornière les roues embourbées de notre char, et il l'a fait sans tacher son habit. »

De plus, le R. P. Stanislas, maître des novices à Béthanie, attiré par la réputation de Francisque, vint le visiter au Rossignol pour le prier, comme nous le savons, de rentrer dans la compagnie ; Mgr Bellegarde lui envoyait, après deux ans, des lettres d'obédience qui lui donnaient le titre officiel de sous-supérieur de l'œuvre, tandis que la société de Paris y ajoutait celui de sous-directeur, accompagné d'un don généreux, marque de sa reconnaissance.

Enfin, le chanoine Curtius lui proposa sa succession complète comme curé, supérieur et directeur. Le jeune abbé, qui ne se payait pas de mots et qui ne jugeait pas les choses par ces louanges, mais qui avait sondé l'œuvre de part en part, ainsi que sa propre conscience, dut prendre la résolution de porter ailleurs son activité, dont une expérience de trente-six mois lui avait démontré la stérilité et les périls pour sa conscience.

Avant son départ, on avait fait venir un autre prêtre, âgé de quarante ans environ. Après l'avoir initié à ses fonctions, Francisque partit.

Le plus bel éloge donné à cette activité de trois années que nous venons de raconter se résume dans cette phrase, contenue dans une lettre que lui adres-

sait, un ou deux mois après son éloignement, un des
directeurs de la colonie : « Cher abbé, quelle différence entre votre successeur et vous!... Colons, frères
et supérieur, nous sentons tous que, par votre départ,
nous avons perdu l'*âme* de notre œuvre. »

CHAPITRE IV

LUTTE, PERTURBATION MORALE DE FRANCISQUE
A MONTRETOUT

Ce n'est pas sans avoir mûrement réfléchi que Francisque prit la résolution de quitter Montretout. Il avait longtemps hésité. Mais, arrivé à la triste conviction qu'exploitée et entravée dans son développement par l'ambition ou des vues intéressées, irrémédiablement perdue par les vices du Rossignol, cette œuvre non seulement n'avait plus d'autre avenir que l'effondrement ou la dissolution, et qu'elle était aussi pour sa conscience un danger précurseur d'une ruine inévitable, la décision de son départ devint une nécessité absolue.

Pour le retenir, on lui avait, il est vrai, au commencement de la troisième année de son séjour, fait diverses propositions apportant quelques changements à sa position; mais Francisque les avait déclinées, alléguant qu'il ne se croyait pas appelé à rester plus longtemps dans le monde. Cette réponse jeta du froid entre Francisque et MM. Le Hardi et Curtius, qui, depuis, cherchèrent à prévenir contre lui l'esprit de Mgr Bellegarde. Ils n'avaient voulu voir dans le refus de Francisque que mauvaise volonté et se refusèrent à comprendre qu'un jeune prêtre, qui faisait si bien leur affaire, pût avoir des motifs personnels assez sérieux pour chercher un asile dans le cloître.

Ce sont les causes de ce départ que nous voulons
exposer désormais.

Nous touchons à un sujet d'une excessive délicatesse ; mais, comme il est un point central dans la vie
de Francisque et projette la lumière sur un des côtés
essentiels de l'éducation cléricale, nous demanderons
au lecteur de nous permettre ici une entière franchise,
comptant de notre côté sur l'élévation de son esprit et
la loyauté de sa bienveillance.

C'était donc avec une douleur également vive et
profonde que Francisque avait constaté le peu d'accès
que la vie chrétienne avait trouvé auprès des fidèles.
Cet avortement, il le mettait à la charge de son insuffisance personnelle, de l'indifférence des habitants
et de la lâcheté des âmes.

Mais n'y avait-il pas quelque autre cause capitale
dont Francisque ne pouvait alors se rendre compte ?
N'était-ce pas la conception elle-même du christianisme telle que le jeune prêtre l'apportait avec lui ?

Expliquons-nous.

L'âme humaine n'est, au fond, qu'une spontanéité
ou force d'amour s'épanouissant au sein de la liberté
et s'élançant vers tout ce qui est beau, vrai, bon.
L'homme, en tant qu'il aspire et s'unit à la *source* absolue, éternelle de ces biens, est *religieux*, et Dieu
est l'aliment de sa vie spirituelle ; mais, en tant que
l'homme soupire après les *incarnations* diverses et
relatives de la beauté, de la vérité et du bien à travers
le monde et la société, nous l'appellerons *moral, humain*, et l'art, la science, l'univers, l'état, la famille
sont des tables de festin sur lesquelles sont servis à la
partie morale, humaine de l'esprit, ce beau, ce vrai, ce
bon.

Toute doctrine donc ou toute religion qui exclura
l'une de ces faces de la vie spirituelle de l'homme,

ou l'un de ces deux éléments de son existence, ne conquerra jamais tout son cœur, son culte entier.

Le côté et l'élément humain de cette vie spirituelle fut spécialement cultivé par l'antiquité grecque sous le nom de *Kalokagathie* ou culte et reproduction du bon et du beau dans la vie nationale et individuelle.

Mais la nation grecque, ce noviciat de l'*humanisme* (1), commit la grande faute de l'exclusivisme ; elle supprima le côté religieux de la culture, et, en supprimant Dieu, source et soutien de toute culture morale et humaine, elle finit par affaiblir toujours plus le sens moral lui-même, qui alla s'évanouir dans un sensualisme raffiné.

Une nation avait été destinée à initier le monde au côté religieux méconnu : c'est le peuple juif. Selon son grand législateur, l'homme, image de Dieu, avait comme destination des relations avec Dieu. Mais malheureusement, dans la pratique, la pensée juive ne tint compte que d'un côté de la nature humaine. Elle appuya d'une façon tellement prépondérante sur la destinée religieuse, que l'élément moral ou humain fut relégué au deuxième plan, puis supprimé presque entièrement. Les forces natives de l'être humain qui tendent vers le monde ne trouvèrent aucune issue pour leur libre développement ; les idées générales du bien et du beau, prises au sens humain, se perdirent sans presque laisser de trace dans l'idée particulière, unique et incomplète d'*obéissance* envers Dieu ; le peuple juif ne connut jamais un grand développement de l'art, de la science et de la vie sociale. Le pharisaïsme finit par faire de l'homme une machine et par là détruisit sa force morale.

---

(1) Pour rendre toute notre pensée, nous faisons passer dans nos pages un mot qui existe dans d'autres langues que la nôtre.

Le christianisme, le premier, fit apparaître sous son vrai jour l'idée complète de l'homme, de ses besoins et de son but et, par conséquent, de son activité spirituelle.

En même temps qu'il révélait à notre âme le Dieu amour, vérité, bonté, beauté parfaite, il nous apprenait à incliner notre cœur vers le lis de la nature et le passereau du firmament, tous deux enfants de la magnificence et de la sollicitude du Père céleste. En face de l'anachorète austère, Jean-Baptiste, le Sauveur venait, « buvant, mangeant, » se réjouissant. Fils de Dieu et Fils de l'homme, il aimait également l'Éternel et la créature pécheresse jusqu'au sacrifice sanglant du Calvaire.

Cette destinée morale, Jésus la définit dans cet admirable commandement : « Soyez parfait comme votre Père qui est aux cieux est parfait. » (Matth., v., 48.)

Par là fut donnée la définition de l'humanité complète et non plus restreinte à une seule face, comme chez le Grec ou chez le Juif, définition ouvrant la voie d'une culture et d'une civilisation entières, dont la force impulsive est la vie religieuse.

C'est en pénétrant l'élément moral de l'élément religieux et, réciproquement, l'élément religieux de l'élément moral, que l'on fonde avec les deux l'*idéal humain*.

Mais ce culte apporté par le Messie, ce christianisme parfait et fait pour attirer dans ses pâturages tous les esprits, ne fut point toujours compris de cette manière.

Le clergé a plusieurs fois oublié cette idée originellement chrétienne de l'homme et du culte. Par suite de la transformation du sens moral en sensualisme dans la société gréco-romaine et de l'apparition de hordes barbares aux mœurs brutales, ce clergé, pour châtier les excès de la chair, se jeta dans une direction ascéto-ecclésiastique et, sous l'action du parti cénobitique, finit par chasser du christianisme l'élément humain, qui apparut toujours plus comme chose de ce monde et, par conséquent, antichrétien. Enfin, l'idéal de l'homme fut le moine qui fuyait la société, le moine, momie desséchée de l'être humain et cachant sa figure d'homme sous le froc.

Aussi arriva-t-il que l'Europe ne fut plus qu'un *vaste monastère.*

Une réaction inévitable devait éclater, d'autant plus universelle et puissante que l'excès du mal était général et profond.

Ce fut la mission de la Renaissance, prise dans son sens le plus étendu, de rendre à la société la vie *humaine* qu'on lui avait arrachée des entrailles. Littérateurs, artistes, savants, humanistes et réformateurs s'affranchirent du joug monacal et réapprirent aux peuples à vivre de la vie nationale, individuelle, *au sens humain*. Se vengeant sur l'Église, ils attaquèrent avec toutes leurs armes l'ascétisme et les moines, ramenèrent à la tendance morale, en firent ressortir la valeur et rendirent au mariage et à la famille, à l'État et à la vie sociale, sous toutes ses faces, leur importance au point de vue éthique et, par là, contribuèrent considérablement à leur développement et à leur puissance. En un mot, ils restaurèrent l'*humanisme* détrôné. Le mouvement continue depuis ; il est plus rapide et plus universel que jamais. La société moderne veut vivre de toute sa vie ; dans la conscience de sa valeur et de sa mission dans l'ordre de la morale, du droit, du vrai, du beau et du bien, elle a repris à l'Église son sceptre ; le clergé ne saurait plus désormais, dans la sphère spirituelle, intellectuelle et humaine, j'ajoute même dans la sphère religieuse, exercer une influence sérieuse et générale sur elle, à moins qu'il ne revienne à la notion complète de l'homme énoncée par le Christ.

Mais comme, loin de vouloir accepter la vie moderne, le clergé catholique vient de l'anathématiser de la manière la plus irrécusable, il n'y a pas apparence qu'il reprenne de longtemps son empire.

En attendant, notre époque se lance à toute vapeur dans la voie représentée par l'antique Grèce; avide de vivre de tout ce qui alimente les facultés morales ou humaines qu'il sent en lui, notre âge déserte toujours davantage, quoique *inconsidérément*, l'élément religieux que sa domination exclusive durant de longs siècles lui a rendu odieux.

Or, Francisque, ancien novice à Béthanie, élevé depuis sa onzième année au milieu des prêtres, à une époque de recrudescence victorieuse de l'ultramontanisme, ne pouvait offrir qu'un idéal chrétien usé et incomplet, désormais sans action, ou repoussé par des populations préoccupées d'autres intérêts que de celui qu'il leur prêchait.

Voilà donc, jeune apôtre, tout ce que tu viens présenter à ton troupeau, aux hommes de ton temps! Mais quel succès peux-tu espérer auprès d'eux? Ne vois-tu pas qu'ils passent rapides et inattentifs à ta voix, tant ils sont emportés avec passion vers toutes les libertés et vers les objets que tu regardes avec une superbe indifférence? Tout ce qu'on appelle ici-bas ordre, justice et puissance, joies saintes de la famille et héroïsmes, à quelque sphère qu'ils appartiennent, les subjugue et les entraîne. A voir se précipiter, avec un élan sans égal et irrésistible, vers toutes ces choses qui les séduisent, ton siècle et ses générations ardentes, on croirait qu'ils sentent instinctivement que Dieu, le bien infini, est au fond de tous ces objets! qu'il est le souffle, l'impulsion et la vie qui les anime

et qui vivifie par eux, à leur tour, ceux qui les appro-
chent! On dirait qu'ils sentent que c'est lui qui inspire
l'artiste, le législateur, le savant, le révélateur pour
nous insuffler, par leur organe, une étincelle de son immense génie! qu'ils sentent que c'est lui qui, sous la
fleur délicate, sous le cèdre puissant, sous l'âme innocente de la vierge ou sous le front du monarque,
nous envoie quelques molécules, quelques gouttes,
quelques rayons de la vie éternelle!

O Francisque! toi, étranger, qui fermes ton regard
affligé devant cette course haletante, dis-moi, que
viens-tu faire au milieu de foules dont un abîme te
sépare?...

Et cependant, pour celui qui a senti le frémissement de ton cœur si chaud et si généreux, de ton intelligence si ouverte, tu semblais né pour marcher avec
ton époque, pour être le prêtre de cette génération
inquiète et inassouvie qui cherche la vie spirituelle
en toute chose, et partout, sans trouver le vrai nom
de celui qui en est l'âme et la source!

Mais il n'en devait pas être ainsi, car Francisque
apportait avec lui un mal secret qui le rongeait depuis
des années, le mal du vide.

Il aurait dû crier d'une voix retentissante : « O âmes
humaines, mes sœurs, voici *Dieu* et le *Monde!* je
viens vous ouvrir deux infinis! O cœurs insatiables,
élancez-vous; plongez!... Ouvrez votre sein large
comme l'univers et buvez à longs traits la vie! »

Ces paroles, on ne les entendit point; ou bien, si elles
échappaient par surprise à sa poitrine humaine, sa
conscience de prêtre les refrénait, les étouffait... Ses
accents les plus émus, les plus répétés étaient des
cris glacés de mort; il criait : « Mort au monde! Mort
au *moi* humain! » Ce disant, il frappait du glaive
meurtrier l'existence spirituelle de l'âme.

Mais ce même idéal chrétien si peu compris de son troupeau, si délaissé par notre société, quelle efficacité aura-t-il sur Francisque lui-même?

Là, du moins, il est accepté et pratiqué par une âme candide et courageuse. Eh bien! quel est et sera pour le bonheur et le salut de Francisque son idéal religieux?

Jusqu'à présent, il a particulièrement fait de son existence une grande inquiétude; il l'a pratiquement réduite à ces deux mots : renoncement et obéissance.

Béthanie nous a montré jusqu'à quel radicalisme Francisque avait poussé le renoncement personnel. Désirs et inclinations, nobles facultés, il avait généreusement tout sacrifié. C'était le vide complet qu'il avait fait en lui-même de ce qui constituait son *moi*.

Le même vide, il l'avait fait et le même détachement existait chez lui à l'égard de la nature. Que de fois son âme sensible ne se fût-elle point éprise d'enthousiasme à la vue d'un beau paysage, au chant d'un oiseau, ou devant la grâce du lis et l'éclat de la rose! Mais Francisque fermait vite son regard, son oreille et son cœur.

Il s'était également détaché de la société. Ce cœur, si bien fait pour l'amour, avait fait abnégation de la famille, abnégation de toute affection légitime pour les beautés qu'il appelait terrestres. L'État, les pouvoirs d'ici-bas, commerce et industrie, chefs-d'œuvre littéraires, créations admirables de l'art, rayons lumineux des sciences, civilisation enfin, il considérait tout cela comme des objets ou des institutions vaines et des séductions fatales.

Il aimait et cherchait Dieu, il est vrai; mais encore là, ce n'était point afin d'y chercher pour lui repos, ou bonheur ou retour. Non, il ne lui demandait que la grâce d'être une victime. Enfin, cet amour pour son

Créateur, il ne le concevait que sous la surveillance de ses supérieurs et sous la forme que lui donnait l'Église, celle de l'obéissance. Il n'aimait plus Dieu spontanément, joyeusement; l'impulsion la plus irrésistible était à ses yeux un mal!...

Certes, il y a quelque grandeur dans cette abnégation profonde, dans ce détachement universel!

Oui, mais c'est celle d'une erreur gigantesque et funeste! Erreur, car elle méconnaît absolument le cœur humain; erreur funeste, car elle anéantit toute la force et tout le bonheur de la vie.

Ah! 'quel élan, quelle vigueur généreuse pouvait donc laisser le suicide de son cœur à ce jeune homme dont la grande passion, toute la passion est d'aimer!

Quoi! ne craignez-vous pas un retour vengeur de cette âme longtemps sevrée, comprimée dans la solitude des séminaires et loin des périls? Qui sait ce que va faire Francisque aux jours sombres de la lutte désespérée, aux jours du malheur?

Il nous le dit lui-même dans un récit bien émouvant et sincèrement fidèle.

« Lorsque j'arrivai à Montretout, je fus ému de pitié en voyant ces pauvres enfants et je sentis s'élever au plus haut degré ma reconnaissance pour le bon maître qui daignait me les confier. J'étais tout dévouement. Durant les trois premiers mois, rien ne vint troubler l'élan de mon travail; quelque multiple et considérable qu'il fût, il me parut facile; et la simplicité austère qui faisait le fond de la vie des établissements me sembla douce et légère.

» La nouveauté de ma situation, l'intérêt ardent pour toutes ces âmes qui m'entouraient et dont l'avenir reposait en partie entre mes mains, la ferveur que je rapportais de Sion et les souvenirs vivaces que

me laissait mon ordination récente à la prêtrise, tout
cela absorbait complètement ma pensée, de sorte que
je ne sentis pas les obstacles qui se posaient déjà en
ennemis non seulement de mon ministère, mais aussi
de ma vie spirituelle.

» Mais lorsque le temps m'eut accoutumé avec ma
position, que les personnes et les circonstances environnantes me furent devenues familières et eurent
dépouillé l'auréole dont les avait ceintes l'inconnu lors
de mon arrivée, lorsque enfin je commençai à voir
toutes choses avec calme et dans leur réalité, il
sortit de l'ensemble de l'œuvre une prodigieuse immoralité. Elle se dressait devant mon regard effrayé !
Elle s'imposa à mon zèle entier... Je compris qu'avant
tout il fallait détruire le monstre qui menaçait l'œuvre
et perdait tous ces enfants.

» Cet objet devint ma préoccupation constante ; sans
cesse devant moi, je le voyais non seulement concentrer insensiblement sur lui mon horreur et mes coups,
mais envelopper toujours davantage mon imagination
d'un voile hideux ; puis, avec le temps, il l'obséda et
enfin il finit par troubler mes sens pendant le repos
de mes nuits.

» Ce fut le point de départ d'un combat chaque jour
plus pénible, plus difficile et enfin à outrance contre
mon propre corps.

» Les deux ou trois jours que j'allais passer chaque
semaine à Montretout furent pour moi d'abord des
moments de trêve dans cette lutte contre la chair. Là,
les horreurs qu'il m'avait fallu entendre, au milieu de
cette population immorale du Rossignol, avaient fait
place à la candeur des petits enfants. Dirai-je aussi
que les rapports que j'avais nécessairement avec dix
ou douze religieuses et qui me donnaient occasion de
sentir l'abnégation et la pureté de leur vie, qui con-

trastait avec les images souillées du Rossignol, me faisaient aussi du bien et reposaient mon âme? A ce sentiment de paix vint s'ajouter à mon esprit, qui idéalisait, en général, ce qu'il touchait, un sentiment d'admiration pour ces saintes filles, puis un attrait plus prononcé pour ces femmes délicates et fortes qui s'élevaient si dignes devant mon regard. Cet attrait ému devait finir par constituer un danger d'un genre différent de celui du Rossignol, un danger pour mon cœur. En effet, avec le temps, tout, dans ces vierges, me faisait une impression intérieure tendre, puis vive; leur vue, le son de leur voix, le bruit de leurs pas, leur passage à travers les cours ou les salles, la simple apparition de leur vêtement à la fois céleste et terrestre, produisaient chaque fois un frémissement intérieur dans mon cœur. J'eus la conscience de ce nouveau péril; péril inévitable, puisqu'il me fallait vivre au milieu d'elles, péril contre lequel une seconde lutte tout autrement difficile que celle du Rossignol devint nécessaire, et qui commença avec résolution de ma part.

» A Montretout, j'exécutai promptement la résolution de réduire à leur minimum mes relations avec ces sœurs; je fermais les yeux à leur passage, je baissais le regard quand je leur parlais, j'évitais toute rencontre inutile, et lorsque leur image voulait se présenter à mon imagination, j'en arrachais immédiatement ma pensée.

» Au Rossignol, durant les attaques nocturnes de mes sens, je bondissais hors de ma couche, je marchais à grands pas dans ma chambre, ou je sortais jusqu'à ce que les diversions spirituelles ou extérieures que j'opposais aux troubles de mes organes y eussent ramené le calme.

» A Montretout comme au Rossignol, je priais beaucoup, je redoublais d'activité et j'augmentais ma fatigue corporelle.

» Un an se passa ainsi, pendant lequel, grâce à Dieu, j'enlevai de haute main la victoire après chaque attaque.

» Mais l'ennemi devenait plus fort; il m'obsédait toujours davantage et s'emparait toujours plus de chaque issue que je ne pouvais lui interdire, de mon imagination, de ma pensée, de mes travaux et de mes prières, à certaines heures de la journée aussi bien que de la nuit. Seule, ma volonté restait libre et repoussait ses attaques avec indignation. Enfin, le mal devint terrible.

» En effet, à partir *de la deuxième année*, l'ennemi me blessait de tous côtés; il était en moi, il venait du Rossignol, de Montretout, des villages voisins, de partout : c'était une vraie conjuration commune !

» Il m'assiégeait au Rossignol avant tout. Il me fallait, chaque soir, confesser plusieurs colons qui venaient me raconter toutes les circonstances de leurs chutes; en dehors du tribunal de la pénitence, j'apprenais à chaque instant quelque chose de révoltant; ma charge m'obligeait à m'en laisser remplir presque chaque jour la tête. A Montretout et de plusieurs lieux voisins, jeunes gens, femmes et jusqu'à des confrères me redisaient leurs désordres ou leurs faiblesses.

» Les entretiens spirituels que je devais avoir avec telle ou telle religieuse me révélaient des âmes ayant soif d'un amour mondain, contre lequel elles luttaient elles-mêmes avec effort. Enfin, les troubles de mes organes, leurs révoltes nocturnes devenaient plus nombreux, plus violents ; des rêves peuplés de fantômes séduisants, fantômes de feu, sous forme de femmes ardentes et prenant les aspects les plus provocateurs, m'effrayaient, m'agitaient, me captivaient.

» J'avais horreur du péché et je luttais. Mais plus je luttais, plus en même temps je m'enfonçais dans la boue, comme l'homme qui, tombé dans un limon fangeux, s'y enfonce par les efforts même qu'il fait pour s'en dégager.

» Pour vaincre, il fallait presque une résistance plus que humaine, des mesures extraordinaires. De simples promenades, des courses même sous le ciel étoilé ou sombre des nuits, ne suffisaient plus pour assurer la victoire. Il fallait des moyens incisifs : m'élancer sans la moindre hésitation en dehors de mon lit, coucher sans vêtement sur le parquet, y rester étendu des demi-heures, des heures entières. Et lorsque je voulais me relever ensuite, il m'arrivait parfois de ne pouvoir presque plus me remettre debout, tant mon corps était engourdi, raidi.

» Le jour aussi, lorsque je me trouvais seul, je devais employer les remèdes les plus vifs et les plus répétés. Durant mes travaux scientifiques, je ne pouvais m'arracher à certaines pensées importunes et énervantes que par le fouet ; la douleur pouvait seule, dans certains cas, faire diversion. Dans la forêt, où la solitude prêtait à la rêverie, j'étais réduit à me dépouiller les épaules et à me frapper de verges arrachées aux arbres. Jusque dans mes prières et mes méditations religieuses, envahi tout à coup et plusieurs fois chaque jour, je n'avais que le temps de saisir les chaînes hérissées de pointes que j'avais emportées de Béthanie, d'en ceindre mes reins, d'en entourer mes bras, le dessus de mes pieds et d'en enfoncer le fer dans mes membres. Pour affaiblir mon corps révolté, je m'imposai de rudes privations dans la nourriture.

» Au milieu de tous ces tourments, seules la vigueur et les décisions promptes de ma volonté pouvaient conserver ma conscience calme, et me donner la presque certitude de l'intégrité de mon innocence parmi tant d'horreurs.

» Mais cette vigueur décisive et rapide n'était pas toujours possible, ou même toujours permise.

» En effet, mon directeur spirituel, chez qui l'âge avait éteint le feu de cette passion et dont le caractère était si différent du mien, ne me comprenait qu'imparfaitement.

» Vous exposez votre santé, ajoutait-il, et vous ne pourrez continuer ces rigueurs. Restez tranquille dans votre lit, mangez comme à l'ordinaire, faites, en toute chose, comme les autres, mais en même temps priez Dieu, et restez ferme dans la résistance de votre volonté.

» Dès lors, j'hésitai à me lever, à me frapper, je devins par obéissance infidèle à mes austérités ; mais je remarquai que, dès lors aussi, les tentations devenaient encore plus puissantes et plus attrayantes ; la sensation du plaisir, quoique involontaire, avait pour moi des douceurs irrésistibles. Je désavouais, par la volonté, tout ce qui se passait en moi, j'obéissais à mon directeur ; mais cette soumission et ma résistance, devenue purement défensive, d'agressive que je l'avais faite jusque-là, ne suffisait plus au calme de ma conscience.

» Du moins, lorsque d'un bond je sautais de mon doux lit sur le parquet glacé, lorsque je faisais entrer les pointes de fer dans mon corps, ou que je bleuissais mes chairs sous la discipline, je trouvais dans l'éperon et l'aiguillon de la douleur physique un auxiliaire immédiat, senti, redouté et souvent efficace ; et de plus, l'énergie que je déployais pour m'infliger ces châtiments corporels était en général pour mon âme une preuve matérielle de ma résistance.

» Mais lorsque je les eus délaissés, par obéissance,

et que j'eus par là cessé d'opposer des remèdes exceptionnels à une situation qui me semblait exceptionnelle, je manquai de preuves assez palpables que je
pusse offrir à ma conscience agitée sur la fidélité de
ma volonté. Avait-elle fait complètement son devoir?
N'avait-elle pas cédé, en quelque chose, à la tentation?

» Or, c'était là pour mon âme un point à la fois capital et difficile à saisir. Les impressions involontaires de plaisir que jetaient dans mes sens la volupté et, dans mon cœur, l'amour et des milliers de
ses séduisants fantômes étaient si intimes, si indicibles et à la fois si naturelles, que ma chair et mon
pauvre cœur en éprouvaient une satisfaction aussi
invincible que propre à me couvrir de confusion.

» Certes, je n'étais pas responsable de tout ce qui
se passait ainsi dans ma nature physique et dans mes
sentiments; leurs émotions et leurs désirs secrets sont
des lois du Créateur et son œuvre. Mais ce qui faisait
mon tourment, c'était l'incertitude dans laquelle je me
trouvais si ma volonté, laquelle avait à lutter si péniblement et si constamment contre ma propre nature,
n'avait pas eu dans sa résistance un instant de faiblesse.

« Or, cet acquiescement libre à une idée, à un désir,
à une impression impurs, n'eût-il duré que le temps
fugitif du passage de l'éclair, du vol de la pensée,
constituait un péché mortel; car, dans cette matière
spéciale, on m'avait enseigné que tout était grave et
passible de l'Enfer éternel. Aussi, l'inquiétude commença-t-elle à me saisir, et à me faire retomber dans
mon déplorable état d'agitation et de scrupules comme
à Béthanie.

» Malheureusement, ces incertitudes, ces doutes et
les angoisses qui en étaient la suite, passèrent dans
mes confessions et empoisonnèrent ma vie. Je n'avais

plus la certitude d'y avoir été suffisamment sincère, de m'y être montré assez coupable à mon confesseur. De la confession, elles s'étendirent à la célébration de la sainte messe et à l'administration des sacrements, laquelle était la partie essentielle de mon activité pastorale. Moi qui célébrais, administrais et recevais les choses les plus redoutables qui existent, n'étais-je pas en état de péché mortel? N'étais-je pas un profanateur qui commettait sacrilèges sur sacrilèges.

» État affreux qui recommença à couvrir d'une atmosphère d'airain tout l'ensemble de mes rapports personnels avec Dieu.

» Enfin, cette incertitude cruelle eut, pour résultat, d'anéantir en moi la confiance intérieure si indispensable au soldat au moment des grands périls.

» Une autre chose affaiblissait aussi mon moral ; c'était la vue permanente des chutes qui m'entouraient de toutes parts et sans relâche ; c'était surtout d'apprendre, au milieu des circonstances énervantes dans lesquelles je me trouvais, que, parmi mes amis et mes frères d'armes, des âmes à l'épreuve et bien autrement vaillantes et nobles que moi avaient succombé dans la même lutte.

» Misérable que j'étais, pouvais-je espérer de vaincre là où les forts avaient mordu la poussière? J'avoue que devant de telles chutes la crainte et le pressentiment funeste d'une défaite à venir se glissèrent comme des poisons dissolvants dans mon esprit.

» Tout cela arrivait d'autant plus fatalement que la tentation augmentait progressivement, en assauts répétés, en durée, en intensité.

» Après vingt mois de cette guerre intestine, je me sentis enfin impuissant à la continuer, dans les conditions où je me trouvais. Mes sens avaient la fièvre, mon esprit était complètement envahi, mon imagination en feu, ma volonté incertaine ; dans certains moments, j'aurais pu croire que tout en moi allait s'égarer.

» Et pourtant, chose étonnante, c'est qu'en dehors de mes luttes intimes, et dès qu'il s'agissait de mes relations avec mes colons ou mes administrés, je retrouvais à l'instant, dans ma conduite et dans mes devoirs envers eux, la plénitude de mes facultés et leur souplesse, la clarté de mon but, la sûreté du coup d'œil dans les moyens, et toute l'énergie calme et persévérante dans l'exécution et la marche.

» Si quelqu'un me connaissant extérieurement eût pénétré dans mon drame intérieur, et m'eût vu, lorsque j'entrais dans ma chambre ou que je me trouvais seul, retomber dans les agitations et les incertitudes de ma conscience, il aurait cru à coup sûr que je devenais subitement un autre être, que je quittais ma vraie nature pour me transformer, durant quelques heures, en un être incertain, amoindri. Puis, lorsque revenant à mes pupilles et à mes devoirs pastoraux, si le même homme m'eût vu ressusciter tout à coup et reprendre avec une étonnante élasticité toutes mes fonctions, il aurait certainement pensé que j'étais revenu à mon propre caractère, à toute ma valeur personnelle que j'avais dû abandonner momentanément, par suite d'un accident quelconque.

» Cela est très vrai ; je me rappelle que ce fut vers la fin de cette deuxième année de mon ministère, et par conséquent au moment même de mes plus grands troubles de conscience, que tout le monde autour de moi proclamait mon mérite, que mes supérieurs me donnaient les titres officiels conquis par mes services et que mon directeur me disait : « Cher abbé, j'ai ra-
» rement vu un homme posséder un jugement aussi
» sain que le vôtre, » et que Mgr Bellegarde et la so-

ciété de Paris me nommaient, l'un, sous-supérieur, et l'autre, sous-directeur des instituts.

» Quoi qu'il en soit du Francisque extérieur et officiel, le Francisque intérieur était arrivé à un point tel, qu'il ne lui restait plus d'autre alternative que celle *d'une chute* ou le *départ*.

» C'est alors que je me rappelai une parole du grand saint Augustin, parole dont il avait fait la triste expérience : « Pour ce genre de péché et de tentation, il n'y » a qu'un seul remède et un seul moyen de salut, *la* » *fuite*. »

» Eh bien, je fuirai, me dis-je, je quitterai ce milieu. »

Ce fut dans ces circonstances, et deux ou trois mois après avoir reçu tous les témoignages de confiance de la part de ses supérieurs, que Francisque prit la première résolution de sortir de Montretout et du Rossignol. Il le devait à son âme.

CHAPITRE V

Francisque savait que Mgr Bellegarde était attendu sous peu à Montretout chez M. Le Hardi. Il crut devoir profiter de cette venue pour faire connaître à son évêque le désir qu'il avait de s'éloigner.

En attendant, il pensa devoir en dire un mot au R. P. Curtius qui l'entendit avec déplaisir.

Cette confidence à son supérieur devait faire avorter le projet du jeune prêtre.

Monseigneur étant donc venu, Francisque fut invité au dîner offert par M. Le Hardi à Sa Grandeur épiscopale. Le repas achevé, l'évêque, qui avait été prévenu et circonvenu au sujet des intentions de son subordonné, prit ce dernier à part et, sans lui laisser le temps d'exprimer sa demande :

— « Mon ami, lui dit-il, il m'a été rapporté que vous avez la pensée de me demander votre déplacement.

— » Oui, monseigneur.

— » Dans ce cas, répliqua d'un ton décisif l'évêque, il faut que je vous réponde par un refus catégorique. Votre présence est indispensable ici. D'ailleurs, vous venez, il y a quelques mois à peine, d'être nommé sous-supérieur ; c'est donc une chose aussi ridicule qu'impossible que vous me demandez ; ne m'en parlez plus, je vous en prie. »

Le respect profond, exagéré peut-être, qu'on avait

"

inculqué à Francisque pour ses supérieurs lui interdit en effet toute réponse, et quoiqu'il pût supposer que monseigneur avait été influencé par des hommes intéressés à le garder, la pensée que Dieu avait parlé dans l'ordre que lui donnait son évêque de se taire, lui imposa silence. D'ailleurs, il vit au ton bref avec lequel monseigneur avait parlé que, pour le moment, il n'y avait rien à obtenir.

Cependant ce refus eut pour effet de jeter d'abord Francisque dans un état d'accablement. Certes, il n'y avait là rien d'extraordinaire. En effet, ce malheureux jeune homme se sentit violemment relancé au milieu d'une mêlée monstrueuse au moment où, exténué de forces, le repos et le recueillement lui étaient indispensables. Seul, épuisé, que pouvait-il contre lui-même et des ennemis mille fois plus forts que lui!...

Un moment de prostration s'empara de son âme.

Mais la prière lui restait encore comme auxiliaire.

À cette pensée, Francisque releva la tête et poussa ce cri ardent : « O mon Dieu, ayez pitié de moi! »

Le jeune abbé demanda alors à son supérieur huit jours de liberté. Ils lui furent accordés.

Francisque les employa à une retraite, afin de remettre l'équilibre dans son âme et l'harmonie complète dans ses rapports avec Dieu. Il fixa ensuite les mesures qui pourraient préserver sa conscience d'une chute probable au milieu des difficultés de sa mission. Ce fut, en particulier, contre ses tentations dominantes qu'il dirigea ses résolutions. Parmi ces dernières, quelques-unes étaient sévères. Il y était écrit, entre autres :

« Chaque fois qu'une pensée impure fera apparition dans mon esprit, je prendrai la discipline.

» Chaque fois que j'aurai constaté le moindre manque d'énergie ou de promptitude dans la résistance de ma volonté, je n'aurai, durant huit jours, d'autre déjeuner qu'un morceau de pain.

» Chaque fois que je surprendrai mon imagination rêvant à quelque fantôme séducteur, ce fantôme fera place à un travail prolongé le soir, de dix heures à minuit, et à genoux. »

Le reste de ses résolutions réglait sa journée de façon à tenir son esprit dans une rigoureuse activité.

Ce règlement, communiqué à un confesseur extraordinaire que Francisque avait choisi dans une ville voisine, fut en partie approuvé, en partie modifié en commun.

Cependant la halte de Francisque était achevée. Il se remit avec une ardeur nouvelle à la même tâche et dans le même milieu que venait de lui imposer son évêque.

Mais il est de ces objets, de ces milieux, de ces ennemis parmi lesquels ou en présence desquels on ne peut rester sauf.

Ce que l'on racontait de la tête de Méduse qui pétrifiait tous ceux qui la voyaient, de certain serpent dont le regard fascine l'oiseau, ce que l'on dit du chloroforme et de l'acide carbonique qui paralysent ou asphyxient les êtres qui les respirent, on peut le dire également de la volupté et de la beauté : les envisager pour mieux les attaquer, vous approcher d'elles pour les frapper au cœur, c'est se condamner d'avance à la fascination, à l'engourdissement, puis à la mort. Ici, présence est synonyme de défaite.

Aussi, dès que Francisque se retrouva redescendu dans la fange du Rossignol, où se débattaient ses chers enfants et dans laquelle il lui fallut travailler encore du matin jusqu'au soir, les miasmes morbides l'entourèrent et le pénétrèrent de nouveau.

D'un autre côté, retournait-il à Montretout, il y redevenait, par office, le centre où se donnait rendez-vous tout ce qu'il y avait de malsain dans ce mélange confus et désordonné d'hommes et de femmes, de jeunes filles, d'orphelins et d'étudiants, de religieuses, de religieux et de personnes du monde ; en un mot, cette espèce d'agglomération qu'on appelait les *œuvres de Montretout!*

C'était à peu près cela.

Cette pauvre âme était, par état, le réceptacle obligé de toutes ces impuretés ; elle était aussi le porte-douleur de toutes ces infirmités morales.

C'était beau et sublime ! d'autant plus sublime, que Francisque se sacrifiait complètement et sans retour. Mais c'était encore plus douloureux, plus mortel !

Aussi, son cœur se sentit attaqué derechef lorsqu'il se vit obligé de se retrouver avec des femmes, et en particulier avec quatre d'entre elles pouvant avoir de vingt-quatre à trente ans. Elles avaient sans cesse recours à lui. Deux, parmi ces dernières, étaient d'anciennes Madeleines infortunées qui réclamaient une extrême miséricorde et une patience infinie, parce qu'elles n'arrivaient qu'avec bien des labeurs et des larmes à reprendre le sentier de la vertu, et à s'arracher aux enlacements de puissantes défaillances. La troisième, jeune épouse délaissée par un indigne mari, réclamait des consolations efficaces contre des chagrins de famille sans cesse ravivés. Enfin la quatrième était un de ces cœurs toujours inassouvis.

Il eût, certes, voulu éviter leurs entretiens, mais c'était impossible ; on le tenait serré comme le naufragé se tient attaché à la planche de salut.

Planche bien ballottée par le mouvement des vagues de ces cœurs endoloris ou passionnés !

Ajoutez que, par une fatalité que nous constatons sans nous permettre de l'expliquer, insensiblement ces quatre jeunes femmes finirent par concevoir une inclination plus ou moins forte pour Francisque, et que ce dernier la remarqua et la sentit en silence.

Ainsi, de quelque côté qu'il se tournât, il était le point de mire, le centre aboutissant de la passion; partout il palpait des mains, rencontrait des visages, respirant à pleins poumons la tentation.

Celle-ci revenait tantôt véhémente comme la tempête, tantôt insidieuse comme une sirène. Il fallut que Francisque reprît toutes ses premières rigueurs contre lui-même.

Mais, malgré ces mortifications, sa volonté lui sembla avoir des hésitations. Une nuit même, dans un de ces instants où son cœur, s'unissant à ses sens, se dressait contre lui sous l'impression du plaisir, il crut avoir donné son consentement volontaire. Cette pensée passa comme le sillon d'un lugubre éclair.

Éperdu, il se lève et part; il descend la vallée, la remonte, traverse une plaine et arrive enfin au village le plus voisin. Là, il frappe vers une heure du matin à la porte du presbytère pour y demander l'absolution de son péché. Il le faut, car trois ou quatre heures après il doit célébrer la sainte messe; or, sans cette absolution, il va commettre un sacrilège.

Mais le même fait se répète plusieurs fois. A la troisième ou quatrième sortie de nuit du prêtre angoissé, on s'aperçoit que M. l'abbé a quitté le Rossignol durant les ténèbres.

Dès lors, son devoir s'oppose à ces sorties. Il pourrait causer du scandale. Il devra donc rester sur sa pauvre couche qu'il croira ternie, et là, pleurer durant des heures entières, y demander pardon, s'efforcer d'obtenir de Dieu une contrition parfaite, afin d'oser célébrer la sainte messe que la communauté doit réglementairement entendre. Oh ! que de terribles angoisses alors ! que de désespoirs !

Il a été sans doute coupable, il le croit du moins ! Mais sa repentance a-t-elle été parfaite ? Il en doute toujours, malgré ses larmes amères et quelquefois sanglantes ; il n'en sera jamais certain. « Et pourtant, il faut monter à l'autel, malheureux prêtre ! prêtre sacrilège peut-être ! »

Jamais langage humain ne pourra retracer les lugubres et poignantes nuits de Francisque, durant lesquelles ses sanglots entrecoupaient ses gémissements, où les larmes inondaient son visage, où ses prostrations le jetaient, pieds et mains crispés, sur le sol ; où l'agitation, le doute, la terreur du sacrilège, l'horreur de la moindre souillure, la honte de lui-même et l'épouvante de la justice de Dieu étaient les acteurs et les instruments d'un drame effrayant, lequel bouleversait sa conscience et déchirait profondément son âme.

Et pourtant, répétons-le, drame tellement invisible, si courageusement arraché à tout regard humain, que Francisque restait l'objet d'une estime et d'une affection générales.

Mais pendant que tous l'aimaient comme un ami et un père, sa situation intérieure s'aggravait de jour en jour. Francisque sentait sa volonté faiblir et comme entraînée en sens opposés par des objets qui étaient pour lui à la fois une attraction et une horreur. La séduction était devenue le serpent fascinateur ; dans son effroi, il voulait le repousser avec violence ou s'enfuir, et pourtant il semblait être frappé un engourdissement invincible et comme attiré sans défense.

Situation effroyable pour cette nature si sensible et si délicate ! situation qu'il regardait comme un châtiment mérité, mais qu'il ne pouvait ni éviter ni soutenir.

Infortuné Francisque ! Ah que n'est-il donné à ma pitié de pouvoir t'arracher à ton malheur ! à celui de la plus fatale des chutes !

Mais non, la délivrance ne doit pas encore venir ! Il faut que Francisque boive jusqu'à la lie la coupe qu'il a choisie ! Il faut qu'il éprouve, jusqu'à la dernière, toutes les conséquences amères de la situation où il a été jeté !...

Ainsi courbé sous le sentiment de la malédiction, se croyant repoussé de son Dieu, poursuivi de remords, agité par les craintes et les angoisses, ballotté jusque dans le sanctuaire de son âme entre des forces contraires, que pourra-t-il faire désormais contre toutes les tentations ameutées, acharnées contre lui ?...

Oui, que pourra-t-il désormais ?...

Il est incertain et troublé, sans boussole et sans force, chancelant et penché vers le désespoir !

Dans cet état, il suffisait que le souffle fatal et violent de quelque circonstance exceptionnelle passât, pour emporter dans son tourbillon et comme des feuilles à demi détachées les dernières résistances de sa volonté !

C'est ce qui arriva en effet. Le choc d'un événement fit tomber sur le sol cette volonté déjà ébranlée.

Nous en laisserons le récit à Francisque :

« C'était un dimanche d'octobre.

» Nous étions à notre chapelle du Rossignol, célébrant l'office de l'après-midi. Tout à coup j'y vois, ce qui n'arrivait jamais, entrer une jeune dame que je connaissais. Sa mère, femme âgée, et un charmant petit enfant l'accompagnaient. Le service divin achevé, la jeune dame me fit dire qu'elle désirait me parler. Nous nous rendîmes donc dans la grande allée du jardin, suivis à une certaine distance de l'enfant et de sa grand'mère. J'avais eu, dès l'arrivée de cette visite

inattendue, le pressentiment que je devais en être
le but.

» La jeune personne était de mes connaissances ;
j'avais eu l'occasion d'adoucir en elle de cuisants chagrins, et elle m'avait voué en retour quelque reconnaissance, sans jamais m'exprimer directement, toutefois,
d'autre sentiment que celui de la gratitude.

» Ce jour-là, en m'abordant, elle paraissait très
émue ; ses premières paroles étaient hésitantes et furent entrecoupées par deux ou trois soupirs. La croyant
dans la peine et la voyant embarrassée, je l'aidai et lui
parlai avec bonté. Il paraît que ma compassion la mit
à l'aise et l'encouragea à une entière confidence, car
elle me dit alors :

— » Oh, monsieur l'abbé, combien j'ai désiré vous
trouver et avoir ce moment d'entretien avec vous.
Ma foi en votre vertu et ma confiance en vous m'inspirent pour vous prier de me sauver de mon propre
cœur et vous dire toute la vérité.

— » Vous pouvez parler, lui dis-je.

— » Cher monsieur, poursuivit-elle alors, j'ai conçu
une inclination qui ne me laisse plus de repos ;
depuis longtemps concentrée en moi elle me ronge et
me perd ; je sais que je ne retrouverai ma tranquillité que si je vous la confie entièrement et j'avoue
franchement que c'est vous-même, monsieur, qui en
êtes l'objet.

» Je vous ai tout dit...

» Maintenant, sauvez-moi de ma souffrance ; sauvez
mon âme !

— » Comment le puis-je, ma sœur ? telle fut ma réponse.

— » En daignant me permettre de m'attacher à vous,
ou bien, si vous ne m'en trouvez pas digne, en guéris-
sant mon pauvre cœur !

— » Ma sœur, lui repartis-je avec gravité, vous savez que toutes mes affections appartiennent au Seigneur.

— » Mais notre Sauveur, reprit-elle, a du moins permis à Marie de s'asseoir et de s'incliner à ses pieds pour l'entendre et y verser son amour avec ses larmes.

— » Sans doute, le Seigneur eut cette condescendance ; mais moi, pauvre pécheur, je ne puis faire ce que fit mon saint Maître.

— » Vous êtes du moins son ministre ! au nom du ciel, ayez pitié de moi !

» J'étais ému. Dans d'autres moments, j'aurais pu être ébranlé, car je sentais combien cette femme, que je savais d'ailleurs infortunée, avait dit vrai, et sa parole tombée directement sur mon côté faible m'avait pénétré. Mais, lorsque je l'entendis me rappeler à mon Roi que j'aimais toujours, malgré les faiblesses qui me désolaient, je trouvai dans la pensée de mon ministère la force de résister et l'inspiration qui m'aida à la sauver, pour l'instant, de la désolation où ma réponse aurait pu la jeter. Je lui parlai sous cette inspiration et elle me comprit, du moins pour cette heure. Me regardant alors avec un air de tristesse résignée :

— » Monsieur l'abbé, me dit-elle, puisque cela est impossible, donnez-moi du moins un souvenir, une simple marque de bonté qui me rappellera vos conseils et me soutiendra dans ma résignation.

— » Mais je ne possède rien ?

— » Pourtant vous l'avez déjà fait pour mainte de vos brebis ; ne vous resterait-il plus une seule gravure pour une pauvre âme qui vous a imploré et qui serait trop triste de ce dernier refus ?

» Obéissant alors au sentiment naturel de sympathie que j'éprouvais, j'ouvris mon bréviaire et je lui remis une gravure. C'était une faute ; car à sa vue un sentiment d'émotion involontaire la saisit de nouveau et, laissant tomber sur elle une larme furtive, elle la porta instinctivement vers sa poitrine.

» Tout le fruit de mes exhortations allait s'évanouir devant cette réaction du cœur. J'eus conscience du danger et, pour le conjurer, je pensai que le mieux était de ne pas sembler l'avoir remarqué, et d'achever la conversation dans le sens où je l'avais amenée, celui d'un renoncement généreux.

» Au moment du départ je ne pus, vu la condition des visiteurs, éviter de les reconduire. Je m'arrêtai au versant de la vallée. Là nous nous séparâmes : « Adieu, ma sœur, lui dis-je alors. » La jeune femme se tut un instant hésitante, puis murmura : « N'y au-» rait-il donc plus d'espérance ni de revoir !... » Je ne répondis pas, mais je disparus. »

Rentré chez lui le jeune prêtre sentit son courage faiblir un moment, mais ensuite il reprit son énergie en disant : « Oh ! non, jamais !... »

Toutefois, cet aveu d'une femme malheureuse qui était venue lui confier son amour s'imprima vivement dans son cœur vacillant, et, lorsque quelques jours après, Francisque eut appris que la jeune dame était tombée malade, il devint lui-même la proie d'une crise intérieure violente.

Elle durait depuis une semaine environ, lorsqu'une après-midi sa nature d'homme, méconnue, harcelée et maltraitée depuis de longues années se cabra, brisa son mors et jeta sur le sol son impitoyable cavalier, la volonté du prêtre, afin de l'y terrasser à son tour.

Elle le fut !

A cette dernière révolte de toutes les puissances de sa nature humaine, cette volonté, découragée enfin elle-même, se sentant épuisée, ne voyant plus d'issue, et d'ailleurs vaincue, s'écria : « C'est fini, je n'en puis plus !... » Elle fléchit... Un instant après, elle consentit, en disant : « Oui, j'accepterai l'affection qui m'a été offerte. »

L'homme avait enfin posé son talon sur le clerc. Le joug du serment religieux avait été secoué par l'indestructible spontanéité de l'être humain !

Francisque, se levant alors, se dirigea vers l'endroit voisin où habitait la jeune femme et alla pour la consoler et lui déclarer, sans arrière-pensée, qu'il désirait répondre au choix que son âme avait fait de la sienne.

Sa résolution était parfaitement précise et consciente ; mais Francisque agissait évidemment sous l'action d'une impulsion intérieure qu'il n'avait plus l'entière liberté de dominer, dans l'état de surexcitation extrême où il se trouvait.

Après trente à quarante minutes d'une marche fiévreuse, il arrive droit au village ; mais, avant d'y pénétrer, il se sent tout à coup arrêté. « En ce moment, dit-il lui-même, ce qu'il y avait de noble dans ma nature immortelle me jeta un suprême appel, auquel je répondis de nouveau : Oh ! non... jamais je ne ferai cette injure à mon Maître !... Je poursuivis pourtant ma route, mais en passant rapidement devant le seuil de cette funeste demeure, dont la pensée avait blessé mon âme à mort. J'allai donc au delà et directement vers le R. P. Curtius, auquel, avec franchise et sans compromettre âme vivante, je dis : « Mon père, j'ai violé mon vœu, j'ai accepté un amour humain, et voici à quoi il m'a entraîné. Ah ! que Dieu me pardonne ! et vous, mon père, veuillez me soutenir, car désormais je ne puis plus rien contre moi-même ! »

L'abbé Curtius fut effrayé ; en outre, il manquait de grandeur d'âme ; il eût pu encore protéger son jeune

et loyal compagnon de travail en l'enveloppant d'une
large miséricorde. Francisque était, en effet, une de
ces natures que l'on sauve par un mouvement sublime ; mais le supérieur n'eut point ce mouvement
ni cette générosité ; il blessa même les sentiments les
plus intimes du pécheur humilié, revenu avec tant de
promptitude de sa faiblesse.

La froideur de son confesseur fut aussi fatale à Francisque que sa chute ; toutes deux le flétrirent à ses
yeux. Le jeune prêtre était tombé ; il fallait ne pas le
laisser écrasé sous le sentiment excessif de son abaissement, mais lui relever le front et le cœur, comme
l'avait fait le père de l'enfant prodigue...

Hélas ! Francisque, déchu pour jamais à ses propres
yeux, retourna au contraire au Rossignol sous le poids
de la honte et d'un abattement indicible... Il n'avait
pas trouvé le bras d'un père ni entendu la voix encou-
rageante du ciel pour le rappeler à la confiance ; il
avait, au contraire, la conscience d'être complètement
déshonoré et abandonné, et son instinct secret et sûr
lui faisait sentir qu'il serait infailliblement perdu.

En effet, pendant quelques mois, il se débattit inu-
tilement contre ce découragement sans remède.

Huit jours après le fait que nous venons de rapporter, et que nous attribuons surtout à un égarement
d'esprit, Francisque se retrouva dans la même situation, éprouva les mêmes assauts intérieurs à l'égard de
la jeune femme, céda de nouveau, partit vers la fati-
dique maison, mais n'y entra pas encore ; il fit de nouveau la confession sincère de cette rechute et revint
au Rossignol plus désolé que dans la première circonstance.

Dix fois il fut successivement terrassé de la même
manière ; dix fois il partit, dix fois aussi il passa devant la maison sans entrer, et dix fois encore il dé-

clara son péché, jusqu'à ce qu'enfin la confession étant devenue pour lui une confusion et un supplice intolérables, il résolut d'en finir sans retour.

« Je veux ou vaincre ou succomber, et, plutôt que de rester dans d'aussi insupportables alternatives, je préfère périr, se dit-il, dans un moment de suprême mais dernier effort. Je parlerai encore une fois à monseigneur ! »

Il avait, en effet, attendu une nouvelle visite de Sa Grandeur à Montretout. Il alla donc le trouver et lui dit:

— « Monseigneur, je vous prie en grâce de m'autoriser à ne plus confesser de femmes et à me renfermer au Rossignol comme les autres religieux qui y sont avec moi. »

Il croyait savoir, par sa première tentative, que monseigneur lui refuserait de quitter l'œuvre ; c'est pourquoi il se bornait à lui demander de rester exclusivement à la grande colonie. Dans cette solitude extérieure et n'ayant plus de relations avec les femmes, il espérait pouvoir échapper à la tentation contre laquelle il se sentait le plus de faiblesse, celle du cœur.

Monseigneur, qui n'aimait pas les mesures exceptionnelles et qui, d'ailleurs, avait des vues particulières et secrètes sur Francisque, l'arrêta sèchement avec ces mots :

— « Jésus-Christ n'est-il pas sauveur des femmes comme des hommes ? Et vous, n'êtes-vous point son ministre ? Eh quoi ! seriez-vous un ouvrier pusillanime ? »

Ceci dit, monseigneur refusa, comme la première fois, d'entendre le prêtre sur les motifs de sa demande ; il croyait devoir d'autant plus les éviter, qu'il était question de vendre le Rossignol à une congrégation religieuse et que l'on avait décidé, sous main, que Francisque serait exclusivement consacré à Montretout et aux œuvres de M. Le Hardi.

L'abbé ne savait rien de ces projets, mais monseigneur lui avait péremptoirement refusé sa demande ; de plus, il avait semblé soupçonner son subordonné de lâcheté.

C'en était assez pour le prêtre ; l'autorité divine lui avait parlé, avec sévérité même, par son évêque ; il crut donc devoir baisser la tête en silence : c'était bien le cadavre de saint Ignace de Loyola.

Ce silence fut celui d'une soumission sincère et aveugle, mais en même temps celui de la stupeur et de l'effroi. Francisque sentait qu'il fallait périr à Montretout ; cet ordre d'y rester que lui imposait son premier supérieur était donc pour lui l'arrêt providentiel de la justice de Dieu à son égard ; c'était un arrêt de mort et l'anathème.

En quittant monseigneur, la conviction de sa perte l'obséda sans relâche.

Six semaines après, au milieu des circonstances d'un sombre désespoir qu'il est impossible de décrire, Francisque, avec une résolution aussi irrévocable qu'effrayante, décida son suicide moral.

« Quoi que je fasse, se dit-il, je suis un prêtre indigne et sacrilège !... Depuis ma naissance, j'ai été irrémédiablement voué à l'enfer éternel !... Oh ! je suis un damné ! Oui, il en est ainsi ! »

Puis, dans un sentiment d'irritation amère et éperdu, il s'écria : « Mais, avant d'être jeté avec les réprouvés dans mon malheur sans fin, je veux être heureux du moins ici-bas... J'aimerai, ne fût-ce qu'une année, ne fût-ce qu'un instant ! Je le jure !... Et après, les abîmes peuvent s'entr'ouvrir. »

En cet instant, l'âme de Francisque présentait un spectacle effroyable, celui d'une volonté révoltée affrontant, avec une décision égale à son désespoir, l'éternité et tous ses supplices. Mais lisons les pages qu'il nous a laissées sur ce drame terrifiant : « Si je vivais un million d'années, je me rappellerais encore, après ce terme presque incommensurable où tout souvenir semble devoir être effacé, ces terribles instants de ma vie où, comme un autre ange déchu, j'allais me précipiter du haut de mon firmament sacerdotal pour me jeter dans l'abîme. Quelques secondes avant de consommer ma chute et de céder au génie du mal qui me renversait de mon trône élevé de chasteté, une lueur effrayante passa rapidement devant mon regard ; elle éclaira les profondeurs dans lesquelles j'allais me lancer. A cette vue, tout mon être frémit et mon cœur se sentit touché comme par le froid de l'acier qui allait l'immoler ; il me semblait aussi que, si j'osais renier mon serment, la foudre du ciel me frapperait au premier mot sorti de ma bouche sacrilège.

» J'hésitai un instant, tremblant d'effroi.

» Mais une force fatale emporta ma volonté et, dans ma rage, je fis *le serment* des démons, le serment d'aimer la créature !

» Et Dieu, chose étrange pour moi alors, ne me frappa point... J'en restai aussi muet d'épouvante que d'étonnement... Je pensai alors que sa main me saisirait au moment où mon pied ferait le premier pas dans la voie de perdition que j'allais suivre ; j'osai pourtant ce premier pas, et la main de la justice de Dieu ne me saisit point... Je marchai plus loin, me dirigeant en avant vers Montretout, les yeux baissés, encore mal assuré et résolu en même temps d'aller jusqu'au bout vers mon but, et je ne fus point écrasé ;... le ciel restait toujours silencieux... Je tournai alors mon regard vers le firmament comme pour l'interroger ; le firmament, en réalité, était sans nuages, et un soleil de mars inondait toute la campagne de splendides rayons. Mais pour moi, ô grand Dieu ! ce ciel était sombre ; le soleil m'apparut terne, l'horizon et toute la nature lugubres. Mon âme avait jeté sur toutes choses son propre voile, un voile d'horreur.

» Cependant je marchais toujours devant moi plus rapide et plus sinistrement décidé... Je voulais aimer, aimer de l'amour des révoltés !... J'arrivai ainsi à la porte de la jeune femme. Je la savais toujours malheureuse de mon refus, et je ne doutai point qu'elle ne comprît mes propres infortunes.

» A l'heure qu'il est, je ne puis encore bien concevoir comment tout cela se fit et surtout que j'aie pu l'accomplir. Je savais ce que je faisais, sans cependant pouvoir m'en rendre bien compte. Quelque chose de vraiment désespéré, de cruellement triste et d'inflexiblement résolu, en même temps, me poussait. Je frappai cette fois sans hésitation et j'entrai de même. En la voyant, j'allai droit vers elle, je lui tendis la main, et sans lui laisser le temps de revenir de sa surprise : « Madame, lui dis-je, vous rappelez-vous la dernière » visite dont vous m'avez honoré ? Ah ! au nom de tout » ce que vous avez de cher, ne me repoussez pas à » votre tour, car je suis un objet de pitié profonde... » Je n'ai plus qu'un seul espoir et une seule joie au » monde, vous seule, madame !... »

Le malheureux jeune homme avait le cœur et la tête égarés... Hélas ! c'était fini, bien fini !...

Maintenant, que celui qui est sans péché jette la première pierre ou la première malédiction sur cette tombe !

Samson était plus fort que Francisque, et cependant Samson tomba ; plus sage était Solomon, et Salomon tomba ; plus saint était David, et David également tomba !

Quant à nous, tout en priant pour l'âme du jeune

prêtre, nous ne le condamnerons pas, car nous sommes convaincu que tout son crime est de s'être brisé
contre *l'impossible*. Francisque est, avant tout, *une
victime!*...

Ah! si, devant une grande infortune, la plainte nous
est permise et si notre voix a le droit de s'élever d'autant plus haut que notre deuil sur un de nos frères est
grand, j'accuserai un plus coupable que Francisque :
son Église!

Oui, j'accuse son Église d'avoir trompé la candeur
de son enfance et la confiance de sa jeunesse en lui
présentant pour le vrai un idéal faux et illusoire!
J'accuse cette Eglise de l'avoir enflammé, enthousiasmé,
fanatisé pour un idéal insuffisant et inutile, afin de
lui faire suicider ensuite dans son propre sein, l'une
après l'autre, les parties de sa généreuse nature
d'homme. Je l'accuse d'avoir abusé de son ignorance
pour le charger des chaînes monstrueuses d'un vœu
téméraire, destructeur des lois du Créateur et dont
Francisque ignorait l'objet. Je l'accuse de l'avoir jeté,
elle-même, dans le gouffre béant de Montretout et du
Rossignol, d'en avoir ensuite scellé cruellement l'issue
à son être brisé, et, malgré ses cris d'angoisse et de
désespoir, d'y avoir froidement laissé périr son âme!
Je l'accuse de précipiter chaque année des milliers de
jeunes hommes et de jeunes femmes dans les mêmes
déceptions, les mêmes enthousiasmes trompeurs et le
même sort affreux! Je l'accuse enfin de faire pénétrer
sans relâche au sein de la famille, de l'État et de la
société une erreur, une mutilation et une servilité
semblables!

Voilà le grand meurtrier!

Je le proclame bien hautement, avec la conviction
inébranlable et la certitude entière que je dis la vérité, rien que la vérité!...

Quant à toi, Francisque, relève ton front humilié ;
tu n'es, ai-je dit, qu'une victime, mais une victime
vengeresse !... Oui, tu es ici le vengeur de légions de
frères immolés comme toi ! le vengeur de l'âme vivante contre l'ascétisme glacé, de la famille sainte
contre la virginité trop souvent hypocrite et impure,
le vengeur de ton siècle contre l'absolutisme d'une
hiérarchie implacable et aveugle !

En toi l'être humain, sous le joug depuis des siècles, s'est levé ; dans sa fureur indignée, il a frappé
son oppresseur, l'Église ! brisé sa chaîne, le célibat,
et s'est reconstitué libre comme Dieu, son créateur !

Ne sais-tu pas que l'élément humain est impérissable comme son père ? Il ne pouvait donc mourir en
toi, puisqu'il est-fils de Dieu ! Il ne pouvait donc toujours subir l'esclavage !

En toi donc, il a trouvé le triomphe. Il a trouvé la
victoire dans le champ clos de ton âme, ô Francisque !

Champ clos foulé, champ retentissant de tes cris de
désespoir et de coups ensanglantés !...

Oui, champ funèbre..., champ maudit par tes dé-
vastateurs peut-être... ; mais, ô champ funèbre, âme
de Francisque, sois bénie !

Je sais bien qu'à tes propres yeux tu n'es qu'un indigne, mais j'espère qu'au jour de la connaissance tu
comprendras qu'en cet instant de ta lutte, néfaste selon toi, tu n'étais le maître ni de ta destinée ni de ta
résolution. Tu appartenais à la Providence ! Puisse
cette connaissance, puisse cette conviction te réhabiliter devant ta conscience !

Cependant, le jour même de son égarement, Francisque, avant de retourner au Rossignol, fut, sans
trouble apparent, trouver le R. P. Curtius, auquel il
déclara qu'il était résolu de quitter définitivement les
œuvres de Montretout pour d'abord aller se reposer et

se recueillir auprès de sa famille. Le supérieur lui opposa des difficultés. Francisque resta inébranlable. Le chanoine Curtius, étonné, crut que Francisque avait entendu parler des projets de vente du Rossignol et de son déplacement, qu'on lui avait cachés, et que cette réserve à son égard l'avait vraiment froissé, puis poussé au départ.

Quoi qu'il en soit, voyant ses insistances inutiles, le supérieur pria Francisque d'attendre un remplaçant, ce à quoi le démissionnaire consentit.

Huit jours après, un prêtre de la congrégation à laquelle on allait céder la colonie venait s'installer au Rossignol. Six semaines plus tard, Francisque devait dire adieu à ses pauvres orphelins et à ses chers quoique misérables colons.

Sa sollicitude pour eux redoubla dans ces tristes et derniers moments.

Dérobant à tous les regards ses douleurs personnelles, il multipliait sa tendresse et sa vigilance, semblable à une mère qui cache et domine ses propres tristesses pour ne pas contrister ses enfants.

Lorsqu'il s'agissait de ses orphelins, il oubliait tout, même l'enfer, qu'il savait désormais être son partage.

Enfin sonna l'heure de l'adieu. C'était un peu après le dîner et vers la fin du mois d'avril.

Accompagné de tous les colons du Rossignol, il se rendit à la chapelle. Là, en leur présence, il adressa au souverain pasteur des âmes, sous l'impression la plus poignante, ces courtes paroles : « O mon maître, quelque indigne que je puisse être devant toi, tu sais cependant que je n'ai jamais ni délaissé ni scandalisé aucun de ces enfants que tu avais remis à ma garde !

» Maintenant, je te rends ceux que tu m'avais confiés. O bon berger, sauve-les dans ton amour, et cela uniquement à cause de ta grande miséricorde ! »

Se relevant ensuite, il prit congé d'eux au milieu des sanglots universels.

La veille, il avait fait ses adieux à Montretout...

Une fois seul sur la route, Francisque revint aux lugubres réalités de son âme et à la trêve qui le séparait de l'enfer. C'était désormais à Dieu et aux circonstances de décider de sa durée et du peu de joie qui lui serait accordé durant cette trêve, à lui maudit. Il marchait en avant, résolu d'attendre les événements, quels qu'ils fussent, décidé à en tirer parti pour assurer le bonheur d'une autre existence à laquelle il désirait s'unir dans des moments plus propices, et qu'il croyait digne de le comprendre et d'adoucir les heures sombres qu'il aurait encore à passer sur la terre.

Mais si l'homme propose, c'est Dieu qui dispose.

Pour le moment, et avant tout, il fallait que Francisque s'éloignât d'un milieu funeste et revînt au calme.

LIVRE V

LA GRANDE TRAPPE

OU LE

NOVICIAT DES TRAPPISTES

16.

CHAPITRE PREMIER

C'étaient bien deux êtres distincts qui se débattaient sous la poitrine de ce prêtre, qui allait chercher un asile momentané dans la maison paternelle.

Il y avait en lui le vrai homme, fils de l'humanité et du Créateur. Il y avait aussi, à côté et en face, l'être religieux, mais refait ou plutôt déformé, comme le pied de la Chinoise par sa chaussure inflexible. Les séminaires et Béthanie avaient été les moules de cette vie artificielle et contre nature.

L'éducation cléricale avait donc divisé Francisque dans son être intérieur et jeté la guerre entre les deux éléments séparés de sa vie spirituelle. L'homme venait, il est vrai, de secouer le joug du clerc, mais le clerc maintenait l'être humain sous le coup et la menace du châtiment éternel; l'homme sentait bien qu'il n'était pas dans sa voie originelle, qu'il avait lutté contre l'impossible, mais le second lui imposait toujours le remords avec la conviction de sa culpabilité; sous le poids de la certitude de sa damnation, ce pauvre cœur voulait encore être heureux sur la terre et aimer; toutefois ce n'était là que la réaction du désespoir que refusait de sanctionner sa raison toujours captive du dogme.

Dans cette scission, dans cette guerre, lequel des deux éléments remportera la victoire? Quelle solution le temps renferme-t-il sous ses voiles mystérieux?

Pour le moment, près d'arriver sous le toit domestique, c'était le fils de l'homme qui triomphait ; soutenu de son seul désespoir et inspiré par lui, il avait confirmé son but et fixé son plan. L'Exposition universelle avait précisément lieu, cette année 1855, dans la capitale de la France ; c'est là qu'il se rendra, et c'est là qu'il se préparera une position honnête.

Jusqu'au moment de son départ, il prend ses mesures, d'un côté pour obtenir de Mgr Bellegarde quelques mois de loisir, qu'il déclare lui être nécessaires ; de l'autre, pour se ménager des relations avec une ou deux familles de Paris. Puis, après avoir tout réglé pour le mieux, il part dans le cours de l'été.

Faisons remarquer, à l'occasion de cet éloignement de sa famille et de celui de Montretout, que Francisque n'avait plus revu la femme à laquelle il désirait consacrer le reste de sa vie. Ce n'avait plus été et ce ne sera plus que par lettres que ces deux existences brisées s'étaient transmis et se communiqueront leurs espérances et leur fidélité.

Francisque avait pris, à la ville la plus voisine de son village, le train qui devait lui faire accomplir la première étape de son voyage. A la gare de C., il descendit, afin d'attendre le convoi pour Paris. L'arrêt était de trente minutes. Francisque avait pris place dans une des salles d'attente, lorsqu'il vit se diriger vers lui un vieillard respectable qui l'aborda par ces mots :

— « Salut, monsieur l'abbé, ne me reconnaissez-vous pas ?

— » Vos traits, monsieur, reprit Francisque, ne me sont pas inconnus, en effet ; mais je ne puis me remettre complètement votre personne.

— » Je suis le ministre Bardot, et peut-être vous rappelez-vous la conversation religieuse que nous avons eue ensemble dans notre temple il y a environ quatre ans.

— » Parfaitement, monsieur le ministre. »

Ce disant, Francisque accepta la main que lui présentait le vieillard.

— « Quel train attendez-vous, monsieur l'abbé?

— » Celui de Paris.

— » Dans ce cas, nous voyagerons ensemble, à moins que vous n'ayez scrupule d'être en compagnie d'un frère qui vous a voulu du bien.

— » Je serai honoré de votre société, monsieur le ministre, car si mes convictions sont restées complètement opposées aux vôtres, je n'ai pas perdu du moins l'impression de loyauté que vous fîtes alors sur moi.

— » Je vous remercie, monsieur l'abbé, et pour cette expression de votre estime et pour le plaisir que vous me procurez de causer avec un esprit honnête de choses sérieuses. »

Le ministre Bardot était un zélateur aussi ardent qu'éclairé, et il ne lâchait point ceux qu'il désirait gagner à ses convictions. Et puis, le fait est qu'il avait conçu pour Francisque un intérêt tout particulier. Ce n'était pas qu'il voulût en faire un protestant; non, il ne songeait pas à la question d'Église; mais il aurait aimé étendre les horizons du jeune prêtre et déposer en lui le germe d'un christianisme aussi largement humain que religieux; car son culte à lui, sa religion, il la traduisait par ces mots : *humanisme chrétien* et encore *christianisme humain*. Il eût voulu réhabiliter dans l'âme du jeune clerc l'élément qui constitue le vrai homme et qu'il avait senti étouffé.

Cependant le convoi attendu arrivait. Nos deux voyageurs y prirent place dans le même compartiment. Après quelques minutes de silence, le ministre, s'adressant de nouveau à Francisque :

— « Comptez-vous rester quelque temps à Paris?

— » Plusieurs semaines, reprit l'abbé; tout le temps nécessaire pour parcourir avec profit l'Exposition, voir suffisamment la capitale et y étudier un peu les hommes.

— » Connaître les hommes et surtout les comprendre n'est pas le fait ordinaire de vos confrères, qui se fortifient exclusivement dans le cercle étroit de leur dogme, pour de là y assujettir l'univers.

— » Vous nous jugez injustement, monsieur le ministre.

— » Je constate seulement des faits. On vous cloître, on vous refait à neuf; internats, couvents et, par-dessus tout, le vœu de chasteté vous rendent si différents de la société, que vous êtes réduits à l'impossibilité de la concevoir telle qu'elle est.

— » Vous voyez, monsieur le ministre, que mon voyage et le but que je me propose démentent votre assertion.

— » Peut-être faites-vous une exception, extérieurement parlant; mais au fond, dans votre for intérieur, vous allez percevoir et juger, non selon la réalité des choses, mais seulement d'après votre point de vue ecclésiastique. Vous verrez les merveilleux produits de l'activité humaine; votre esprit intelligent les admirera, mais votre conscience ajoutera aussitôt : Que d'objets prodigués à la vanité! Vous serez frappé d'un fait indestructible : la variété des types et des génies, des nationalités et des cultes, des institutions et des civilisations auxquelles appartiennent ces masses d'hommes au milieu desquels nous allons circuler; mais en même temps votre cœur de clerc plaindra ces foules, car vous ne verrez dans cette variété qu'un dédale d'erreurs, parce qu'elle n'entre pas dans votre programme.

» Chose étonnante! nous voici deux frères, fils du

même Créateur, ayant les mêmes facultés, et pourtant tous ces objets qui vont passer sous nos regards, toutes ces œuvres inspirées par le souffle de Dieu au génie humain, nous allons les saisir tout autrement au point de vue de l'utilité spirituelle et du bonheur de l'âme humaine. Il semblera même, d'après le jugement que nous en porterons, vous et moi, que nous vivons aux antipodes. En effet, ce que je vais trouver nourriture de mon être immortel, vous le déclarerez mauvais ou du moins complètement nul pour cette même vie. Nous voici deux enfants du même esprit de liberté; mais tandis que moi je vais contempler et toucher des *institutions* et des *objets* divers d'un cœur indépendant et impartial, vous, de votre côté, vous ne dirigerez votre regard que sur les choses permises par votre dogme et vous les jugerez uniquement d'après la méthode qu'il vous impose. Votre horizon est limité, votre regard rétréci, votre pensée circonvenue et exclusive. Vous êtes un peu moine comme tous les prêtres, cher abbé; veuillez me pardonner cette franchise.

— » Franchise erronée, monsieur le ministre; je puis tout voir, tout entendre, tout apprécier.

— » Prenez garde, cher abbé; mais à cette condition que, laissant le monde, vous ne vous attacherez qu'à ce qui est d'outre-tombe et à vos coreligionnaires. Nous allons nous trouver l'un et l'autre en présence de deux sociétés différentes : celle des catholiques et celle des autres cultes. Eh bien, pendant des semaines, moi, fils libre de l'Éternel, je fréquenterai vos églises, j'entendrai vos prédications, j'écouterai également le rabbin, le bonze et l'iman de Mahomet, s'il s'en trouve; je prierai dans la paix et l'amour avec des hommes qui connaissent plus ou moins imparfaitement et sous des noms différents le Créateur de tous. J'aurai, durant mon séjour au milieu de ce rendez-vous des

âmes de toutes tribus, rencontré chez tous des frères
que j'aurai pu éclairer et aider, tandis que, de leur
côté, ils m'auront apporté, eux aussi, une partie et un
aspect différent de la vie divine déposée en eux; j'aurai eu le bonheur de former avec les peuples des diverses religions une famille universelle et de me présenter dans une union intime devant notre Père
commun pour l'adorer d'un même cœur et d'une même
voix. Je le puis, car je sais que Dieu, Providence de
tous les peuples, a donné à chacune des familles humaines un même esprit de lumière et de sagesse,
de pureté et de dévouement.

» Mais à vous, une telle union est défendue, est impossible, puisque vous êtes persuadé que vous seuls
êtes la sainteté et la vérité. Vous quitterez donc cette
grande assemblée des nations sans avoir ni osé ni pu
aborder les neuf dixièmes parties de l'humanité religieuse.

— » Si je n'ose exprimer ma prière, reprit Francisque, réuni à ceux qui ne sont pas de mon culte, je
prie du moins pour eux; je puis être attentif aux prè-
ches de leurs ministres et je suis même prêt à vous
suivre dans vos conférences religieuses pour vous
donner une preuve que nous ne craignons pas de voir
en face l'erreur et d'écouter nos frères égarés, afin de
les faire rentrer au bercail.

— » Vous le voyez, cher abbé, vous ne les abordez
qu'avec une idée préconçue : celle de les réfuter, de
ramener des dévoyés. Ainsi donc, vous pourrez extérieurement venir en face de nous, mais sans pouvoir
nous considérer tels que nous sommes; nous prêter
l'oreille, mais sans pouvoir juger de nos raisons; nous
condamner sans avoir été à même d'entrer dans nos
preuves et d'apprécier leur valeur. Vous viendrez dans
nos réunions avec des idées toutes faites, avec des

sentences formulées d'avance et pourtant irrévocables. Vous êtes les chauvins les plus aveugles et les plus opiniâtres; vous êtes l'incarnation même du *parti pris*. Dès lors, il ne peut plus être question ni de vraie connaissance, ni de justice, ni de paix. Vous faites qu'entre nous il n'y a plus que guerre éternelle!

» Mais enfin, et quoi qu'il en soit, je prends au mot l'expression de votre désir de nous visiter; je me ferai un plaisir de vous ouvrir notre enceinte. Là, vous trouverez quatre à cinq cents ministres généralement éprouvés et des milliers de chrétiens évangéliques venus à grands frais, pour ne pas dire au' prix de sacrifices de plus d'un genre, des cinq parties du monde, pour les intérêts de leur religion et l'honneur de notre Dieu à tous. Venez, car vous y apprendrez du moins à les respecter, ce que vous avez bien voulu déjà faire pour moi. Et puis, qui sait? la puissance de Dieu est grande et ses desseins miséricordieux!... Peut-être serez-vous un de ses élus à venir, car j'ai éprouvé à votre égard de longs pressentiments. »

Cependant, la conversation changea de direction.

Vers la fin du trajet, les deux voyageurs se donnèrent leur adresse, et Francisque promit de nouveau au ministre, qui lui offrait de venir le chercher chez lui pour une ou quelques conférences religieuses, de l'y accompagner volontiers.

Arrivés à Paris, ils se dirent au revoir et chacun se rendit vers le logement qu'il devait occuper dans la capitale.

Francisque s'installa non loin du Panthéon, dans une petite chambre que lui avait offerte l'amitié. De là, il rayonnait chaque jour vers quelque nouveau point où il savait trouver des objets dignes d'intérêt, visitait chaque deux jours l'Exposition, faisait des connaissances, se rendait parfois aux conférences des protestants, qui l'avaient accueilli avec déférence sur la recommandation du ministre Bardot, et parmi lesquels il liait relation avec quelques familles de Paris, de Suisse, d'Angleterre et d'Amérique; mais surtout il cherchait à se créer une occupation rémunératrice et assurée.

Les magnificences de l'Exposition, qui lui révélaient la richesse et la vitalité de l'esprit humain, le frappèrent profondément; mais il ne vit là, pour le moment, qu'énormes dépenses de forces humaines faites pour le néant.

Les relations qu'il noua avec des hommes de toute condition lui firent entrevoir un monde profondément différent par les idées, la science et les intérêts, de celui dans lequel il avait jusqu'alors vécu; mais ce monde, dans lequel on adorait les arts, les sciences, lui parut, pour le moins, bien indifférent à l'idéal de l'existence qu'il avait adoptée.

Enfin, il trouva au milieu des protestants une bonne foi et des convictions honorables, une érudition approfondie, des manières diverses et consciencieuses d'interpréter les Écritures, une conception toute nouvelle de l'Église chrétienne; mais il lui fut impossible de reconnaître à ces indices le portrait du véritable culte chrétien. Il ne pouvait, selon lui, y en avoir d'autre que le sien.

Francisque était depuis quatre semaines environ à Paris, et il n'avait pas perdu une seule heure. Chaque moment lui avait apporté son tribut; déjà même il envisageait la probabilité de trouver une position, lorsqu'une visite inattendue vint déranger le développement régulier qu'il avait espéré donner à la direction nouvelle de son existence.

Au commencement d'une matinée du mois d'août,

et sur le point de sortir, Francisque voit entrer chez lui deux de ses frères.

— « Par quel hasard êtes-vous donc à Paris? leur dit-il un peu étonné.

— » Pour visiter avec toi l'Exposition. Notre père est en bas avec une voiture, et il nous attend pour aller ensemble au palais de l'Industrie. Veux-tu nous faire le plaisir de nous accompagner?

— » Sans doute, reprit Francisque. »

Et vite, il descend en courant pour aller embrasser son père, laissant ses frères le suivre après leur avoir dit : « Fermez la porte et remettez la clef à la chambre voisine, à droite. » Mais pendant qu'il embrassait son père, ses frères enlevaient lestement ses papiers; puis ils descendirent à leur tour.

Ils montèrent alors dans la citadine où se trouvaient déjà Francisque et leur père, et la voiture partit au galop.

Vingt minutes après, elle s'arrête devant la grande porte d'une maison aux dimensions considérables. La porte cochère s'ouvre, la voiture entre au grand étonnement de Francisque qui, de plus, la voit se refermer sur lui à deux battants. Il comprend alors qu'il a été pris par un coup de filet et qu'il le doit à ses quelques visites aux prêches protestants.

Cependant, tous quatre descendent de la citadine. Le père et le fils cadet montent alors au premier; Francisque reste en bas, gardé par son autre frère, homme robuste, qui l'apostrophe vivement en ces termes :

— « Quoi! n'as-tu pas honte de fréquenter les hérétiques, au grand scandale de ta famille?

— » Mais c'est votre conduite, au contraire, qui est peu digne, repartit Francisque; vous m'avez dressé un piège. Ce disant, il voulait ouvrir la porte et sortir.

— » Tu ne partiras pas, fit son frère irrité ; et le saisissant violemment à la gorge, il ajouta : « Je t'étrangle sur place, si tu essayes de sortir d'ici et si tu ne me promets d'aller sans résistance là où l'on jugera bon de te conduire ensuite. »

Francisque embrassa d'un coup d'œil l'ensemble de la situation ; on voulait ou le mettre sous clef, ou le faire disparaître. Il comprit en même temps qu'opposer une résistance ouverte était parfaitement inutile.

— « Soyez tranquilles, répondit-il avec ironie à son frère qui employait la violence contre lui, je suis trop bien gardé pour vous échapper, honnêtes geôliers ; je n'ai d'ailleurs nulle envie de courir les rues. Toutefois, je tiens à vous prévenir que vous porterez toutes les conséquences de votre attentat contre ma personne. »

Quelques instants après, le père et les deux frères s'étant retrouvés ensemble sous le porche commandèrent à Francisque de monter ; on l'introduisit dans une cellule ; puis ses parents repartirent. Le prisonnier ne les revit plus durant des années.

A peine était-il depuis trente minutes dans sa cellule qu'un frère vint le chercher et le conduisit dans un cabinet habité par un père.

— « Mettez-vous à genoux, lui dit le père immédiatement après la sortie du frère.

— » Je ne le puis, dans l'état où je me trouve, répondit Francisque indigné.

— » Priez Dieu, vous dis-je, ajouta le père avec sévérité.

— » Impossible pour le moment.

— » Faites ce que je vous ordonne ; car on vous a remis complètement en mon pouvoir.

— » Je le vois, mon père ; mais l'ignominie vous couvre tous, et ce que vous faites est odieux !

— » Oh! repartit le père avec irritation, vous osez accuser, vous qui oubliez l'honneur de votre vocation jusqu'au point d'aller aux prêches dans le but d'embrasser une religion diabolique et de renier votre maître !

— » J'ai assisté à des conférences protestantes, il est vrai, comme j'ai visité cent autres choses dignes d'intérêt et d'étude ; est-ce là un crime ?

— » Quoi ! vous vous excusez ?

— » Je fais plus, mon père, je proteste.

— » Mais on n'a été que rempli de sollicitude à votre égard en ne vous laissant pas séduire par de fausses doctrines ; vous étiez, malheureuse brebis, au milieu de loups dévorants.

— » Oh mon père !... Mais enfin soyons vrais, je n'étais que chez des gens honnêtes et convaincus.

— » Vous les soutenez déjà, avouez-le.

— » Je défends avec justice leur loyauté.

— » Encore un pas, infortuné, et vous allez défendre leurs doctrines mensongères.

— » Je ne puis les défendre ni les accuser, je ne les connais pas assez.

— » Mais elles sont déjà jugées.

— » Oui, par notre Église, adversaire du protestantisme.

— » Que voulez-vous dire ? que le catholicisme aurait pu les anathématiser injustement ? que l'Église ne serait peut-être pas infaillible, qu'elle ne serait pas la vraie religion ? qu'il faudrait la contrôler elle-même ? Audacieux... Mais un homme qui a vu le soleil sait que c'est le soleil ; il est convaincu par son évidence. Ainsi en est-il du catholicisme, l'Église romaine est l'astre du jour !... Et vous, coupable, vous poussez la révolte jusqu'à nier !... Misérable !...

— » Eh bien, mon père, reprit Francisque avec émotion et avec fermeté, puisque vous avez porté les choses à cette extrémité, je vais vous parler franchement : un homme qui n'a vu que la lune et auquel on a dit : c'est là le soleil, peut en effet le croire. Mais montrez-lui donc aussi les autres astres, et alors seulement il verra qu'il est dans l'erreur, et que votre soleil n'était en réalité que la lune. Quel mal y a-t-il que je vous demande à voir des yeux de l'esprit les différents cultes avant de juger définitivement? Votre défense si impérieuse me rappelle mon droit naturel et indéniable de mettre sérieusement et impartialement en face le protestantisme et le catholicisme. C'est alors seulement que je pourrai contrôler et dire avec équité et certitude : « Mon père, » voici le vrai soleil religieux et voilà la lune. »

— » Hérétique et blasphémateur ! »

— » Non, mon père, mais homme juste, quoique irrité peut-être de vos insultes.

— » Priez, vous dis-je, et prosternez-vous, âme superbe, cria de nouveau le père.

— » Je ne le puis et ne le ferai pas, répondit Francisque avec une dignité inébranlable. »

Il y eut moment de silence et d'attente solennelle.

Le révérend père prenant alors une image de la Vierge, et comme essayant la dernière ressource :

— « Je vous en conjure, dit-il, prosternez-vous devant l'image de votre sainte mère et criez-lui : Pitié! »

A cette vue, Francisque allait fléchir...; mais, surmontant un sentiment intérieur, il dit d'un air suppliant :

— « Pas pour l'instant, je vous en conjure. »

Le père alors, se levant hors de lui et ne voulant comprendre ni les sentiments contraires auxquels Francisque était livré en ce moment, ni la prière qui en était la suite, lança ces mots :

— « Allez, vous êtes vraiment un maudit !

— » Je le sais, repartit froidement Francisque. C'est pourquoi je saurai vous braver. »

Ce disant, il partit d'un air résolu.

Le père s'élance à sa poursuite, effrayé des conséquences de ses dernières menaces ; il l'arrête et d'un ton complètement transformé :

— « Mon fils, lui dit-il, revenez, je vous en prie. »

Francisque hésita un moment…, puis revint à sa première place.

— « Allons, je vois que vous êtes troublé, jeune homme, dit avec douceur le père. Calmez-vous. Comprenez d'ailleurs que je ne suis pour rien dans cette malheureuse affaire ; je ne suis qu'un subordonné, ayant reçu des ordres. »

Puis il ajouta :

— « Allez vous promener une heure ou deux dans les cours, et nous causerons ensuite, plus tard, avec plus de raison. »

Francisque rentra dans sa petite chambre, où il aperçut sa malle qu'on y avait apportée pendant son entretien avec le père. En la voyant, il sentit l'indignation lui revenir au cœur. Après s'être de nouveau dominé, il prit son chapeau et descendit dans les cours. La principale était spacieuse ; un petit parterre en faisait le centre ; dans un des angles on avait commencé la bâtisse d'une chapelle.

Francisque s'y promenait à grands pas depuis une demi-heure, lorsqu'il entendit sonner à la grande porte. Celle-ci s'ouvrit pour laisser passer lentement une lourde charrette, chargée d'énormes pierres de taille, destinées à la nouvelle construction et tirées à grands efforts par quatre vigoureux chevaux.

Le portier se tenait à gauche de cette longue voiture ; Francisque prit à droite, franchit le passage et

mit le pied dans la rue. Là, s'adressant au frère portier, il lui dit avec une fermeté très calme :

— « Mon frère, allez dire au R. Père supérieur qu'au
moindre attentat qui sera fait désormais contre moi, je
porterai plainte devant qui de droit. Quant à ma petite malle, je vous prie de la faire remettre à l'endroit
même d'où elle a été enlevée sans mon autorisation. »

Ayant dit cela, Francisque s'éloigna paisiblement.

La prudence, toutefois, lui ayant interdit de reprendre son appartement près du Panthéon, il alla
s'adresser à une autre famille dont il avait fait connaissance depuis son arrivée à Paris. Le mari et la
femme mirent immédiatement leur dévouement à la
disposition de Francisque et lui trouvèrent le même
jour un asile sûr.

Pendant une retraite obligée de huit jours, Francisque reçut la visite de M. de Sanctis, ancien curé
de l'église Sainte-Magdeleine, à Rome. Ce dernier
était passé du catholicisme au protestantisme, après
une incarcération de deux années dans les cachots de
l'inquisition. Victime innocente, il s'était détaché de
ses persécuteurs.

M. de Sanctis, qui avait déjà remarqué Francisque,
ayant appris par la famille qui l'avait reçu sa situation
pénible, sentit un intérêt marqué pour une âme dont,
mieux que personne, il pouvait apprécier l'état. Francisque, après avoir ouvert, devant cet homme de bien,
le livre de son cœur, lui demanda comment il avait pu
quitter le catholicisme, dont il avait été l'un des membres respectés, et termina ainsi sa question :

— « De quelle manière êtes-vous arrivé à posséder
la conviction que les Églises protestantes sont légitimes ? »

M. de Sanctis, gagné par le mélange de candeur et
de décision qui se révélait à lui dans le frère qu'il vi-

sitait, crut devoir à son tour lui découvrir plusieurs circonstances de sa vie, puis lui fit un exposé étendu de tout ce qu'il appelait les erreurs de l'Église de Rome.

Quand il eut achevé, Francisque lui dit :

— « Toutes ces questions sont des plus capitales et m'intéressent extrêmement ; mais elles exigent, selon moi, le contrôle de longues études faites au sein d'une indépendance complète. Or, ces recherches me sont interdites par mon Église, et par conséquent par ma conscience. Donnez-moi une preuve, une seule, mais forte, de la possibilité de la vérité du protestantisme, et si cette preuve peut me convaincre, je saurai, coûte que coûte, conquérir temps et liberté pour recommencer à fond mes investigations scientifiques. Jusqu'à cette preuve, je me sens lié intérieurement et je ne pourrai ouvrir un seul livre protestant ou autre dans le but de juger avec impartialité ou d'y trouver le catholicisme en défaut, sans me croire frappé d'*excommunication majeure* dès la lecture des premiers feuillets.

— » La voici, cette preuve, et je la crois péremptoire. Vous admettez que là où est l'Esprit de Dieu, là est aussi son Église. En effet, il ne saurait être avec un culte mensonger.

— » Sans nul doute, reprit Francisque.

— » Eh bien, depuis quatre semaines vous voyez nos églises ; vous avez vécu au milieu de ses représentants les plus autorisés, assisté à notre culte ; on a fait devant vous l'exposé vrai de nos œuvres, de la puissance civilisatrice des nations protestantes, de leur culture élevée ; vous vous êtes trouvé presque dans l'intimité de familles que nos Églises regardent comme fidèles et qui se conforment à leurs principes fondamentaux.

» De l'autre côté, vous avez l'expérience de votre culte.

» Comparez maintenant ces Églises différentes et dites-moi si, parmi nous, ne se trouve pas également une charité efficace, la compassion des âmes, la générosité pour les institutions de miséricorde quelque innombrables qu'elles soient, la loyauté et la science, l'esprit de prière, le dévouement sincère envers Dieu et les hommes, la force des convictions, la pureté des cœurs et des mœurs et enfin le renoncement chrétien.

— » J'ai trouvé tout cela, en effet, reprit Francisque.

— » Puisqu'il en est ainsi, je m'adresse maintenant à la rectitude de votre esprit et, le priant d'oublier un instant les subtilités scolastiques, je lui demande de me dire : toutes ces œuvres et toutes ces vertus sont-elles du méchant esprit ou de l'Esprit de vérité et d'amour ?

— » Je ne pourrai plus dire qu'elles viennent du démon.

— » Vous avez raison, car aux œuvres on reconnaît l'artisan, aux fruits, l'arbre; bons, ils viennent donc de celui qui est Bon : de Dieu.

— » Je vous remercie, reprit le jeune abbé, et je vous promets de me pénétrer de votre preuve. Dès qu'elle m'aura convaincu plus que je ne puis l'être en quelques instants, je refondrai tous mes travaux intellectuels.

— » Dieu vous entende et vous bénisse, cher ami. »

Il se leva et ajouta encore ces mots :

— « Oui, le Seigneur brisera les fers que les hommes ont forgés pour vous tenir captif! »

Puis, serrant la main de Francisque avec une bienveillance paternelle, il le quitta fortifié.

Le lendemain de cette visite, Francisque se trouvait déterminé à chercher au loin sa liberté d'action. Sa situation intérieure, la démarche violente tentée à son égard, enfin la visite de M. de Sanctis l'avaient fortifié dans cette résolution. Il la fit connaître immédiatement à la famille qui lui avait offert asile.

Quelques jours après, il partait pour un port de mer distant de cent cinquante lieues environ de Paris.

Un honorable négociant d'une grande ville maritime, fils de son hôtesse, lui avait immédiatement accordé une place, chez lui, à la demande de sa mère.

Le bagage qu'emportait le voyageur était léger : il comprenait l'habillement qu'il avait sur lui, sa petite malle qu'on lui avait rapportée, un nouveau passeport, enfin 40 à 50 francs, prix exact du transport de sa personne et de ses bagages. Il prit un billet de 3e classe dans un train partant pour Le Havre, où il arriva vers quatre heures du matin. Là, il donna le restant de son petit pécule pour une place sur le pont d'un vapeur qui devait le conduire au lieu de sa destination.

C'était l'inconnu qui s'ouvrait immense, comme l'Océan, devant lui. Cet inconnu sans bornes, il l'embrassa sans tristesse comme sans joie !... Il ne pouvait plus, en effet, prévoir où aboutirait sa course depuis que ses frères, s'abattant sur lui comme un brusque coup de vent, avaient jeté l'esquif de son existence en pleine mer. Il l'envisageait, dis-je, sans joie, car il pouvait prévoir que le projet d'une union enfantée par le désespoir allait peut-être s'évanouir au milieu des abîmes de cet inconnu !... Il le regardait aussi sans tristesse ; en effet, Francisque était déterminé à tout affronter sans effroi et avec une âme égale. Dût-il tout perdre dans ce monde et dans l'autre, il comptait trouver force et certaine consolation dans l'âpre satisfaction de la haine.

Il allait donc en avant, résolu, invinciblement poussé par une voix intérieure et une force mystérieuse. Debout sur le navire, il avait le regard sans cesse plongé devant lui dans les profondeurs de l'étendue; on l'y voyait immobile et solitaire, le corps inondé, sans qu'il le sentît lui-même, par la vague qui venant battre l'avant du vaisseau s'y brisait pour remonter en débris écumants et en humide poussière sur le passager.

Au-dessus de lui et sous ses pieds, en avant, en arrière et sur les côtés, partout enfin, c'était l'infini et ses profondeurs entr'ouvertes. Et dans cet infini tantôt calme, tantôt menaçant, le Francisque visible, qui n'apparaissait que comme un atome, glissait avec son esquif inconscient de son mouvement, côtoyait le zéphyr ou la tempête sans les remarquer, se laissait diriger par le pilote sans s'en apercevoir, tant son œil fixe était absorbé par un point unique : l'horizon, qui lui ouvrait son sein sans limites et silencieux comme un sphinx.

Ce Francisque visible, ce corps debout sur le haut de la proue, cette apparition immobile était bien l'éloquente quoique muette image du Francisque intérieur !

Cette âme inattentive à tous les passagers qui circulent près d'elle, indifférente au vaste monde qui l'enveloppe de ses plis et de ses replis sans nombre, insensible aux dangers des ouragans qui mugissent, et des gouffres béants qui menacent à chaque pas sa course invisible, est tendue de toutes ses puissances vers un seul objet qui se meut incertain dans un éloignement insondable : l'avenir !

Ah ! c'est que Francisque a la conscience que cet avenir renferme pour lui les solutions les plus capitales !

Ainsi envahi par sa pensée, il reste appuyé sur

l'avant du navire jusqu'au déclin du jour. La pluie
étant alors survenue, il se réfugie sous une tente
dressée sur le pont, y demeure debout et assez mal
abrité jusque vers le milieu de la nuit, où, transi de
froid et fatigué, il laisse son corps s'étendre sur la
planche nue sans pouvoir le couvrir d'un manteau ; il
n'en avait point. A l'aube blanchissante, il pensa retourner à la proue. Mais voulant se lever, il sentit que
le goudron du pont imparfaitement séché le retenait
attaché au bois par son habit. Il ne put s'en séparer
et retrouver la liberté qu'en laissant une partie des
poils et du poli de son vêtement collés sur sa couche
gluante, tandis que celle-ci décorait son habit d'une
portion de sa substance résineuse et noire.

C'était le comique dans l'adversité ! Le voyageur
supporta philosophiquement ce petit malheur qui le
privait peut-être de son seul habit et allait faire de
lui la risée de quelques passagers : « Ah bah ! ce
n'est qu'un simple prélude, » se dit-il en souriant.

La navigation se poursuivit ce jour-là jusqu'à
six heures du soir. Francisque revenu à la proue y
resta jusqu'à l'entrée du vapeur dans le port. Des-
cendu et essayant les premiers pas sur le quai, il se
sentit comme paralysé et surtout affaibli. C'est qu'il
n'avait pas mangé depuis trente-six heures, faute
d'argent.

Cependant de bien nobles cœurs l'attendaient à son
arrivée.

Avant tout, on lui procura une nouvelle redingote,
puis un bon feu qui réchauffa ses membres refroidis
par la pluie. Le lendemain, après une nuit bienfaisante, le nouveau venu vit toute la famille hospita-
lière. Le chef, M. Pierson, homme d'éducation et nature généreuse, qui pouvait avoir l'âge de Francisque,
le présenta à sa jeune femme et devant elle lui offrit

une position fort convenable au point de vue des appointements, de la considération et de la liberté. Le surlendemain, qui était un dimanche, M. Pierson introduisit son hôte dans les familles de ses deux sœurs, mariées, l'une à M. Dunois, maître horloger des plus honnêtes, et l'autre à M. Le Plessis, architecte de la ville et homme fort considéré.

Francisque vécut avec ces familles dans des relations constamment empreintes d'une estime et d'un attachement réciproques.

Placé dans des conditions favorables, il n'eût tenu qu'à lui de se faire une vie agréable et de se ménager des plaisirs au milieu d'une grande ville ; ses appointements, en particulier, lui permettaient quelques fantaisies ; mais l'étranger était trop sérieux pour abuser, selon lui, de la vie. N'avait-il pas d'ailleurs un but tracé à atteindre : préparer pour une famille un avenir respecté et en même temps examiner foncièrement, puis juger sainement les choses du monde afin de fixer ensuite la nouvelle direction de sa vie morale et religieuse.

Il aborda sans délai l'examen.

Les trois familles qu'il fréquentait offraient un aspect et des types bien différents. Le négociant, M. Pierson, était la loyauté même, mais il n'était pas croyant. Certaines pratiques et plusieurs dogmes du clergé le tenaient irrévocablement éloigné de l'Église. Toutefois, comme cette âme ne pouvait vivre de négation, il lui fallait un culte. Il avait, en effet, celui de la famille. Les vertus du citoyen, et avant tout celles du foyer domestique, étaient pour lui le seul but et la seule félicité de l'homme.

L'ingénieur Le Plessis et son épouse étaient des esprits voués à l'art et à la science. Leur cercle ordinaire se composait de quelques artistes, mais plus particulièrement d'hommes instruits. Chrétiens fidèles, ils ouvraient leur semaine par le culte du dimanche, et leur journée par la prière du matin faite en commun. Leur vie présentait l'union de la religion et de la culture humaine ; seulement, celle-ci semblait occuper une place bien marquée et leur procurer leurs joies et leurs plaisirs les plus sentis.

La famille de M. Dunois, également protestante, plaçait avant tout la piété à la base de l'activité de sa maison. Le foyer domestique était un temple consacré à la prière, à l'hymne religieuse chantée matin et soir, et aux lectures spirituelles. Dieu y pénétrait de son esprit les actions et jusqu'aux pensées. Ses habitants étaient de véritables chrétiens évangéliques.

Francisque, comme homme, respectait et chérissait ces familles ; comme catholique, il les plaignait et éprouvait parfois un éloignement intérieur très accentué pour elles. C'était toujours, chez lui, la querelle entre l'âme humaine et le disciple de Loyola.

En dehors de ces trois maisons et de leurs habitués, il visitait régulièrement chaque dimanche, et alternativement, les assemblées et les cultes catholique et protestant qu'il comparait ensuite. Mais il ne pouvait guère arriver à donner la préférence à une autre Église qu'à la sienne.

L'étranger lisait beaucoup. Les lectures sérieuses qu'il faisait dans diverses branches de connaissances apportaient parfois de vives lumières à son esprit et des jouissances élevées à son sentiment ; souvent même il se sentait épris d'enthousiasme pour son siècle et sa civilisation. Mais les anathèmes que Rome prononce contre eux venaient assez souvent le frapper vivement au cœur au milieu de son admiration et de son enchantement ; et alors le livre fascinateur perdait ses charmes, lui tombait des mains comme un objet dangereux duquel s'étaient échappées les lueurs sinistres de l'enfer qu'il avait prises pour les rayons de la vérité.

Ses réflexions sur tout ce qu'il voyait et lisait faisaient comme le fond essentiel de son existence intérieure. A quelque moment de ses loisirs que vous eussiez surpris Francisque, vous l'auriez trouvé dans l'intimité avec les questions sur lesquelles se meuvent, comme sur des gonds, les Églises et les États, autour desquelles se déchaînent les luttes éternelles de l'esprit et de la conscience de l'humanité, et de la solution desquelles devait, en particulier, sortir un jour pour le jeune prêtre une carrière nouvelle. C'était surtout sur la grève et le long de la côte où venaient se briser et mourir les vagues de l'Océan, que l'on pouvait rencontrer ce solitaire marchant à grands pas durant des heures entières. Rien ne pouvait le distraire, ni le rendre infidèle à ces pensées. Il cherchait sans cesse, il creusait toujours, il comparait sans fin, et cependant la certitude, si ardemment demandée, ne parvenait pas à en sortir pour sa conscience. Une solution définitive, incontestée, n'arrivait jamais !

Il se trouvait depuis huit mois dans ces fluctuations d'esprit, lorsque trois raisons, prépondérantes à son point de vue, vinrent l'en faire sortir et le déterminer à revenir au point de départ.

Un motif de cœur, un de conscience et un autre de prudence le ramenèrent à son évêque.

La femme qu'il avait cru digne de son affection, et pour laquelle surtout il fondait une position, lui écrivit qu'elle ne se sentait pas le courage de le suivre davantage et plus loin. Cette détermination devenue irrévocable fut pour Francisque la plus cruelle des déceptions. Lui, qui aurait tout sacrifié pour elle, il se

voyait lâchement abandonné ! Lui, dont la fidélité eût
été plus inébranlable que le roc, voyait se briser aux
premiers souffles de la crainte, l'appui sur lequel voulait se reposer son cœur errant dans le sentier lugubre
du désespoir. Cet appui, il l'avait cru son bâton sou-
ple et fort ; il n'était qu'un roseau sec. En se rom-
pant, il transperçait le cœur qui l'avait élu, après que
cette femme l'eût, la première, supplié de lui accorder
son amour !

La plaie fut si douloureuse et si insupportable les
premiers jours, que Francisque fut une fois sur le point
de mettre fin à sa misère par le suicide. L'horreur du
crime et la pensée du scandale l'arrêtèrent.

Mais, désormais, qu'avait-il à faire dans le monde ?
Sa tâche lui semblait achevée ; il ne voulait et ne pouvait plus s'attacher à une créature, car il en éprouvait trop affreusement l'inconstance.

Et, sous le coup de sa douleur, il ne songea plus
qu'à la triste mais seule consolation des larmes. Or,
le cloître lui semblait encore l'unique refuge des grands
deuils.

De son côté, sa conscience, qui, dans la paix de l'indépendance et dans un milieu sain, avait retrouvé son
état normal et son empire, lui en intimait l'ordre.
Elle lui disait donc, surtout après son délaissement :
« C'est un amour profane et égoïste qui t'a conduit
ici, ô mon âme ! C'est pour le satisfaire que tu as en-
trepris en partie ces examens et toutes ces études ;
tu es donc juge et partie intéressés !... » Et l'âme
éprouvée mais honnête répondait à la conscience :
« Oui, c'est vrai ! »

Dans ces bons moments d'aveu du cœur, la conscience poursuivait encore : « Pauvre prêtre, tu dois
à ton divin Maître d'essayer encore une fois l'accomplissement de ton vœu de virginité. A Montretout, tu

as échoué, il est vrai ; mais n'y étais-tu pas entouré d'une atmosphère mortelle ? Va ailleurs, au milieu de circonstances propices. Là, redouble de nouveau tes efforts et si, malgré tes prières, tes larmes et ton courage, tu te brises encore devant l'impossibilité, eh bien ! tu pourras alors te dégager sans remords. »

Enfin venait à son tour la raison : « Dans l'état d'incertitude où tu restes, disait-elle, et dont tu ne peux sortir, dans ton impossibilité de décider entre l'Église et la société, il est plus sûr pour toi de rester avec celle qui menace et qui reste inflexible. Sois humble, Francisque, et rentre. » Et l'âme, toujours captive de son éducation, redisait : « C'est vrai ! »

Seule, l'amertume souvent renaissante dans le cœur du prêtre s'opposait au retour. Le sentiment instinctif et le souvenir de son impuissance, la persuasion de sa perte éternelle, le désespoir et la rage de révolte qui se renouvelaient lui dictaient cette réponse implacable : « Non ! plutôt la guerre à mort à cette Église qui m'a jeté dans l'opprobre et dans des souffrances sans fin ! »

Aussi longtemps que ce désespoir revint et régna, il renversa toute pensée de soumission. Plutôt que de plier devant la justice vengeresse, cette âme rebutée et exaspérée se serait laissé briser en éclats ou déchirer en lambeaux. Ce n'était que par la bonté et la confiance que le retour de l'enfant prodigue était possible.

Or, un jour qu'il était en proie à ses noires angoisses et plus indomptablement courroucé que jamais contre le sort effrayant qui l'attendait dans l'autre monde, la parabole admirable du Sauveur vint frapper d'une manière tout inattendue le regard de l'infortuné pendant qu'il errait sur la côte.

A la vue de cette compassion immense du Père qui s'élance ému au-devant de son fils égaré, la fureur angoissée de Francisque se calme, son cœur s'attendrit, et une larme voile son regard. En même temps, l'espoir d'un pardon possible perce jusqu'à ses entrailles et les fait tressaillir. La miséricorde de Dieu lui apparaît infinie; il lui semble même qu'elle s'adresse à lui. Bientôt elle le saisit si puissamment qu'il n'en peut douter davantage; elle le domine tout entier... Tout à coup, sous l'extrême accablement de sa misère et dans sa soif indicible de pardon et de confiance, Francisque s'écrie : « Oh! je le sens, il aura pitié de moi encore!... Oui, ô mon Dieu, vous me pardonnerez, et ce vœu que mon cœur a violé, vous daignerez me le rendre possible ailleurs qu'à Montretout! »

C'est dans ce moment de grâce pour lui, et sur la plage de l'Océan, que Francisque résolut de revenir comme un repentant, et qu'il choisit la Trappe comme asile pour sa grande douleur et comme théâtre de ses expiations.

Cette résolution et ce choix sont le fait de la libre et seule initiative de Francisque; il ne reçut d'autre influence que celle de sa conscience. En effet, mondainement parlant, il n'avait aucun motif de quitter sa situation.

Il avait trouvé chez M. Pierson une position assurée et convenable. Il pouvait vivre dans la société tranquille et honoré; il pouvait facilement y trouver un autre cœur et être heureux. Il ne le voulut pas.

Nous étonnerons-nous de cette détermination et de ce choix d'une retraite? Non, car, outre qu'ils prouvent la bonne foi du jeune prêtre, ils sont la conséquence de l'état d'âme où il se trouvait. Francisque ne pouvait alors prendre d'autre parti. En effet, un

homme qui pendant vingt-huit ans avait reçu naissance, formation, croissance et stature cléricale ne
pouvait en huit mois changer ses idées, ses convictions et sa vie. Venu moine dans le monde, il en sortait
à peu près de même quelques mois après. Pour être
transformé, il lui eût fallu de longues années de loisirs scientifiques, une éducation et une instruction
foncièrement refaites. Il ne le pouvait pas.

Alors, qu'était-il venu faire dans le monde? Nous
le saurons un jour peut-être.

Quoi qu'il en soit, sa résolution une fois prise,
Francisque en écrivit à son évêque en ces termes, le
cœur tout ému : « Mon père, j'ai péché contre Dieu et
contre vous. Daignez seulement me traiter comme un
serviteur; dites-moi seulement que je puis être pardonné! Dites, et j'irai plein de reconnaissance m'ensevelir dans le long repentir de la Trappe. »

Mgr Bellegarde répondit avec une émotion paternelle : « Mon enfant, vous êtes tout pardonné!...
Faites tout ce que votre cœur droit vous inspire. »

Après la réception de la lettre dont nous avons ex-
trait ici deux lignes, Francisque alla trouver ses hôtes
généreux et leur demanda avec déférence la liberté de
les quitter.

Quatre semaines après, il se présentait devant le
refuge des infortunes et des naufrages de l'âme.

CHAPITRE II

Francisque va donc devenir trappiste et, comme tel, appartenir à une des congrégations de cette grande institution monastique qui a joué et joue encore un rôle si capital dans l'Église et dans la société.

Nous ferons précéder l'entrée du prêtre repentant à la Trappe par un regard rapide jeté sur ce côté essentiel du catholicisme, la *Vie monastique*, et en particulier sur le caractère spécial que présente la *congrégation de la Trappe* dans l'ensemble du monachisme.

1º. — Ce dernier est sorti d'un pressant besoin de renoncer au monde et d'une impulsion intérieure de pratiquer la religion en dehors de la société. Il est loin d'être particulier au christianisme, car on le retrouve dans d'autres religions, telles que le bouddhisme, par exemple.

Dans le sein de l'Eglise chrétienne, le monachisme commença avec la vie anachorétique ou solitaire. Le christianisme ayant pris une extension toujours croissante, il fut impossible aux chrétiens de continuer leur vie à part et retirée ; celle-ci dut passer dans le monde et prendre la forme d'une vie sociale commune avec celle des autres citoyens.

Mais, dans l'idée générale d'alors, tout ce qui était de ce globe était synonyme de mondanité ou vice, et l'activité terrestre se confondait avec le péché (1).

Il en résulta que l'on regarda comme perfection chrétienne le renoncement aux biens terrestres et à la vie de famille. La pauvreté et la chasteté furent considérées comme les conditions fondamentales de tout christianisme parfait. Pour atteindre cet idéal ou éviter les dangers du monde, des âmes d'élite, inquiètes ou faibles, se retirèrent dans les déserts.

Le mouvement commença par la vie solitaire ou érémitique, à laquelle succéda peu à peu le régime cénobitique ou en communauté. Le premier solitaire fut Paul l'Ermite, de Thèbes (250 ap. J.-C.); la première réunion de moines fut fondée par Pachôme vers l'an 330, dans la Thébaïde d'Égypte.

Dès lors, le monachisme oriental grec prit une extension rapide.

La vie cénobitique, introduite en Occident par Athanase, y devint un des facteurs puissants du développement de l'Église. Au milieu des peuples nouvellement convertis et qui commençaient à peine à être pénétrés par le christianisme, les moines, ces continuateurs de la communauté de vie intérieure et de renoncement dont avaient vécu les premiers disciples, devaient exercer sur tous les esprits sérieux et les âmes enthousiastes une force d'attraction irrésistible. Les couvents formèrent les vraies communautés chrétiennes sur la terre, les postes de missions parmi les païens, les forteresses pour la défense du catholicisme en danger, et réunirent souvent sous leur ac-

______

(1) Voilà la grande erreur fondamentale qui sépare irrémédiablement le catholicisme de la société moderne.

tion la direction de l'Église jusqu'à ce que celle de Rome eût pris la haute main.

Les moines, tous laïques dans l'origine, s'approchèrent insensiblement des rangs du clergé, jusqu'à ce qu'enfin, au xe siècle, ils reçurent pour la plupart l'ordre de la prêtrise. Plus tard, ils finirent par chasser le clergé de son propre terrain au milieu des populations, comme on peut le voir par les missions des capucins, des jésuites et des rédemptoristes. L'action et l'influence des prêtres séculiers se retira à l'ombre de l'arrière-plan. Du reste, les papes furent en tout temps généralement inclinés à favoriser et à augmenter les droits et les privilèges des religieux, parce que c'est par eux surtout que s'étendit et s'affermit l'unité de l'Église et la suprématie de Rome.

Les ordres mendiants des franciscains et des dominicains vinrent donner au monachisme une direction et une forme nouvelles. Ces ordres, pour opposer un remède préventif à la corruption provenue de la richesse des couvents, admirent comme principe fondamental de leurs constitutions la pauvreté apostolique de l'ordre. De plus, le monachisme avait eu jusque-là pour but la perfection et le mérite personnel; ce que le monde a tiré de profit de l'ordre des bénédictins en particulier, pour la colonisation et le défrichement du sol, pour l'instruction et la science, est un bienfait beaucoup plus accidentel que prévu, comme l'on peut s'en convaincre par la teneur des constitutions et. l'histoire générale de l'ordre. Désormais, au contraire, avec l'arrivée des ordres mendiants, la situation change complètement. Saint François d'Assise (1226) enthousiasme ses religieux pour la prédication, la cure d'âmes, le soin des malades et l'activité évangélique parmi les populations. Saint Dominique (1221) suit la même voie.

Mais, en même temps, le zèle étroit avec lequel les moines, et surtout les dominicains, entravèrent et enchaînèrent les recherches scientifiques amena un conflit permanent avec l'esprit progressif, puis libre, de l'Europe, qui aboutit à une scission toujours plus profonde. Ensuite les relâchements et la corruption envahirent les cloîtres. Le mépris et la risée dont furent couverts, au xve et au xvie siècle, les ordres, dégénérés au spirituel comme au moral, retombèrent essentiellement sur l'Église.

Enfin, devant l'antagonisme de la Réforme et de la Renaissance, comme les ordres mendiants ne suivaient point le mouvement scientifique, ils perdirent la prédication et la cure d'âmes; la piété purement ascétique cessa d'avoir son auréole; il fallait la science, l'érudition ou le beau classique et littéraire.

Au milieu de ces circonstances arriva la fondation de la compagnie de Jésus. Devant elle, tous les autres ordres perdirent toujours davantage de leur valeur primitive. L'ordre des jésuites, au contraire, concentra en lui toute l'importance du monachisme en se donnant comme l'incarnation de l'esprit de l'Église. En même temps, il s'emparait au dehors d'une activité efficace pour la défense et l'extension de la tendance hiérarchique.

Depuis la Réforme, les fondations monastiques prirent une direction pratique et d'utilité publique; dès lors, l'acétisme et la discipline furent chez elles subordonnés à un but extérieur déterminé, tel que l'enseignement des peuples chez les ignorantins et les oratoriens, le soin des malades chez les frères et les sœurs de la Miséricorde; il en fut de même pour les autres congrégations qui se sont fondées jusqu'à nos jours.

Grâce à cette utilité et aux services que les couvents

cherchent à rendre aux citoyens, un esprit de réaction s'opéra en leur faveur et fit rétablir même des ordres supprimés ou expulsés.

Mais qu'on ne s'y méprenne point, le but le plus prochain, l'exercice de la charité envers les hommes, est chez tous subordonné au service de l'ultramontanisme. L'âme de ces congrégations, c'est le maintien de sa domination. La victoire contre la vie libre de l'esprit des peuples est le terme vers lequel est dirigé l'enthousiasme monastique. C'est cette victoire qui est recherchée avec une énergie et une persévérance égales par les missions populaires, par le soin des malades et des pauvres, et par l'instruction de la jeunesse.

C'est pour cela que, parmi les populations mixtes, nous voyons, dans ces derniers temps, les fondations monastiques s'accroître en nombre considérable là où l'État en permet l'établissement. Elles y sont les troupes agressives et les forteresses de défense du catholicisme contre les principes et les tendances des générations nouvelles.

Dans cet ensemble et cette histoire du monachisme, quelle place occupe la congrégation de la Trappe ?

2°. — Les trappistes sortent de la grande souche des bénédictins.

Un prieur de cet ordre, Robert du Montier-la-Celle, vint, en 1098, avec trente ermites sortis de la forêt de Molesme, fonder un couvent d'après les règles de l'étroite observance des bénédictins, dans un endroit des environs de Châlons appelé *Cîteaux*. Ce nom passa au nouvel ordre.

Une filiale de Cîteaux fut créée, en 1140 (1122?), par le comte Natron du Perche, dans une vallée marécageuse et malsaine, dans laquelle on entrait par un passage étroit et d'où l'on ne pouvait presque plus se

dégager après qu'on s'y était laissé tomber, comme
dans un piège où une *trappe*.

De là le nom de *Trappe* donné à l'endroit et à la
nouvelle maison monastique qui s'y établit.

C'est de cette filiale cistercienne, nommée *Notre-
Dame de la Maison-Dieu de la Trappe,* que sortit la
congrégation des trappistes.

Les moines de ce monastère se distinguèrent jusqu'au xve siècle par l'austérité de leur ascétisme ;
mais, s'étant abandonnés insensiblement au relàche-
ment, puis livrés à la corruption et au brigandage,
ils finirent par recevoir le surnom de *bandits de la
Trappe.* Au commencement du xviie siècle, l'abbaye
se trouvait près de sa ruine.

Son salut et sa réforme lui vinrent d'un abbé com-
mendataire, Dominique-Armand-Jean Le Bouthillier
de Rancé. Fils de Denis Le Bouthillier de Rancé, baron
de Veret, conseiller d'État et secrétaire de Marie de
Médicis, il cumula dès son bas âge de riches bénéfices
ecclésiastiques. Né le 9 janvier 1626 à Paris, il se vit,
à l'âge de onze ans et avant d'avoir rendu aucun service, bénéficier de la Trappe, chanoine à Paris, abbé
du couvent des Augustins du Val, prieur des bénédictins de Saint-Symphorien, à Beauvais, Boulogne et
Saint-Clément. Ces prébendes lui rapportaient une
rente annuelle d'environ 20,000 livres.

Exceptionnellement doué par la nature, il publiait,
à l'âge de douze ans, une édition du poète grec Ana-
créon, avec traduction et commentaire. C'était chose
merveilleuse de la part d'un adolescent.

Tout en menant une vie mondaine et se livrant avec
passion à la chasse, il étudiait la philosophie et la théologie. Consacré prêtre en 1651, créé docteur en théologie en 1654, il refusait ensuite l'évêché de Léon, dans
l'espoir de succéder à son oncle, archevêque de Tours.

C'est alors que, frappé par la mort d'un de ses cousins, compagnon de ses plaisirs, la conversion vint le saisir au milieu de sa vie frivole et lui inspirer le désir d'une expiation sans égale. Il avait environ trente-quatre ans.

Se démettant (1660) de tous ses bénéfices, sauf du plus pauvre, celui de la Trappe, il distribue sa fortune en œuvres de bienfaisance, fait rebâtir la Trappe, et, malgré la résistance de ses moines, qui veulent le tuer, il introduit (1662) parmi eux des bénédictins d'étroite observance. Lui-même fait son noviciat (1664) au monastère de Perseigne, prononce les vœux de profès et se fait en même temps consacrer abbé régulier de la Trappe (1665).

Il y établit immédiatement cette règle excessivement rigoureuse qui a fait la bonne et la mauvaise renommée des trappistes.

Le 12 octobre 1700, de Rancé rendit le dernier soupir.

Sa règle prit peu d'extension après lui; elle paraissait trop sévère.

La Révolution française chassa les trappistes du sol français. Le maître des novices, Augustin de Lestrange, se mit à la tête de leur émigration en 1791. Après une série de vicissitudes de toute nature qui les dispersa successivement en Suisse, en Espagne, en Pologne, en Allemagne, en Russie, en Italie et jusqu'en Amérique, ils revinrent en grande partie en France au commencement de la Restauration; les autres restèrent dans les établissements qu'ils avaient fondés à l'étranger.

Augustin de Lestrange, qui avait été le guide et l'âme de ses frères durant les pérégrinations d'un exil de vingt-cinq ans, retourna à l'ancienne maison mère de la Trappe, après l'avoir rachetée des mains des détenteurs auxquels l'avait vendue le gouvernement révolutionnaire.

Son successeur, comme procureur général de l'ordre, fut Ferdinand, baron de Géramb, connu en religion sous les noms de Marie-Joseph.

Ce nouveau général venait jeter sur l'ordre l'éclat de son nom et de sa vie.

Né en Hongrie, d'une famille noble (1772), il avait été élevé à Vienne. Son patriotisme enthousiaste l'amena à soulever contre Napoléon Ier la jeunesse de son pays. Après avoir lancé des proclamations indignées, il forma, en 1806, un corps de volontaires, avec lequel il alla combattre le conquérant jusqu'en Espagne. Plus tard, nous le retrouvons à Londres, y recueillant, avec l'appui du gouvernement anglais, des subsides pour le même but patriotique.

Arrêté pour dettes personnelles dans cette capitale, il ne se rendit aux gens de justice qu'après s'être défendu seul contre eux, durant douze jours, dans la maison d'un ami, où il s'était barricadé. Expulsé de force du sol anglais, il vint aborder à Husum, port danois, où il fut arrêté par ordre de Napoléon.

Incarcéré à Vincennes, il ne fut libéré qu'après l'entrée des alliés dans la capitale de la France. La solitude de sa prison et ses conversations prolongées avec l'un de ses compagnons de captivité, Mgr l'évêque de Troyes, le conduisirent vers la voie nouvelle et extraordinaire que devait embrasser cette âme ardente, aventureuse et puissante.

Rendu à la liberté, il se présenta, en 1816, chez les trappistes de Lyon et y fit un noviciat de quinze mois. De là, il alla prononcer ses vœux de profès au Port-du-Salut, autre couvent de l'ordre, près de Laval.

Son zèle surprenant lui attira la considération de tous et lui valut son élection comme procureur général.

C'est durant son administration que, à deux reprises différentes (1828 et 1830), les gouvernements de Charles X et de Louis-Philippe lancèrent les ordonnances qui supprimaient ces religieux ; mais cette double tempête ne fit que passer sur leurs établissements, sans les ébranler.

Rome, d'ailleurs, leur ménageait la consolation la plus enviable, celle d'assurer leur existence officielle au sein de la catholicité. En effet, un décret papal de 1834 les reconnaissait légalement et qualifiait leur association de *Congrégation des religieux cisterciens de Notre-Dame-de-la-Trappe.*

Ce décret, qui consolidait l'avenir, avait en même temps pour vertu de multiplier leurs maisons en France, en Allemagne, en Belgique, à Alger, à Rome et en Amérique.

Les religieux qui les habitent se divisent en trois classes : les *profès*, les frères *lais* (laïques) et les frères *donnés*. Ces derniers ne séjournent que temporairement dans les monastères et seulement pour y accomplir une pénitence ordonnée par leurs guides spirituels ou leurs supérieurs ecclésiastiques.

L'habit actuel de l'ordre est une tunique blanche en laine ; par-dessus cette tunique, le trappiste porte un froc ou capuce noir, de même étoffe, qui couvre la tête et les épaules pour se rétrécir, sur la poitrine et le dos, en deux bandes larges qui s'arrêtent l'une au-dessous du jarret, l'autre au-dessous du genou ; une ceinture de cuir le serre contre les reins du religieux. Au côté gauche sont suspendus un chapelet et un couteau, instruments et symboles de la prière et du travail.

Au chœur, ce vêtement est recouvert d'un grand et large burnous blanc, fermé sur le devant, avec capuce et vastes manches ; on le nomme habit de chœur.

Les frères lais portent le même costume, mais en couleur brune.

De nos jours, la congrégation de la Trappe comprend deux sortes de maisons, celles qui suivent la réforme de Rancé et celles qui ont adopté les nouvelles sévérités qu'y ont ajoutées les âges suivants, et en particulier dom Augustin de Lestrange.

Les différences essentielles qui distinguent ces deux classes de maisons se résument dans la *nourriture* et le *travail*. A la grande Trappe ou maison mère de Mortagne (Orne), et dans les autres fondations de stricte observance, les travaux corporels sont plus rudes et plus longs. En outre, pendant le grand jeûne, qui dure environ huit mois, de septembre à Pâques, on ne mange qu'une seule fois toutes les vingt-quatre heures, vers la tombée du jour. Durant ce temps, il n'y a d'autres aliments que des racines, des légumes et des fruits. Le lait ne paraît sur la table que durant le temps pascal. Les œufs, l'huile et la viande ne s'y voient jamais. Les autres maisons font une collation le soir. Sauf ces différences, qui ne sont que des accessoires dans l'ensemble de la vie de l'ordre, ces deux classes de monastères obéissent aux mêmes règles, sont pénétrées du même esprit, suivent les mêmes exercices et relèvent d'un seul et même vicaire général.

Sa résidence est à la grande Trappe.

C'est vers elle que se dirigeait Francisque vers la fin de mars 1856.

3°. — Lorsqu'il y arriva, il était accompagné d'une âme fidèle et délicate, dont il avait accepté le rendez-vous à Paris, sur son passage pour la Trappe. Ce compagnon était l'abbé Modestus, un des jeunes directeurs de Sion, qui avait conservé à Francisque un intérêt

exceptionnel. Ayant appris par Mgr Bellegarde la résolution généreuse du pénitent, il avait immédiatement
écrit à ce dernier chez M. Pierson : « Pauvre et cher
ami !... quelle n'est pas l'allégresse indicible de nos
cœurs !... Vous étiez perdu, et nous vous avons retrouvé !... Ah ! pour vous ramener, j'aurais donné jusqu'à mon sang, et ce sang, je serai toujours prêt à le
verser pour vous !

» Maintenant, laissez-moi me mettre entièrement à
votre disposition. Puis-je vous rendre quelque service
d'argent ou autre ? Vous serait-il agréable que je vous
accompagnasse à la grande Trappe, pour vous présenter moi-même à vos nouveaux supérieurs ? Puis-je
vous rencontrer à Paris, pour de là faire route avec
vous, cher ami ? »

Sur la réponse reconnaissante et affirmative de
Francisque, on s'était retrouvé dans la capitale. La
rencontre y avait été des plus touchantes. Le jeune
directeur y revit Francisque avec une vive joie mêlée
d'une passagère émotion d'étonnement. En effet, l'extérieur de ce dernier était autre ; il portait un habit
séculier soigné et avait laissé croître une barbe qui
lui seyait bien. Son apparition présentait un ensemble à la fois sérieux et fort convenable ; c'est du
moins l'impression qu'en éprouva son bienveillant ami,
ainsi que le révérend père trappiste qui devait les
recevoir et qui, dès le lendemain de leur arrivée à
la Trappe, ne put s'empêcher de dire à l'abbé Modestus :

— « Mais votre jeune prêtre n'a nullement l'air d'un
pécheur ; il respire, au contraire, une certaine distinction. »

Quoi qu'il en soit, nos deux voyageurs, partis de
Paris un matin, à la fin de mars, arrivaient à Mortagne vers deux heures de l'après-midi ; de là, une voi-

ture particulière les conduisit à la grande Trappe,
distante d'environ 16 kilomètres.

Après une heure de course sur la grande route qui
de Mortagne conduit à Laigle, ils entrèrent dans la
grande forêt de la Trappe, où ils se trouvaient depuis
une demi-heure, lorsqu'ils la quittèrent subitement
pour suivre un chemin sur la gauche, lequel s'enfonce
vers l'ouest, par une pente assez rapide, à travers
l'épaisse forêt.

Les voyageurs semblaient être entrés dans un défilé
très resserré et taillé de main d'homme dans un site
des plus sauvages ; de chaque côté, le sol tranché
forme un talus que surmontent en gradins les arbres
ou les buissons chevelus d'un noir fourré ; au bas de
la descente, le défilé s'évase et montre à droite et à
gauche de grands étangs, au nombre de cinq à sept,
qui partent du sud pour se suivre en file vers le nord ;
un pont étroit, jeté entre deux de ces petits lacs ma-
récageux, ouvre passage et entrée dans les propriétés
étendues du monastère. Ce terrain est une clairière
d'une heure de circonférence au milieu des forêts et
partagée en jardins et vergers, prairies et champs
destinés à la grande culture.

Les étrangers tournèrent alors sur leur droite vers
le nord. Après avoir laissé sur leur gauche, à dix minutes de distance, les bâtiments groupés d'une colonie
pénitentiaire confiée par le gouvernement aux trappistes, ils arrivèrent à un vaste enclos. Dans sa muraille se trouvent une porte cochère, une porte plus
petite et une fenêtre percée dans le flanc d'une mai-
sonnette qui annonce la loge d'un concierge ; c'est, en
effet, celle du frère portier du couvent, et cet enclos
renferme la grande Trappe.

« Nous sonnons alors, raconte Francisque ; un frère,
vêtu de bure brune, au capuce rabattu sur le dos, à

la tête rasée, nous reçoit avec une gravité obligeante.

» Je n'avais jamais vu de trappiste ; aussi cette apparition produisit-elle sur moi une impression mystérieuse.

» Le frère nous conduisit dans la salle de réception de l'hôtellerie destinée aux étrangers ; il nous pria de nous y reposer pendant qu'il allait prévenir le père hôtelier. Celui-ci est le religieux chargé de faire les honneurs de l'hospitalité. Après vingt minutes d'attente, nous le vîmes entrer dans la salle sous le nom de R. P. Athanase. Il était habillé de blanc ; une couronne de cheveux entourait sa tête ; sa voix, sa physionomie, tout son extérieur nous offrit un aspect aussi agréable que surprenant. C'était le contraire de mes prévisions. Il paraissait âgé de trente à trente-cinq ans. Sous sa pâleur et son air d'austérité, il laissait entrevoir une nature prévenante et spirituelle. J'appris bientôt qu'il était né au Canada. Issu d'une famille originairement française, il y avait embrassé l'état ecclésiastique ; mais ses talents, sa beauté, un caractère charmant et digne ayant fait de lui un orateur et un homme du monde courtisé et à la mode, il se vit bientôt entouré de séductions ; pour y échapper et sauver son âme, il avait quitté son sol natal et était venu en France demander à la grande Trappe un asile pour sa vertu.

» Tel était le moine qui nous reçut. Après s'être informé de notre but, il nous pria de l'accompagner. Nous le suivîmes donc, et nous traversâmes avec lui la cour autour de laquelle sont rangés les bâtiments de l'hôtellerie, puis une grille haute et large.

» Nous étions dès lors dans une deuxième enceinte plus intérieure et plus centrale ; elle enclôt le monastère et l'isole du reste des constructions. Aucune femme n'y pénètre ; les hommes eux-mêmes n'y sont introduits que par exception et en passant ; tous, cependant, doivent y apparaître dès leur venue, dans un vestibule réservé à la salutation d'arrivée, ainsi que dans une tribune élevée pour eux dans l'église.

» Lorsque nous entrâmes dans le vestibule, nous y trouvâmes deux religieux qui nous attendaient. Silencieux, ils se prosternèrent devant nous, le corps et la face contre terre. Immobiles à nos pieds, ils révéraient en nous la personne du Christ. Après être restés deux ou trois minutes dans cette posture humiliée, ils firent un mouvement, nous baisèrent les pieds et se relevèrent ; puis, guidés par le P. Athanase, ils nous conduisirent à la tribune de l'église. Tous les cinq nous adorâmes Dieu.

» Un moment après, le père hôtelier nous ayant fait signe, nous repartîmes avec lui, laissant les deux religieux aller rejoindre leurs frères. Pas un seul mot n'avait été prononcé durant cette cérémonie d'usage. »

Le R. P. Athanase ramena les deux étrangers à l'hôtellerie, chacun dans la chambre qui lui avait été préparée. Une demi-heure après, on vint les chercher pour aller à la salle à manger. Un poisson, des œufs, un légume et du bon pain bis, seuls aliments qu'il était permis d'offrir, leur furent présentés. Pendant le repas, le révérend père hôtelier leur fit une lecture édifiante.

Cependant la nuit étant survenue, le P. Athanase prit congé de ses hôtes jusqu'au lendemain. Francisque s'étant mis sur sa couche resta longtemps sans fermer les yeux.

Depuis le jour où sur la plage de l'Océan la miséricorde divine s'était révélée à lui si intimement, le désir d'une repentance exemplaire l'avait subjugué. La révolte désespérée de son cœur au Rossignol, les perturbations intérieures de Montretout et les dix mois qu'il avait passés loin de son évêque lui parurent des crimes pour lesquels il ne pouvait y avoir d'expiation trop grande. D'ailleurs, la bonté de Dieu à son égard lui rendait sa douleur plus profonde; à cette pensée, une soif insatiable de châtiment s'emparait de son être tout entier.

Son arrivée à la Trappe ne fit qu'augmenter ces sentiments. Cette solitude, les premières apparitions de ces hommes extraordinaires, leur silence, la paix qu'il croyait voir sortir de leurs personnes comme récompense de leurs rigueurs, élevaient sa résolution au plus haut degré d'intensité. Durant les nuits, l'âme ardente et idéale de Francisque évoquait devant elle, en l'agrandissant, la stature de ces saints pénitents qui avaient arrosé de leurs sueurs abondantes cette terre qui allait devenir son refuge; son sol lui semblait tout imprégné de leurs larmes, son atmosphère remplie de leurs soupirs et des émanations purifiantes de leur vie de douleurs. Cette vie de souffrances expiatrices lui apparaissait sublime au milieu de ses angoisses.

Et cette image transfigurée du trappiste et de son existence n'était point un fantôme fugitif de l'imagination de Francisque; elle était une réalité vive et brûlante pour son âme. Pressentie et conçue par son esprit le jour de son retour vers le Père qu'il croyait avoir abandonné, elle avait atteint sa plénitude à son entrée à la Trappe. Elle faisait dès lors partie de ses propres entrailles et appartenait à son cœur, à son intelligence et à sa volonté. Dès lors aussi, il avait résolu de l'incarner dans son activité.

En même temps, Francisque avait retrouvé sa foi en l'avenir et à la réalisation de la perfection catholique. Les leçons du passé, le travail infructueux de Montretout, son passage à travers le monde et au milieu du

libre examen, les faiblesses et les chutes des frères
d'armes qu'il avait constatées, semblaient n'avoir
ébranlé ni sa conviction ni son enthousiasme ; elles
n'avaient fait qu'y ajouter la circonspection, l'humilité
et un nouvel élan.

Ce fut dans ces pensées et ces espérances qu'il vécut
durant les huit jours de la retraite qu'il fit à l'hôtellerie
avant d'entrer au noviciat ; ce fut sous leur influence
qu'il vit, entendit et jugea toute chose ; rien ne frappa
son regard ou son oreille qui ne lui parut souverainement désirable et possible dans ces merveilleux pénitents de la Trappe. Il n'y eut pas même jusqu'aux
incidents les plus ordinaires qui ne le confirmassent
dans cette admiration et cette résolution.

Durant cette semaine de première probation, le
règlement impose non seulement au postulant la méditation et la prière, dans lesquelles il s'éprouve et se
révèle à son directeur, mais on demande encore de
lui la lecture de la règle de Saint-Benoît et des modifications que lui a apportée la congrégation de la Trappe,
et on admet l'aspirant à la visite des offices, du travail
et des exercices des religieux. Ce n'est qu'ainsi qu'il
acquiert la connaissance suffisante de l'ordre où il
veut entrer. Cette connaissance est d'autant plus nécessaire qu'il s'agit ici d'une existence exceptionnellement surprenante. Il fallait constater que Francisque
n'en serait ni scandalisé ni effrayé.

Mais rien ne pouvait jeter le trouble ou la peur
dans ce jeune prêtre qui aspirait à l'extraordinaire
de l'expiation. Toutefois, un vif étonnement le surprit
sans l'ébranler à la lecture de deux passages de la
règle. Dans le premier, il était dit que la vie du moine
se partage entre la prière et le travail des mains ; la
science y restait totalement étrangère. Comme dans
son étonnement et son doute, Francisque citait au

P. Athanase l'exemple et la science des bénédictins de Saint-Maur : « C'est vrai, repartit le père, mais ils font une exception. »

Le second passage était celui où il était écrit que pendant les huit mois du grand jeûne les religieux ne mangent qu'une seule fois par jour, vers le coucher du soleil.

Cette faim continuelle du corps, cette disette incessante pour l'intelligence ne l'arrêtèrent pourtant qu'un instant : « Je suis venu, dit-il, pour le sacrifice de l'esprit et la mortification de la chair; eh bien, les voici ! »

Le P. Athanase vint un jour prendre l'abbé Modestus et Francisque, afin de leur faire voir les religieux au travail. Cette fois, ils se trouvaient dans un verger. Alignés, l'un à côté de l'autre, ils bêchaient en silence, sans qu'aucun d'eux fît attention aux étrangers.

Dans un jardin potager situé en face de la salle à manger de l'hôtellerie, l'aspirant avait remarqué un frère lai qui venait régulièrement en retourner la terre. C'était un petit vieillard cassé par les ans, constamment penché sur la glèbe et paraissant ne se reposer jamais. Il n'avait que sa tunique de bure et son froc sur lui. En sabots bruns, bas bruns, habit brun, on l'eût pris de loin, lorsqu'il était courbé, pour une grosse motte de terre arrachée au sol qu'il remuait sans trêve ni repos.

Sa patience persévérante et son air de résignation humiliée finirent par lui conquérir toute la sympathie de Francisque, qui, au bout de quatre ou cinq jours, ne put résister à l'impulsion intérieure qu'il éprouvait de faire sa connaissance. S'approchant donc de lui avec respect : « Bonjour, mon frère, lui dit-il avec un ton d'affectueuse révérence. » Le petit vieillard se redressa lentement et salua très poliment. Se courbant alors de nouveau, il continua son travail sans avoir prononcé une parole. Francisque, qui ne savait pas encore toute la rigueur de la loi du silence et qui voulait décidément lier conversation avec lui, ajouta : « Seriez-vous le frère jardinier ? » Mais le moine resta muet et continua à bêcher tranquillement. Francisque, supposant qu'il n'avait peut-être pas été entendu, répéta plus fort la même quetion : « Seriez-vous le frère jardinier ? » Mais le silence du jardinier resta le même. Un peu morfondu de s'être mépris et d'avoir sans doute blessé le frère, Francisque en parla au père Athanase qui en rit de bon cœur, rassura son hôte et lui dit : « Ces petites surprises arrivent journellement. Quant à ce frère auquel vous vous êtes adressé et que vous désirez connaître, il est chez nous depuis près de cinquante ans et touche à sa soixante-seizième année. Le fond de son caractère est la simplicité elle-même ; et ce travail aussi bien que ce silence que vous avez remarqués chez lui sont devenus à ce point une seconde nature qu'il semble ne savoir plus ni se reposer ni parler. »

Ce silence produisait un effet surprenant sur Francisque. « Mais ces hommes, se disait-il, n'ont donc plus de relations qu'avec le ciel ?... C'est vraiment admirable !... » Et il ajoutait : « C'est dans ce silence que je veux aussi ensevelir la douleur de mon cœur et exprimer à Dieu seul le repentir de ma vie entière. »

Une nuit, vers deux heures, le R. P. Athanase vint frapper à la porte de Francisque. « Nos pères sont déjà au chœur, lui dit-il, et je viens vous chercher pour assister à leur office du matin. » Un quart d'heure après, le postulant suivait le père à la tribune de l'église. Cette tribune dominait la nef et le chœur. Dans l'enceinte sacrée, une faible lumière s'agitait, comme une petite étoile tremblante, au centre de la lampe du sanctuaire. Elle suffisait à peine pour projeter une vacillante lueur sur les objets du temple et les faire distinguer de leurs ombres tremblantes.

Toutefois, de ces ombres se détachaient visibles, cinquante belles statues humaines, blanches comme l'albâtre, rangées des deux côtés du chœur, chacune dans sa stalle, comme autant de figures de saints sur leurs piédestaux.

L'aspect de ces fantômes ou plutôt de ces morts à la vie terrestre, debout et immobiles, saisit l'âme de Francisque; son impression augmenta encore lorsque bientôt après, au milieu du silence prolongé et des ténèbres, il entendit subitement sortir des bouches et comme des poitrines de ces statues, jusque-là muettes, une psalmodie grave, alternée en chœur.

L'hymne et la prière durèrent jusque vers quatre heures et demie.

Cette hymne et cette prière étaient pour lui le concert et le sacrifice saints que l'élite de l'humanité offrait, durant la veille rude et courageuse, au Dieu à qui le reste des hommes ne présentait que l'oubli ou l'offense.

Rien ne lui apparut aussi beau et aussi touchant que cette offrande nocturne.

Les huit jours de retraite étant accomplis et Francisque ayant persisté dans sa volonté première, l'abbé Modestus dut prendre congé de lui.

Les deux amis s'embrassèrent pour la dernière fois.

Ils ne devaient plus jamais se revoir !

Un nuage de tristesse passa sur le cœur et sur le front de Francisque... Cependant, le père hôtelier conduisit son pupille au révérend père abbé qui revenait précisément de l'inspection des maisons de l'ordre. Après le lui avoir présenté, il le pria de vouloir bien l'admettre parmi les religieux en qualité de postulant.

Le révérend père abbé, en religion père Bruno, était un géant de plus de six pieds de taille, au tein bronzé, d'un caractère énergique et d'un tempérament nerveux, bon et rigide, juste, quoique irritable. La grâce avait chez lui dompté une nature de titan. Étant vicaire général de Mgr l'évêque de T., il avait un jour entendu sa conscience lui intimer l'ordre d'embrasser les austérités de la Trappe, afin de pouvoir régner sur sa vie physique exubérante, rebelle peut-être.

Arrivé à la Trappe, il avait déployé contre lui-même l'intrépidité d'un athlète. Dix ans après sa venue, le révérend père abbé étant mort, le père Bruno avait été élu général, presque à l'unanimité des suffrages. L'élévation ne l'avait point enorgueilli. Modèle de tous, il était le premier et le plus généreux au travail, à la prière et à l'assaut des rigueurs; maître absolu par le pouvoir il se faisait le dernier par l'humilité, et on le voyait chaque matin faire son lit, laver la vaisselle, vider l'égout, et s'imposer des humiliations pénibles devant les plus petits de ses frères. Ses seuls défauts étaient d'être parfois cassant, impressionnable, opiniâtre et brusque.

Le révérend père abbé, après avoir écouté avec attention, puis avec intérêt le compte rendu que le père Athanase lui fit au sujet du nouveau venu, s'adressa à Francisque d'un ton affectueux : « Mon frère, vous vous êtes présenté chez nous si librement et sous des auspices si favorables que je n'hésite pas un instant à vous admettre parmi nos frères. Dieu veuille confirmer vos résolutions ! »

Ce disant, il le fit confier au maître des novices, le père Rémiguis.

L'œuvre du R. P. Athanase était achevée.

CHAPITRE III

VIE DES TRAPPISTES

Le maître des novices conduisit Francisque dans la salle du noviciat pour lui donner ses premières instructions.

Cette salle avait deux bancs, une chaise et une petite table en bois de sapin. Les deux bancs étaient pour les novices ; le père Rémigius siégeait sur la chaise devant la table.

C'était un petit corps maigre et osseux ; au premier abord, il vous frappait par son immobilité muette et par son impassibilité extérieure ; on eût dit une statue inerte, aux yeux baissés. Dès que le devoir le tirait de cette immobilité pour le faire parler à ses novices, ses lèvres et une partie de son visage prenaient quelque chose de disgracieux, sa voix rauque s'échappait en paroles brèves, uniformes et sans intonation.

Dans sa personne et dans ses conférences journalières aux nouveaux disciples, il était inutile de chercher l'imagination et les images, ou le lyrisme et les émotions du sentiment, la passion éloquente ou la raison majestueuse, ces dons ou ces qualités qui persuadent ou subjuguent ; non, car il n'y avait en lui que la volonté et l'action. Non pas la volonté personnelle, l'action spontanée ; mais la volonté soumise et l'action commandée, celles d'une obéissance simple, raide, nue. En toute chose il obéissait aveuglément, tout de suite et, d'un trait, semblait atteindre le but par le chemin le plus droit. On eût dit une énergie machinale plutôt qu'une âme sensible.

Ce moine était, en effet, mort comme homme. Sous sa poitrine ne se mouvait plus de personnalité ; on l'avait supprimée pour y substituer la règle. A son commandement, toute l'activité intérieure et extérieure du père trappiste s'était transformée, puis résumée en une habitude exécutoire qui fonctionnait avec une régularité mécanique autant que consciente.

Tel était le maître des novices de Francisque.

Son premier entretien fut court et pratique. Je puis le rapporter en une page. « Vous voulez être trappiste, mon frère. Or, toute notre vie s'appelle : prière et travail sans relâche. Ici, la volonté de Dieu existe et règne seule. C'est elle qui commande dans chaque prescription de la règle, comme c'est elle qui fait frémir ou laisse s'agiter la simple feuille de l'arbre ; c'est elle qui vous donnera chaque jour, par la main du père prieur ou par la mienne, l'instrument de votre travail champêtre, aussi bien que c'est elle qui ordonne à Jésus-Christ, son fils, de résider dans l'hostie de l'autel.

» Voilà notre vie... Son *âme* est la volonté soumise et prosternée du trappiste ; son *instrument* exécuteur, le corps. Or, comme cette existence n'est pas molle, il faut que son instrument conserve sa vigueur. C'est pourquoi je vous recommande comme une chose capitale de vous efforcer de manger fortement. J'insiste d'autant plus sur cet ordre, que, sans la quantité, qui doit suppléer à la qualité et au nombre des repas, je ne vous donne pas quinze jours à rester ici. »

Ce ayant dit, le P. Rémigius remit à Francisque quatre volumes ; d'abord, « la Règle de Saint-Benoît, » avec ces mots : « Voici le code de la vie ! »

» En voici un des commentaires, poursuivit-il en lui donnant le traité *De la sainteté et des devoirs de la vie monastique*, par de Rancé.

» Quant au troisième volume, continua-t-il en lui présentant les *Instructions du noviciat*, par dom Augustin, il sera le guide qui vous introduira dans chacune de nos habitudes.

» Enfin, ajouta-t-il, voici un dernier petit livre : c'est notre *Manuel de langage par signes*. Le trappiste, comme vous le savez, n'a plus la parole. Toutefois, il faut, en cas de nécessité, qu'il se fasse comprendre à ses frères sans rompre le silence. Il y arrive au moyen de signes ; ce vocabulaire vous en donne l'intelligence et la pratique.

» J'ai fini. Maintenant je vais vous conduire à la salle commune des lectures ; dans deux heures je vous reprendrai ; d'ici là faites connaissance avec vos livres surtout avec le dernier. » Ayant mené Francisque au lieu indiqué, il le laissa avec ces mots : « Courage et confiance ! mon frère. Courage ! car la tâche est lourde, bien lourde parfois ; confiance ! car Dieu est avec le cœur vaillant. »

Deux heures après, les offices du soir étant achevés, le P. Rémigius vint reprendre le novice qu'il fit monter avec lui dans un grand dortoir où se trouvaient deux rangées de cellules semblables à celles de Béthanie, mais plus étroites et plus pauvres encore. Elles n'avaient, en effet, point de place pour une table, et leurs objets de luxe étaient la toile grossière qui en fermait l'entrée et un clou où se suspendaient l'habit de chœur et la discipline dont on se flagellait chaque vendredi. L'ameublement se composait d'une couche plus que modeste.

— « Voilà votre cellule, mon frère, dit le père. Confiance ! et bonne nuit !

— » Merci, mon père, répondit Francisque avec respect. »

Celui-ci se retira dans l'alcôve, puis se jeta sur le grabat sans même l'examiner, tant il était enfermé dans sa propre pensée. Toutefois, il sentit sa couche assez dure pour ne pouvoir trouver le repos. Disons qu'elle consistait en une paillasse piquée, ferme comme le bois et plus incommode pour le corps que la planche de sapin qui la portait. Un traversin de paille grossière était sous sa tête et une seule couverture de laine servait à recouvrir son vêtement, avec lequel il coucha.

En effet, le trappiste ne quitte ses habits ni jour ni nuit; il ne dépouille que la robe de chœur.

Les six heures d'insomnie que subit le novice passèrent cependant assez rapidement. Pendant leur cours, Francisque embrassa d'un long regard la durée de l'existence nouvelle qu'il allait parcourir.

Elle lui sembla alors, chose étrange, sans fin et comme éternelle! et quelque ardent que fût le zèle du commençant pour une vie d'expiation, elle pesa pourtant sur son âme et calma un peu son enthousiasme.

Son poids lui paraissait démesurément au-dessus de ses forces. Mais le postulant triompha de la tentation en appelant à son aide un subterfuge innocent et pratique. Comme son imagination se dressait ombrageuse et que son cœur battait anxieux devant la tâche qui lui apparaissait immense, il leur dit : « Accordez-moi une seule heure d'essai; celle-ci écoulée, nous jugerons ensemble si je dois ou non continuer cette vie. » Cette transaction de la raison calma les deux facultés craintives que troublaient les fantômes de la nuit.

Cependant, deux heures du matin étant survenues, la grande cloche de l'église sonna le réveil.

Francisque sauta avec décision hors de son grabat, mit lestement les pieds dans ses souliers, et, sans se laver, descendit rapidement à l'église. Presque tous les religieux s'y trouvaient déjà réunis. En effet, avant le dernier coup du réveil, qui dure l'espace de la récitation d'un *Miserere* (Ps. 50), la communauté entière doit être en place au chœur.

Le saut rapide qu'avait fait Francisque en dehors du lit avait secoué toutes les illusions nocturnes et rendu le novice au sentiment de la réalité et à la puissance de sa volonté.

Toutefois, il était à peine arrivé à sa stalle, qu'il lui sembla entendre très distinctement une voix intérieure qui lui disait : « Francisque, tu ne resteras pas ici ! » — « Je resterai ! » répondit avec décision le novice. La même voix revint régulièrement à la même heure, et Francisque lui opposa constamment la même réponse.

Cependant, celui-ci, fidèle à la promesse qu'il s'était faite d'essayer d'abord durant soixante minutes la vie des trappistes, s'encouragea contre la nouvelle tentation par cet appel renouvelé : « Allons mon âme, courage jusqu'à trois heures ! »

Cette première heure de la journée fut employée à la méditation et à la récitation par cœur de l'office de la Vierge. A trois heures, l'église, qui jusque-là était restée dans une obscurité que diminuait à peine la faible lueur du sanctuaire, s'illumina tout à coup. On venait d'allumer deux lignes de flambeaux destinés à répandre leur lumière sur les grands in-folio dressés devant les stalles et qui étaient les livres de prière et de chant des religieux.

La première heure qui venait de s'écouler avait cependant été une lutte très difficile contre le sommeil qui était venu peser comme du plomb sur les paupières de Francisque et dont l'obscurité avait favorisé la tentation cruelle.

19.

Après avoir résisté avec violence et en voyant les
flambeaux qui brillaient, le novice encouragé se dit :
« La première heure s'est bien passée, je ne reculerai
certes pas devant la seconde. » Ce disant, il entra alerte
en communauté de psalmodie avec tous ses frères.

Pendant une heure et demie, les religieux psalmo-
dièrent *Matines*, puis chantèrent *Laudes*. Chaque
psaume était séparé du précédent par la doxologie :
« Gloire soit au Père, au Fils et au Saint-Esprit, » que
les moines disaient en s'inclinant jusqu'à terre.

De quatre heures et demie à six heures, Francisque
vit une partie des pères lire ou servir des messes particulières dans des chapelles latérales, d'autres aller
à la salle de lecture, d'autres enfin rester dans leurs
stalles pour y continuer leur prière.

A six heures, la cloche avait réuni de nouveau la
communauté à l'église pour *Tierce*. Il fut chanté en
chœur comme *Laudes*.

Vers six heures et demie, on se rendit au chapitre
sur deux rangs, les pères en avant, les frères ensuite.
On appelle chapitre un exercice important durant lequel l'abbé lit et commente un chapitre ou un passage
de la Règle de saint Benoît, puis se fait la *confession
publique* des moines. Le chapitre a lieu tous les jours
de l'année.

On était donc entré dans une longue salle entourée
de bancs. Au fond, sur une estrade, monta le révérend
père abbé, ayant le prieur à sa droite. Un grand crucifix,
fixé à la muraille au-dessus de l'estrade, dominait les
moines.

Avant de prendre place, l'abbé sur son siège, les
religieux sur les bancs, on récita une prière alternée.
Tous s'assirent alors. Le lecteur de semaine chanta,
debout, le martyrologe du jour, c'est-à-dire les éphé-
mérides mortuaires des saints et des martyrs. En-

suite, l'abbé lut quelques paragraphes des constitutions de l'ordre et les expliqua en termes très simples et sans mouvement oratoire. Le R. P. Bruno n'avait pas reçu le don de l'éloquence. Mais sa vie exemplaire était un meilleur commentaire que sa parole.

L'abbé ayant achevé, il se tut un instant, puis d'une voix solennelle : « Que ceux de nos frères, dit-il, qui sont coupables de manquements contre la règle s'accusent ! »

A cet ordre, Francisque vit avec surprise une dizaine de moines s'étendre sur le parquet comme des cadavres. Ils restèrent dans cette posture l'espace d'une minute, pendant laquelle le novice se demandait : « Que vont-ils faire ? »

— « Au nom de Dieu, relevez-vous ! continua l'abbé avec la même autorité. »

Sur cette nouvelle injonction, les pénitents se relèvent à demi, restant à genoux.

— « Frère Hildebrand, qu'avez-vous à vous reprocher ? poursuivit le supérieur, qui désignait un des pénitents. »

Et frère Hildebrand s'accusa de paresse. Un autre avoua qu'il avait parlé, celui-ci dormi au chœur, cet autre ri ou tourné la tête par curiosité, etc., etc.

A peine ces religieux eurent-ils fini leur confession que plusieurs des autres frères restés sur leurs bancs se levèrent pour les accuser à leur tour. C'est ainsi, par exemple, qu'on mit à la charge de frère Hildebrand d'avoir mangé gloutonnement, d'un autre d'avoir gâté son travail par sa maladresse, etc., etc.

Cependant toutes les accusations sont terminées ; on inflige alors les punitions : Frère Hildebrand devra mendier à genoux son dîner auprès des pères ; frère Sigismond baisera les pieds à dix religieux ; frère Boniface recevra cinquante coups de discipline.

Les condamnés semblent recevoir avec humilité

leur sentence, quoique quelques-unes sentissent peut-être le ridicule.

Le chapitre est fini. Après une nouvelle prière, on quitte la salle pour le travail; il est sept heures et demie.

Les frères se rendent à la ferme pour recevoir leurs travaux du père régisseur; les pères de leur côté vont au vestiaire du couvent; ils y déposent leur robe de chœur, prennent chacun une paire de sabots, presque informes, et puis relèvent leur tunique jusqu'aux genoux.

Alors, sous la conduite du père prieur, ils passent dans un bâtiment destiné aux ustensiles de culture où chacun reçoit une binette ou une bêche. Munis de ces instruments, ils suivent leur chef sur une longue ligne de deux religieux de front et la tête enfoncée sous leur capuce. La colonne s'arrête devant une prairie coupée de minces rigoles et traversée par un ruisseau.

Le père prieur, faisant alors volte-face vers ses moines :

— « Mes frères, dit-il, il s'agit d'abattre les taupinières de ce pré. »

Ayant parlé, il frappe trois ou quatre coups de son instrument sur le premier monticule qu'il abat et disperse en poussière.

A l'instant tous l'imitent, Francisque comme les autres.

Ce fut dès lors une promenade en zigzags, qui sembla au postulant un amusement plutôt qu'un travail. Elle durait depuis sept quarts d'heure, et des milliers de petits monceaux de terre avaient disparu, lorsque sonna le premier coup de la messe. A cet appel, les frères se réunissent, reviennent au cloître dans le même ordre et le même silence; ils y rendent

leurs outils, se lavent les mains à une fontaine et reprennent leurs souliers et leur robe.

Quelques instants après, ils chantent l'office de
Sexte, puis assistent à la célébration du sacrifice.
Celui-ci achevé, chaque moine fait une lecture libre
ou une prière particulière et à onze heures un quart
on chante *Nones* en communauté.

Voici midi; on se lève; pour le repas? Non. Mais
on repart pour le travail.

Habitué jusqu'ici à recevoir régulièrement son aliment à cette heure, l'estomac de Francisque réclamait
sa nourriture. Pour faire diversion et le disposer à la
patience, le père prieur remit au novice une petite
massue en fer. Ainsi armé, il est conduit avec ses
frères devant un amas de pierres d'un certain calibre.
Là, il fut commandé aux travailleurs de les briser de
façon à en faire des routes ou à les réparer.

Le novice frappa avec ardeur durant deux heures
sans regarder personne, songeant à expier ses péchés
par l'emploi de toutes ses forces ; la sueur ruisselait
de son corps. Après ce laps de temps, le prieur donna
le signal d'une halte d'un quart d'heure, durant laquelle les pères restèrent immobiles. Francisque, ayant
senti une douleur aux mains, regarda et vit que le dur
instrument, manié avec enthousiasme, les avait couvertes de pustules dont quelques-unes, déjà déchi-
rées, cuisaient un peu. Pendant cette trève d'un
moment, le prieur vint le trouver et lui dit :

— « Frère, ne vous fatiguez pas trop ; qui commence avec excès de zèle finit par la nonchalance. »

Vers quatre heures on rentra. Le novice peu habitué
à un tel travail se sentait fatigué, plus affamé encore.

Cependant l'heure du repas sonna enfin. Le père
des novices donna une place au nouvel hôte à un
bout de la table et le laissa avec ces mots :

— « N'est-ce pas? mangez bien. »

Cette recommandation n'était pas nécessaire, car la faim du convive était plus grande que la double portion qui lui fut présentée et plus forte que l'estomac qui devait faire la digestion.

Après une prière en commun faite debout, on s'assit devant des tables sans nappe, mais propres. Le couvert de chaque religieux se composait d'une cuiller et d'une fourchette en bois, d'une assiette en étain. A côté de chaque couvert étaient placés environ 250 grammes de pain bis, et devant chaque convive deux écuelles profondes, également d'étain. Chacune d'elles pouvait contenir de deux à trois livres d'aliment ; la première était remplie d'une soupe épaisse comme la pâte et cuite dans de l'eau et du sel ; la seconde était pleine d'un chou mélangé avec des pommes de terre et également préparé à l'eau et au sel.

Devant ces mets fumants, chaque travailleur demeura un instant immobile afin de rester maître de son appétit ; après quoi, et comme les autres, Francisque attaqua sa part.

Pendant que son corps se restaurait, son âme se nourrissait d'une pieuse lecture faite à haute voix par un moine, et s'édifiait de l'humilité avec laquelle quelques frères exécutaient les pénitences infligées le matin au chapitre. Il considérait comment frère Hildebrand allait, les yeux modestement baissés, de table en table, s'agenouiller devant un, deux, cinq, dix religieux, leur tendre son écuelle vide et demander à chacun pour elle, une petite part de son dîner. Ensuite, c'était le frère Sigismond qui venait se prosterner à ses pieds, les prendre de ses deux mains et les baiser avec vénération. Pour le coup et dans son émotion, Francisque faillit les retirer, tant il se sentit confus de permettre à son endroit un tel abaissement d'un saint homme.

Toutefois, malgré cette dernière impression, il finit par reprendre appétit assez vite et mangea ou plutôt avala tout son pain, sa soupe entière et la moitié de ses légumes, tant sa faim était dévorante et tant il tenait à montrer au père Rémigius qu'il obéissait à ses conseils.

Hélas ! il n'avait consulté que son appétit et sa bonne volonté sans tenir compte du plus ou moins de capacité de son estomac. Aussi ce dernier refusa-t-il de digérer, et une heure à peine était-elle passée que l'organe ressentit de vives douleurs ; le sang reflua avec violence à la tête et une conflagration générale sembla s'être allumée au cerveau ; un instant Francisque crut devenir fou.

Durant ce temps, les autres moines, aguerris, ou priaient à l'église ou se reposaient par la lecture en attendant les offices du soir. Vers six heures, on entonna *Vêpres*, puis on récita *Complies*. Francisque ne put presque pas y prendre part, tant il souffrait. A la fin pourtant, il parvint à dominer le mal et à chanter le *Salve Regina* qui termine les prières du jour.

Le *Salve Regina* est le long cri du cœur que le trappiste, fatigué d'un jour de travail austère et d'expiation souvent angoissée, pousse au ciel avant d'aller s'étendre sur sa couche, image de son cercueil.

Ce cri prolongé, dont la mélodie solennelle dure vingt minutes, est adressé à Marie, la reine des miséricordes.

En voici la traduction. Elle semblera bien pâle et bien glacée à celui qui a entendu une première fois à la Trappe les accents profonds du chœur.

« Salut, reine, mère de miséricorde !

» A vous qui êtes notre vie, notre douceur et notre espoir, salut !

» Fils exilés d'Ève, nous poussons vers vous notre clameur !

» C'est vers vous que, dans cette vallée de larmes, nous soupirons en pleurant.

» Ah ! vous, notre avocate, daignez tourner vers nous les yeux de votre miséricorde !

» Et après l'exil, montrez-nous Jésus, le fruit béni de vos entrailles.

» Oh, écoutez !... vous si clémente, vous pieuse, vous douce vierge Marie ! »

Nous ne saurions rendre l'effet que produit sur un certain nombre d'auditeurs cet appel suprême du trappiste. Il est tout le résumé de son âme, celui de ses douleurs et de ses espérances.

Son *Salve Regina* chanté, Francisque sentit plus d'une fois que le ciel ne lui restait plus fermé à toujours, et dans ce doux espoir il put alors aller goûter en paix le repos de la nuit.

Toutefois, le retour éternel de cette mélodie excessivement lente peut finir par la rendre monotone et fatigante à celui que ne soutient pas la ferveur.

Cependant Francisque avait accompli sa première journée. Il en éprouva un soulagement indicible. Il avait donc combattu tout un long jour sans faiblir, il pouvait par conséquent affronter les vingt-quatre heures suivantes. C'est dans une pensée de joie et de gratitude victorieuse qu'il monta pour la seconde fois au dortoir ; son lit lui sembla encore bien incommode ; pourtant il finit par s'assoupir et dormit assez bien.

C'est ainsi qu'il traversa les quarante à cinquante premiers jours de cette vie qui n'est qu'une répétition sans fin des mêmes exercices.

Mais le postulant ne put encore sentir l'effet de cette

uniformité perpétuelle; car, d'un côté, sa componction
était trop forte pour ne point le tenir entièrement
absorbé, et, de l'autre, les lieux, les choses et les
hommes qu'il abordait étaient trop nouveaux pour ne
pas distraire son esprit de cette redite quotidienne d'une
existence tournant régulièrement et toujours dans le
même cercle.

Pendant quelque temps, il se perdit au milieu de
ces nombreux bâtiments, de leurs escaliers, de leurs
corridors, de leurs entrées et de leurs sorties. Ce ne
fut qu'au bout de deux ou trois semaines qu'il put en
fixer le plan et les détails dans sa tête.

Il finit enfin par voir que le centre du monastère
était un préau (ou cour) gazonné et de forme carrée,
autour duquel couraient des cloîtres ou larges corridors. Ces cloîtres, qui encadraient le préau, étaient
eux-mêmes ceints par les bâtiments du monastère
qui formaient un troisième carré très vaste, enveloppant les deux autres. Les religieux habitaient le rez-
de-chaussée durant le jour et le premier durant la
nuit.

L'église formait le côté sud du quadrilatère; les
trois autres côtés comprenaient au rez-de-chaussée
la salle du chapitre et celle de lecture, le réfectoire et
une salle de travail; le premier étage était partagé en
dortoirs, ateliers et infirmerie.

Les cloîtres, bien aérés et propres, portaient, gravées sur leurs murailles d'un jaune clair, des sentences rappelant aux religieux qui les parcourent les
grandes fins dernières de l'homme et la présence de
Dieu.

Le long du chapitre s'étendait au dehors, dans la
partie nord, le cimetière. Les tombes n'avaient pas de
croix particulière; un seul crucifix élevé au milieu
d'elles semblait bénir leur repos éternel. On voyait

assez souvent un trappiste promener ses pensées et ses espérances parmi ces tertres funèbres. Il ne creuse pas sa fosse d'avance, comme on l'a prétendu, ni celle du premier trappiste qui doit mourir.

Le personnel qui entourait Francisque attirait naturellement aussi son attention et piquait quelquefois sa curiosité, quoiqu'il ne cherchât nullement à dévoiler des êtres et des vies que la règle lui interdisait de pénétrer. Mais c'était précisément ce voile dont la loi les couvrait, c'était ce silence mystérieux dont elle les enveloppait, qui faisaient que tous ces hommes, sous leur forme muette, leur nom d'emprunt, leur habit uniforme, lui produisaient l'effet d'énigmes insondables, pour lesquelles il éprouvait un respect provocateur.

A côté de cette impression générale se joignaient des sentiments plus particuliers ou plus individuels, relatifs à l'âge et au caractère de ses frères. Leur physionomie lui fit juger qu'un certain nombre étaient des hommes assez robustes, que le gros de la communauté se composait de cénobites de trente à cinquante ans, qu'il y avait deux ou trois jeunes moines de dix-huit à vingt-cinq ans et trois ou quatre vieillards dépassant soixante-dix ans.

Trois d'entre eux avaient le don d'attirer surtout le regard involontaire du novice. D'abord, c'était un jeune homme de dix-huit à vingt ans; sa vue frappait par sa beauté angélique; son recueillement continuel révélait les pensées élevées qui transformaient son âme en un véritable sanctuaire. Ce frère, le plus jeune de tous, était le porte-crosse de l'abbé, qu'il précédait dans ses fonctions officielles. Cet emploi le mettait naturellement en vue. Son apparition excitait dans le cœur de Francisque un sentiment de calme au milieu de ses agitations.

Le second qui força l'attention de Francisque était un voisin de chœur, arrivé quinze jours avant lui. Il pouvait avoir trente-cinq ans. Vêtu à l'ecclésiastique, il portait une barbe noire et touffue ; robuste et voûté, il faisait à chaque instant des mouvements si brusques, prenait des airs d'une originalité et d'un sans-gêne tels, qu'il amena plus d'une fois le sourire sur les lèvres de Francisque. Durant les conférences, ce dernier finit par apprendre, grâce aux semonces que faisait le maître des novices à son singulier pupille, que ce voisin avait, comme aumônier militaire, fait la campagne de Crimée, où il s'était initié, au milieu des camps, à des allures excentriques et peu mesurées.

Enfin un vénérable vieillard de soixante-quinze à soixante-dix-huit ans avait le privilège de lui inspirer, durant les heures de travail, un sentiment de sympathie pleine de vénération. Il paraissait faible, ce cher vieillard, et marchait avec lenteur ; et pourtant il persistait à faire les travaux les plus pénibles, brouettant les pierres, terrassant, bêchant le sol, creusant les fossés et portant des charges de bois sur ses épaules tremblantes. Il avait remarqué l'admiration de Francisque pour lui ; aussi l'en remerciait-il de temps à autre par un paternel sourire donné en passant, tandis que d'autres fois, en rencontrant le nouvel arrivé, il se redressait et semblait lui dire d'un air de candide fierté ou de noble encouragement : « Vois-tu, mon fils, comme je travaille encore à mon âge et comme je saurai mourir au champ d'honneur ! Courage aussi, enfant ! »

A cet aspect vénérable, Francisque sentait redoubler sa résolution.

Les occupations des champs, encore nouvelles pour lui ; les différentes parties et les divers sites du vaste

domaine de la Trappe, qu'il apprenait à connaître jour
après jour ; l'étude du langage par signes, celle du chant
d'église, toutes ces choses voilaient, dis-je, à l'imagination du novice, ce qu'il pouvait y avoir de pesant
dans cette existence sans cesse répétée et surtout dans
les longs exercices du chœur perpétuellement redits.

Enfin, une occupation, dont la délicatesse était aussi
extrême que le labeur en était fatigant, était venue
s'emparer de son être presque entier durant les trois
dernières semaines de ces cinquante jours.

C'était celle d'une confession générale de la vie du
novice au révérend père abbé.

Chaque jour, Francisque, qui avait méthodiquement
divisé sa tâche, examinait durant deux heures ou
deux heures et demie un des points de son existence ;
puis, durant une autre heure il en faisait la confidence à son confesseur dans tous ses détails et dans
toutes ses circonstances.

Mais quel travail ardu, désespérant même ! Sans
une opiniâtre constance, Francisque l'eût déclaré excessif et y eût renoncé dix fois.

Deux séances auraient pu suffire ; la longueur in-
terminable de ce travail était une exagération, certainement en dehors de la pensée du Sauveur.

Cependant les semaines de *probation* étaient achevées ; vint alors pour Francisque la cérémonie de la
prise d'habit.

Le frère fut introduit dans la salle du chapitre au
milieu des religieux. Agenouillé devant l'abbé, revêtu
de ses insignes pontificaux, il entendit d'abord retentir
sur lui des chants de mort ; on le dépouilla ensuite de
son habit séculier ; on lui rasa les cheveux, sauf une
couronne qu'on lui laissa, puis on le revêtit de l'habillement de la Trappe ; enfin, à la place de son nom
de baptême, on lui donna celui de saint Renovat.

Ce jour ne fut pas pour Francisque un jour de joie, mais de sérieux profond. Frère Renovat n'était pas heureux ; il ne cherchait pas à l'être, du reste.

Mais n'importe, le postulant avait été jugé digne, et avec raison, de porter le fardeau de la vie de ces hommes qui semblent les héros du cloître. Il l'accepta donc et le soutint sans faiblir un instant, quelles que fussent les épreuves intérieures de sa conscience.

Ce sont les *traits caractéristiques* de cette vie du trappiste que nous allons faire ressortir d'une manière marquée.

QU'EST DONC LE TRAPPISTE ?

Il est le *pénitent contemplatif* qui expie ses péchés et ceux des autres hommes.

Le trappiste est contemplatif, dis-je ; il exprime sa contemplation par des chants et des psalmodies prolongées *en chœur* et par l'esprit de prière qui anime toute son activité.

Le trappiste est aussi un pénitent, et sa pénitence il l'exerce par un dur *travail manuel* et par des *mortifications extérieures* permanentes.

§ 1er. — PREMIER TRAIT CARACTÉRISTIQUE DU TRAPPISTE

LE CHŒUR

ESPRIT DE PRIÈRE CONTINUELLE

L'oraison, chez le trappiste, est surtout psalmodiée, chantée. C'est que l'existence de ce moine est une représentation de la vie céleste. Or, d'après les idées courantes dans le catholicisme, on se figure que dans le ciel Dieu règne assis sur un trône que les bienheureux entourent de leurs adorations en faisant retentir les airs de leurs cantiques de louanges et d'amour.

Dominés par cette idée, les trappistes ont fait de leur vie un chœur de saints qui environnent le tabernacle, ce trône de miséricorde où Dieu siège au milieu de son peuple d'ici-bas. De là vient que la plus grande partie de l'existence du trappiste se consume en hymnes, en psaumes, en offices solennels. On se fera une idée de leur durée, si l'on considère que, les dimanches et les jours de fête, ils se poursuivent sans interruption de une heure ou minuit jusqu'à sept heures du matin, puis de neuf heures à midi. Il en est de même durant la deuxième partie jour.

Ces offices et ces chants sont, en général, d'une monotonie égale à leur longueur. Ils ne sont qu'une mélodie, souvent insaisissable, et sans accompagnement d'orgue ou d'instrument quelconque.

Une des plus grandes mortifications que souffrit frère Renovat, nous l'avouerons avec simplicité, c'était de se trouver au chœur. « Si les offices, se redisait-il quelquefois à lui-même, sont l'image du paradis, je n'irai pas au ciel pour mon plaisir, mais pour celui de mon Créateur. »

Pour vaincre cette monotonie, frère Renovat chercha à occuper son esprit d'une pensée élevée en rapport avec ce qu'il chantait. Cette pensée donnait souvent à sa voix des accents ineffables, en même temps qu'elle était un aliment pour son âme.

Cet esprit de méditation et de prière, qui devint comme le souffle de ses offices, pénétrait également ses lectures, ses travaux et le reste de ses occupations.

Le *moi* du novice n'était pas essentiellement avec les objets de son travail extérieur. Il ne leur prêtait qu'un œil, tandis que le second, le meilleur, restait toujours fixé vers le monde spirituel qui avait pris place dans son sanctuaire intérieur. Il avait là un entretien presque continuel avec des êtres invisibles.

Le sentiment dans lequel il se plaçait en leur présence était celui du grand désir de l'expiation. Il demandait à ces hôtes d'un monde éternel le pardon de ses ingratitudes, et il s'humiliait à leurs pieds; ou bien, afin de les satisfaire, il se livrait devant eux et avec l'ardeur la plus vive aux labeurs les plus difficiles et aux mortifications les plus sensibles.

Il ne cherchait point Dieu dans la nature, quoiqu'il fût chaque jour aux champs durant quelques heures; son esprit, malgré une inclination instinctive pour elle, s'en détournait comme d'une chose déchue et séductrice. Là où son cœur se retirait d'ordinaire, c'était le tabernacle de l'autel, car il y trouvait le cœur de Jésus qui l'avait sauvé du désespoir à Béthanie. Il y avait des mois entiers durant lesquels son esprit ne s'arrachait pas à ce saint cœur immolé et présent dans l'Eucharistie.

On le voit, l'amour restait le fond de frère Renovat pénitent aussi bien que du jeune séminariste qui ne triomphait de la femme que par l'affection pour son maître crucifié pour lui. Mais hélas! le cœur du novice était redevenu la proie de l'inquiétude, et il n'y avait presque plus de paix pour lui; en sorte que sa méditation et ses entretiens avec le ciel ou avec son maître, au tabernacle, avaient pour caractère l'angoisse des pénitents.

Le chœur et la prière étaient, à la Trappe, durant huit mois de l'année, coupés, deux fois le jour, par le travail manuel, de sept à neuf heures le matin, puis de midi à quatre heures le soir. Durant l'été, ils étaient assez souvent subordonnés aux travaux.

Ceux-ci sont la seconde marque distinctive du trappiste.

§ 2. — LE TRAVAIL CHEZ LES TRAPPISTES

Au second point de vue, la Trappe est une colonie de pénitents *agriculteurs*, séparée des autres hommes. Dans cet isolement, force est donc à cette colonie solitaire de se suffire à elle-même et, à côté de son travail essentiel, la culture des champs, de réunir les différents états exigés par les besoins de l'existence commune.

La Trappe a donc ses religieux exclusivement boulangers, tailleurs, meuniers, etc. Chaque trappiste sait même un peu de ces différents métiers ; il y a des heures où il est aide-tailleur, aide-menuisier, aide-cuisinier, etc. ; il fait même la lessive tous les quinze jours avec les autres religieux. Mais le gros de la communauté est avant tout et d'ordinaire adonné à la culture ; elle laboure, ensemence, fait les moissons ; elle répare les chemins, creuse des canaux, défriche les landes, draine ou dessèche les marais, plante les bois, les taille et les coupe.

Un révérend père dirige l'exploitation, coordonne les travaux et en porte la responsabilité. Il a pour ouvriers les frères lais ou bruns ; ceux-ci travaillent plus qu'ils ne prient au chœur. Les pères, au contraire, ne sont que des auxiliaires dont il ne peut obtenir le concours que pendant quatre ou six heures par jour, durant les huit mois du grand jeûne. Mais pendant le temps de la fenaison, des moissons ou des travaux pressants, le père agriculteur domine le chœur et le soumet aux nécessités de la culture. A ces époques, tous les religieux valides lui appartiennent.

Je ne puis résister au désir de faire assister le lecteur à une de ces grandes journées de moisson laborieuse. Il y a là une scène champêtre des plus intéressantes. Je prends au hasard un jour du commencement d'août. C'est le temps de la coupe des blés.

Il est quatre heures et demie du matin ; la communauté qui déjà, depuis deux heures et demie, veille et prie, sort du monastère. La file des religieux compte de soixante à quatre-vingts ouvriers. Le gigantesque P. Bruno marche en tête ; il est armé d'une grande faux tranchante. Les autres pères, la tête enfermée dans leur froc, le visage invisible, le suivent. Ils égrènent d'une main leur chapelet ou rosaire, tandis que l'autre porte l'instrument de leur travail, une sape effilée (1). Enfin viennent les frères convers. Comme leur abbé, ils portent des faux, bientôt étincelantes sous les premiers rayons du soleil qui se lève à l'horizon. Devant l'astre du jour, la légère brume du matin disparaît ; la campagne, au milieu de laquelle s'avance la cohorte mouvante des travailleurs, se dore tout entière des feux dont resplendit son roi ; l'air du matin est exquis de fraîcheur. Qu'elle est belle et riche la nature à l'heure de son réveil pour une de ses journées de grande largesse ! Mais le trappiste doit rester insensible aux beautés du monde extérieur car au dedans de lui resplendissent un autre soleil et un autre univers, Dieu et sa volonté. C'est là qu'est fixé son œil invisible.

La troupe marche silencieuse et le regard baissé, on n'entend qu'un bruit de pas ; cent cinquante sabots grossiers, enfermant les pieds nus et endurcis des pénitents, font retentir en cadence le sol qu'ils frappent. Le rythme sonore et monotone continue, se prolonge vingt minutes durant, puis cesse subitement. La colonne s'est arrêtée devant une plaine de blé. Celle-ci s'étend immense.

— « Mes frères, dit alors le révérend abbé en se tour-

____

(1) La *sape* est une petite faux qu'on manie d'une seule main.

nant vers ses moines, il faut que ce champ soit coupé et rentré aujourd'hui. Le grain est sec, le temps presse, et demain est le jour du repos. »

Ayant ordonné, il enfonce sa grande faux mordante, qui dévore vaillante et tout un long jour les tiges d'or. Tous les frères faucheurs se placent en file à sa gauche, puis viennent les pères transformés en sapeurs de Cérès. Il se trouve à peine deux ou trois faucilles, car la faucille est l'instrument de la faiblesse, de la femme qui moissonne.

A l'exemple du révérend père Bruno, tous frappent à l'envi ; Francisque ne restera pas en arrière ; lui aussi tranche avec ardeur. Grâce au zèle des moissonneurs, la masse des épis, qui déjà inclinent la tête sous le poids de leur richesse, se couche et s'étend sur le sol. Elle tombe, tombe encore, tombe toujours, inépuisable et sans se lasser, tant elle est mûre pour le sacrifice, avide de s'offrir.

Pendant qu'elle est abattue par le tranchant de l'acier, d'autres bras habiles et alertes en ramassent les brassées. Bientôt, et dès que le soleil a bu la légère rosée du matin, d'autres mains encore transforment les brassées en lourdes gerbes qu'ils groupent en dizeaux.

On travaille ainsi et d'un trait pendant deux heures rapides.

Mais sept heures ont sonné; c'est le signal d'une première halte.

Pour se reposer, les religieux se rangent sur deux lignes en face l'une de l'autre et, durant vingt minutes, alternent, d'une voix mâle, la deuxième prière du jour, *Tierce*. L'office, tel est leur repos du corps, l'aliment matinal de l'esprit.

Il est achevé; on a repris haleine. On affile de nouveau les instruments, puis on recommence à frapper,

enlacer, amonceler les blonds épis. La brèche déjà
faite au champ s'ouvre de moment en moment, toujours plus large, jusqu'à une deuxième halte. Et c'est
ainsi que jusqu'au soir, de deux heures en deux heures, le pieux moissonneur échange l'instrument de son
travail pour son livre de prières.

Vers neuf heures, et jusque vers onze heures, arrivent quelques étrangers visiteurs qui regardent et se
tiennent à une distance respectueuse. Ils admirent ou
paraissent pénétrés d'un sentiment de vénération ;
quelquefois aussi on les voit sourire. C'est surtout au
moment d'un véritable repos de quinze à vingt minutes
que leur attention semble excitée au plus haut point.
C'est qu'en effet, il se passe alors de petits dialogues
d'un genre mimique très original. On voit des trappistes qui s'assoient avec gravité sur leur gerbe ; d'autres
debout et muets comme des statues les bras croisés
sur la poitrine ; ils fixent d'un regard immobile le firmament ou le sol ; d'autres s'éloignent du champ et
vont se réfugier à l'ombre d'un bouleau ou d'un éra-
ble, ou prendre place au bord d'un ruisseau.

Puis, il se fait entre les religieux, et par signes, un
échange de communications mystérieuses, qui semblent parfois si étranges ou si grotesques !

Tenez, voici un moine qui vient se placer en face
d'un autre. Il s'incline devant lui, puis le voilà qui
relève le bas de son scapulaire ou froc en le regardant.
Ce dernier mouvement de son habit signifie, chez les
trappistes, que le solliciteur désire de son supérieur
la permission de quitter le groupe et l'endroit où il se
trouve. Maintenant il baise la même partie de son
vêtement ; c'est sa manière de dire : Merci. De ces
deux religieux, l'un est un novice, l'autre son maître.

Voici maintenant au centre des moines un frère
brun, qui s'adresse au père prieur. Il doit être bien

altéré, car il porte la main à ses lèvres en imitant l'action d'un homme qui y déverserait un verre d'eau. Il demande l'autorisation d'aller se rafraîchir. En effet, la permission accordée, nous le voyons se rendre au ruisseau et y puiser dans le creux de sa main une légère gorgée d'eau.

Mais voyez-vous là-bas le révérend père abbé? Il fait signe à un frère de venir le trouver. Regardez, il lui dit deux mots, car le supérieur parle. Il le charge, paraît-il, d'aller appeler un autre religieux, car le frère, qui le quitte, semble chercher quelqu'un. Le voici qui s'arrête devant un père placé près d'un ormeau et il lui fait trois signes d'un des doigts de sa main droite. Il pose son *index* d'abord sur son *propre front*, puis sur ses *lèvres* et enfin l'avance jusqu'à la *poitrine* du père pour lui indiquer qu'il est question de lui.

Le père comprend immédiatement que *l'abbé* veut *lui parler*. En effet, l'index placé sur le front veut dire : le chef; posé ensuite sur les lèvres il signifie : désire parler; enfin dirigé vers le père, il fait entendre : à vous.

Naturellement, ces communications muettes, ces allées et venues, ces postures, ces travaux, ces hommes enfin, tout surprend, amuse, intéresse ou édifie le spectateur étranger...

Cependant dans la plaine le travail a fait de prodigieux progrès; des centaines de dizeaux se sont dressés sur plusieurs lignes de front. On voit dès lors, à partir de dix heures, six à huit belles charrettes, attelées de solides chevaux, venir successivement du monastère. Arrivées au milieu des moissonneurs elles, se chargent du lourd butin, puis retournent remplir les spacieuses granges du couvent de leurs dépouilles, pour revenir et repartir sans cesse jusqu'à la fin du jour.

Durant l'été, le trappiste ne travaille pas de midi à

deux heures; il retourne dîner et faire sa sieste de trois quarts d'heure au monastère. Si parfois il reste au champ, il y dort la tête sur une gerbe et recouverte de son capuce. Vers deux heures, tous reprennent la faux et la sape et les voitures continuent leurs chargements et leurs déchargements. Il est vrai qu'on est à cette heure en pleine chaleur; mais le moine cultivateur finit par ne plus s'occuper du chaud ni du froid. De deux heures donc à quatre, les épis se couchent derechef innombrables; ils sont brassés et liés avec une diligence nouvelle, puis soulevés avec une persévérante vigueur jusqu'au haut des voitures combles et cependant avides encore malgré leur charge.

L'effervescence de l'activité s'arrête comme par enchantement sous le coup de la quatrième heure. L'abbé a fait un signe, les religieux ont formé leurs deux rangs parallèles le long d'un ruisseau; à l'ombre des saules pleureurs, ils psalmodient l'office des vêpres.

Il était beau et touchant de voir et d'entendre ces hommes de labeur tous la tête nue, le front élevé vers le ciel, et au milieu de la nature inconsciente, envoyer dans l'espace l'hymne de la reconnaissance au Père, qui nourrit la création entière. Ce spectacle, dont il était lui-même un des acteurs, émouvait chaque fois l'âme sensible de frère Renovat. Cependant, après une dernière reprise du travail, la journée s'inclinait sous le nombre des heures, comme les hommes fatigués sous le poids du labeur; le soleil baissait et les ombres s'allongeaient sur le sol dépouillé. Le révérend père abbé frappa une fois encore des mains et, à la tête de ses religieux, reprit le chemin du monastère.

La bénédiction de Dieu les y avait précédés. En effet, la plaine avait donné tout son trésor; celui-ci était allé remplir de sa riche abondance les greniers de ces hommes de foi et d'action.

Toutefois, disons à cette occasion que le trappiste ne peut suffire à son existence matérielle par son seul travail ; le chœur absorbe une trop grande partie du temps. Mais la charité des fidèles vient suppléer à cette insuffisance. Des aumônes sont envoyées par de nombreuses âmes pieuses, dont ces solitaires ont conquis la vénération et le tribut généreux par leurs prières et leurs austérités saintes.

C'est par ces dernières que nous achevons l'esquisse particulière du trappiste.

§ 3. — AUSTÉRITÉS DES TRAPPISTES

Les réformateurs de Rancé et dom Augustin ont organisé l'existence du religieux de façon que non seulement elle fût privée de toute douceur, mais qu'elle devînt une souffrance physique et morale perpétuelle.

D'abord tous les délassements, tels que promenades, conversations, jeux et distractions, loisirs, lectures agréables pour l'esprit, sont interdits ; on ne fait trève à un travail que par le suivant ; on ne se distrait d'une occupation que par une autre.

On n'accorde donc au trappiste rien de désirable, mais on le tourmente de telle sorte qu'il n'y ait pas un instant de sa vie ou une partie de son être qui ne souffre de quelque façon.

Il souffre dans le sens de la vue. Il lui est interdit de regarder quoi que ce soit, excepté l'objet de son occupation. Frère Renovat se conforma si bien à cette défense qu'il ne sut que rarement quels étaient sès voisins aux champs et à la salle de lecture.

Les aliments misérables qu'on donne au frère pénitent, et qui lui sont en partie communs avec l'animal, provoquent longtemps chez plusieurs religieux la répugnance, sinon le dégoût. Il n'en fut pas toutefois ainsi chez Francisque; grâce à son labeur agreste, il finit par trouver agréables ces mets que sa faim lui eût fait même dévorer, s'il n'avait constamment commandé à ses désirs. Tandis qu'à côté de lui on voyait les novices, à l'exception d'un seul, renoncer successivement à cette nourriture et quitter la Trappe, il éprouvait parfois des délices en mangeant son bon gros morceau de pain bis. Mais ce qui fut pour frère Renovat la cause de vives douleurs, ce fut la quantité qu'il fallait prendre, sous peine de quitter le monastère; l'estomac ne pouvait la porter et il lui fallait ou la rejeter ou endurer d'atroces souffrances. Ce supplice quotidien dura environ six mois; pendant les deux premières heures qui suivaient son repas, Francisque se tordait sous la violence du mal, tandis que tel ou tel de ses compagnons qui éprouvaient les mêmes crises tombait en plein champ ou ailleurs, vaincu par la torture. Ces six à huit mois passés, la nature l'emporta; l'estomac s'était transformé. A ces douleurs des organes de la digestion était venu se joindre un autre supplice qui dura bien longtemps : une faim plus ou moins violente venait fidèlement le visiter et le torturer sur le coup de une heure et durait parfois jusqu'au moment du repas.

Le sommeil, auquel il était brusquement arraché entre minuit et deux heures, lui livrait aussi ordinairement de rudes assauts, surtout dans l'obscurité où il fallait rester à l'église durant la première heure qui suivait le lever. Le cerveau très actif du frère ne se sentit presque jamais suffisamment reposé, et ce ne fut que bien rarement que Renovat put avoir la satisfaction de se dire : « Je me sens la tête si bien aujourd'hui ! »

Quoiqu'on dût supporter le froid sans le secours du feu, car on ne chauffe pas les salles à la Trappe, le novice souffrit moins des rigueurs de l'hiver que de l'excès de la chaleur. Couvert des mêmes habits durant l'été que pendant les frimas, il sentait, pendant la saison chaude, son visage, ses bras et tout son corps transformés en véritables ruisseaux de sueur. Afin d'arriver à supporter ce poids accablant, il était obligé de renouveler d'heure en heure sa résolution à la constance.

Les natures douées d'un sentiment délicat, ou portées à la recherche dans la mise extérieure, avaient leurs mortifications particulières qui n'étaient pas les moins pénibles. Elles éprouvaient assez souvent des répugnances invincibles à rester quinze jours sans se laver le visage, à ne point se rincer les dents, à se savoir les joues couvertes d'une barbe sale qui ne devait tomber que chaque deux semaines, à garder durant quatorze jours et quatorze nuits consécutives leur linge de corps pour ne l'échanger que contre un autre que dix, vingt, trente religieux peut-être avaient déjà porté avant lui. C'est que le trappiste n'a rien en propre, pas même sa paire de chaussures. Tout ce qu'il revêt aujourd'hui passera d'un jour à l'autre à son frère. Au monastère, comme à Béthanie, le mot mien n'existe pas dans le vocabulaire; on n'y laisse que le mot nôtre.

Les esprits avides de science et charmés par le beau littéraire sentent douloureusement aussi les privations intellectuelles. À la Trappe, on ne donne comme aliment à l'intelligence que des traités de piété et d'ascétisme. Les connaissances humaines sont complètement bannies du couvent. Il nous reste à ce propos quelques lignes caractéristiques et pittoresques d'une lettre que Francisque écrivait à Mgr Bellegarde quelques mois après son entrée à la grande Trappe : « L'étude y est chose inconnue; mes humanités m'y sont devenues inutiles et, sauf mon latin qui me sert pour la lecture des offices, j'ai dû jeter dans les étangs, entre lesquels il faut passer sur un pont si étroit qu'il ne laisse point place au bagage superflu, tout ce que je savais de grec, d'histoire et de géographie, de sciences physiques et mathématiques; j'y ai jeté même et comme par surcroît ma philosophie et le peu d'art que je possédais en éloquence et en rhétorique. Mais à quoi bon peuvent être ces choses qui sont de ce monde pour un homme qui a quitté le monde, et qui, retiré dans la solitude, n'a plus d'autre devoir à remplir envers ses frères sur la terre que de prier pour eux dans le silence? »

Le silence, voilà le trait le plus saillant de l'austérité du trappiste. Il rend solitaire une seconde fois, et jusqu'au milieu de ses compagnons d'existence, le cénobite que la clôture a déjà séparé de la société. Le trappiste, plus que tout autre religieux, porte vers la tombe sa vie de souffrance dans le linceul d'un mutisme éternel. Il reste silencieux pour tous les hommes, silencieux pour ses frères, qu'il salue, il est vrai, d'un signe de tête en passant, mais sans leur dire un mot, pas même ce fameux : « *Memento mori!* »

C'est aussi dans ce silence austère que meurt le religieux de la Trappe. Arrivé à l'heure de son agonie, on le dépose sur un peu de paille et de cendre. C'est là qu'il expire sans proférer une seule parole. Les frères infirmiers l'enveloppent en silence dans son vêtement de chœur, et il est déposé ensuite dans la tombe sans cercueil. Le tumulus qui le recouvre ne porte pas même une simple épitaphe pour redire le nom de celui dont le mutisme a enveloppé toute la vie; il reste aussi sans son crucifix. Sévèrement dépouillé pendant son existence, il entre dans le sépulcre privé de sa simple croix de bois.

Aussi le trappiste meurt-il sans regrets et sans larmes. Il ne perd rien de ce monde ; la mort est au contraire la délivrance d'une vie de tourments.

Ici s'arrête le croquis de la physionomie de notre religieux, du grand *pénitent contemplatif* de la solitude et du silence.

Cette austérité, cette solitude, ce silence, qui font qu'aucun des bonheurs ou des soucis, qu'aucun des bruits de la terre n'arrivent jusqu'au moine de la Trappe, ont quelque chose d'étrange, mais aussi de saisissant et d'élevé. Ils permettent à l'âme dégagée de toutes les choses transitoires de planer au-dessus de la vallée de misères où s'agite le reste des hommes. Grâce à eux, le trappiste, à un point de vue, apparaît comme l'aigle solitaire sur la cime qui domine la région des nuages et de la tempête et contemple d'un regard perçant le grand soleil et les horizons immenses : Dieu et le ciel.

C'est sur le rocher de cette montagne élevée que Renovat avait bâti son aire. Il semblait devoir s'y fixer pour jamais, lorsqu'un jour, déployant son aile, il partit pour d'autres régions.

L'aire était trop glacée et trop nue !

L'âme de Renovat y allait mourir.

C'est par ce dernier drame que nous finirons cette partie de la biographie de Francisque.

CHAPITRE IV

TRAVAIL INTÉRIEUR DE TRANSITION ET D'ÉLABORATION.
NOUVEL AVENIR

Nous avons fait à grands traits l'esquisse de la vie extérieure des trappistes et de leur noviciat; il nous reste à pénétrer les mystères de leur vie intime.

Envisagée de ce nouveau point de vue, la Trappe révélera sa véritable valeur spirituelle et confirmera ce jugement échappé à la franchise de Renovat sur ses anciens frères d'armes : « Le *gros* des religieux du monastère est composé d'hommes *ordinaires;* mais haut montés sur le cothurne de la mise en scène, ils n'apparaissent qu'à distance et grandis. Les *deux ailes* sont formées, à droite, par quelques *âmes d'élite* qui entraînent le centre dans leur mouvement; à gauche, par quelques natures irrémédiablement *déchues* que l'on rejette dans l'ombre. »

Tel est le bilan exact et précis du cloître où se trouvait frère Renovat.

Il ne faudrait pas croire non plus que la Trappe offrît à la plupart des hommes qui y cherchent un refuge le repos de l'esprit et la joie de l'âme qu'ils viennent lui demander. Pour presque tous les esprits sérieux que la vie de la Trappe n'a pu réduire à l'état de routine, ce couvent n'est qu'un séjour de luttes inquiétantes, un lieu d'agitations et de tourments d'esprit.

L'état auquel la Trappe va réduire l'âme de Francisque le prouvera.

Frère Renovat, grâce à sa volonté et à la souplesse de sa constitution, s'était bientôt rendu maître du régime extérieur; son énergie avait dominé les rigueurs; les travaux et les jeûnes y avaient été comme emportés d'assaut.

Mais tandis qu'il commandait au dehors, l'esprit, replié sur lui-même, s'abîmait dans son sanctuaire intime.

Un des motifs qui avaient conduit Francisque au cloître avait été de trouver un lieu tellement à l'abri des séductions et loin d'un milieu contagieux comme l'avait été Montretout, qu'il lui fût possible d'accomplir son vœu de chasteté.

Le contraire arriva. En effet, les fantômes séducteurs l'avaient suivi au désert, comme autrefois ils étaient venus assiéger l'illustre Jérôme et tous les solitaires des Thébaïdes. Pour fuir et échapper, le frère priait, livrait son esprit à des pensées profondes et émouvantes; mais les images enchanteresses pénétraient avec sa pensée au sein de ses méditations, envahissaient sa prière, se faisaient les compagnes charmantes de ses travaux et de ses veilles, et il les voyait irrésistibles au chevet de son grabat.

D'un autre côté, pour régner sur ses sens, il se vouait aux jeûnes prolongés, à des austérités de toute nature. Mais c'était précisément alors que la tentation semblait redoubler d'efforts et exercer plus d'empire; les jeûnes et les veilles attisaient le feu allumé dans ses veines; durant ses nuits, des rêves consumants faisaient son supplice, et lorsque la cloche du réveil venait rendre Renovat à sa responsabilité, le novice, à la vue de l'œuvre odieuse exercée matériellement par les ténèbres, s'écriait avec un sentiment d'indicible révolte intérieure : « Quelle horreur !… Ah ! certes, l'état de mariage, la vie de famille, tout imparfaite qu'on la dise, est cependant une sainteté à côté de ces profanations de ma personne ! »

Ce n'est pas tout ; la répétition éternelle des exercices du chœur finit par agacer et irriter ses nerfs à tel point que, durant les offices, les doigts des pieds et des mains de frère Renovat se trouvaient dans un continuel mouvement d'agitation fébrile, involontaire. De plus, la claustration, qui avait été poussée jusqu'à concentrer l'âme entière du frère dans le tabernacle de l'autel et à lui faire supprimer la nature, était une enceinte trop rétrécie pour la force d'expansion du novice. C'était comme une chaudière dans laquelle imagination et tête se trouvaient en ébullition. Pour prévenir une explosion, le R. P. Bruno confia à frère Renovat la charge d'aumônier de la colonie pénitentiaire de la Trappe.

Mais cet établissement allait présenter à l'ascète, déjà éprouvé, le même spectacle écœurant et les mêmes dangers que le Rossignol. C'était, quoique avec un peu moins d'étendue, la même corruption de mœurs effrayante ; les deux tiers des colons étaient atteints de la lèpre du mal honteux, et, chose monstrueuse, six des religieux du tiers ordre étaient pour ces jeunes gens des maîtres séducteurs ; que dis-je ? on voyait des pères de la Trappe, en relation par leur travail ou leurs emplois avec ces enfants, victimes ou fauteurs des mêmes faiblesses.

Bref, cet ensemble de choses, en même temps qu'il soumettait Francisque à des épreuves nouvelles infiniment délicates, l'amenait à d'amères réflexions sur l'utilité prétendue de ces établissements, sur la valeur de l'état monastique et en particulier de la Trappe ; il faisait éclater à son regard, avec une sombre évidence, l'abîme qui existait entre l'idéal magnifique qu'il avait conçu et nourri à l'égard de la perfection du cloître et de ses religieux, et la décevante, mais indéniable réalité. Son enthousiasme pour les moines faiblit peu à peu, et finit par s'effacer presque entièrement.

Francisque connut alors la douleur poignante du désenchantement spirituel : « Ah ! se dit-il, serait-il possible que l'unique chose à laquelle ici-bas j'avais voué mon adoration et ma foi ne fût elle-même qu'une illusion ! » Et dès lors le novice se sentit bien malheureux. Cette déception navrante fut portée à son comble un jour que, parlant intimement avec le révérend père prieur sur les misères de certains moines et de quelques prêtres séculiers, il entendit son supérieur lui faire cette désespérante révélation :

— « Mgr l'évêque de S..., dit le père prieur, a déclaré hier dans notre sacristie, devant le révérend père abbé et moi, que, s'il fallait interdire les prêtres qui vivent en état habituel de *péché mortel*, il serait obligé de supprimer la moité, pour ne pas dire les deux tiers de son clergé !... »

Tel était l'état que produisait dans l'imagination et et les sens de frère Renovat la vie monastique, tels étaient les pensées et les jugements qu'elle provoquait.

D'autre part, la situation du cœur du novice n'était pas moins émouvante.

La vraie plaie chez Francisque était celle du cœur. Plaie béante, inguérissable, de laquelle s'échappait une aspiration sans bornes, des élans irrésistibles vers l'amour.

Aimer, être aimé et se sacrifier, c'était là l'aspiration centrale, insatiable du novice.

Francisque n'avait-il donc pas autour de lui une centaine de frères à chérir ?

Sans nul doute, et Renovat pratiquait avec un rare empressement les divers actes de charité fraternelle qu'offrait la Trappe. Et pourtant cette charité ne lui suffisait pas; déversée sur tous à la fois, mais sur personne en particulier, elle perdait pour lui sa suavité, comme le parfum sa précieuse odeur dès qu'il cesse d'être concentré dans un vase ou sur un objet particulier pour s'éparpiller dans l'atmosphère sans limites. Le retour qu'il recevait des moines, mais qui n'était non plus spécialement destiné à son intention, ne rafraîchissait pas davantage son âme.

Ah! était-ce donc bien l'amour que cette charité vague qui ne s'arrêtait à personne, qui n'atteignait personne, qui ne venait pas le frapper, lui, Francisque, en pleine poitrine, ni lui sourire de ses lèvres ou de son regard? Non; car le véritable amour remplit toute l'âme tandis que celui-là n'apportait avec lui que le vide, et avec le vide le tourment.

— « Eh quoi! n'ai-je pas Dieu? » disait souvent le frère avec honte; et, pour faire diversion à son inquiétude dévorante, il adorait son Seigneur de toute la profondeur de son néant. Mais Dieu était un être trop insaisissable, trop saint, trop infini; et lui, atome souillé, pouvait-il oser prétendre à sa tendresse?...

Restait le Christ, devenu l'un de nous par charité!... Certes, ce Sauveur était le centre de son dévouement. Mais, depuis Montretout, Francisque ne se permettait plus de lui demander autre chose qu'un regard de pitié; il n'osait élever ses vœux plus haut. Et pourtant son malheureux cœur était ainsi fait que la pitié ne suffisait plus à sa vie, elle ne s'imposait même plus toujours à sa confiance. Il s'était présenté plusieurs circonstances fatales qui le privèrent de sa foi en la miséricorde.

C'est avec une vive émotion qu'il me faut en rapporter une.

Le novice sortait un jour du tribunal de la pénitence ; son confesseur, le R. P. Bruno, lui dit alors :

— « Votre zèle est grand, mon frère ; mais restez bien humble, en vous rappelant que vous aurez bien des années, quelques milliers peut-être, à passer par les feux du purgatoire pour achever l'expiation de vos fautes. »

Cette menace frappa comme un coup d'épée à travers ce cœur vraiment dévoué. Francisque, d'abord atterré, puis malheureux durant deux ou trois jours, finit par se sentir comme révolté et, sous cette impression, alla trouver quelques jours après le révérend père abbé et lui demanda de pouvoir lui faire une question.

— « Parlez, mon frère, dit le supérieur. »

Le novice ému le fit en ces termes :

— « Permettez-moi, mon révérend père, de supposer un instant que vous êtes père de famille. Comme tel, vous avez un fils qui vous a mortellement offensé ; un fils qui par cinquante années de désordre a fait blanchir vos cheveux de douleur, et qui, par ses égarements, vous a conduit jusqu'à la porte du désespoir. Mais ce fils revient un jour de ses erreurs ; sa douleur d'avoir outragé son père est indicible ; il vient se jeter à vos genoux avec un cœur déchiré d'avoir pu vous blesser si indignement, vous l'auteur de ses jours, vous si noble, si généreux. En un mot, cette douleur est tellement immense et si intense qu'il va succomber sous son poids. Que feriez-vous, mon père, de votre enfant ainsi brisé, confus, à vos pieds ?

— » Je lui pardonnerais, reprit le père Bruno.

— » Immédiatement ? dit le novice.

— » Sans nul doute.

— » Sans le frapper ni le maudire? ajouta Francisque.

— » Loin de là, continua le supérieur, je serais le premier à aller au-devant de lui, à le relever; je tuerais même le veau gras en signe d'allégresse; je lui rendrais immédiatement sa robe royale, son anneau d'or et tous ses privilèges d'autrefois.

— » Et vous ne lui rappelleriez plus sa faute, de crainte d'ouvrir de nouveau la plaie de sa confusion et de son désespoir?

— » Certainement, mon fils.

— » Oh! vous êtes bon, mon père.

— » Mais, en cela, je ne ferais que suivre la parabole du Maître. Il ne pourrait y avoir qu'un frère jaloux qui pourrait être surpris d'un pardon immédiat, complet et magnanime. Mais le père, le vrai père, celui qui en a les entrailles est trop heureux d'avoir retrouvé son fils, de l'absoudre d'abord, sans arrière-pensée, sans retour ou souvenir du passé.

— » Merci, mon révérend père. Maintenant, me pardonnerez-vous, si j'ose continuer avec respect?

— » Oui, mon frère.

— » Et si ce père, au contraire, poursuivit le novice, avait répondu à son fils suppliant et humilié : Mon enfant, je te pardonne de tout mon cœur. Cependant, je veux en même temps que tu expies au décuple tes forfaits; pour chaque année d'égarement, tu subiras dix ans de cachot, d'ignominies et de tortures atroces.

— » Un tel père n'existe pas, répondit l'abbé.

— » Et pourtant, révérend père, il y a plusieurs jours, vous m'avez déclaré que mon repentir était sincère, qu'il s'élevait jusqu'au zèle; et après vingt, trente, quarante absolutions répétées, après que notre Sauveur a expié mes péchés, vous faites dire à Dieu : « Frère Renovat, je te pardonne; toutefois, tu iras expier ton année ou tes deux années de péché par des siècles passés dans les horreurs du purgatoire, du purgatoire qui est l'affreux enfer, sauf la durée !... Oh ! mon père, vous ne savez quel coup vous m'avez porté. »

Rien dans la suite ne put effacer l'impression désastreuse que les paroles de l'abbé, qui n'étaient au fond que la doctrine catholique, firent sur le pauvre novice qui s'était pourtant jeté corps et âme dans cette Trappe, la plus sévère des expiations terrestres et la meilleure preuve peut-être d'une entière repentance.

En tout cas, cet événement et quelques autres semblables eurent, entre autres résultats, un doute inquiétant à l'égard de la miséricorde de Dieu pour lui. Cette inquiétude cruelle, en face de son cœur déjà troublé par la crainte et rongé par le tourment du vide, eut pour conséquence des luttes intimes effroyables.

Un jour qu'il sortait d'un de ces états intérieurs qui bouleversent l'être et qui revenaient fréquemment chez lui, Francisque, après s'être bien sondé et avoir pesé ses forces et envisagé la situation, se dit sérieusement : « La vie religieuse ne m'est pas bonne et je ne crois pas que mon vœu ait été salutaire ; je doute de sa légitimité. J'en parlerai franchement au révérend père abbé. »

Le novice alla donc le trouver et lui demanda avec une respectueuse liberté si son serment de chasteté le liait devant sa conscience.

L'abbé répondit qu'il était vivement surpris qu'une telle question eût même pu se poser dans l'esprit du frère.

— « Elle se présente impérieusement depuis quelque temps, mon père, repartit avec respect Francisque ; elle m'obsède toujours davantage et j'ai cru de mon devoir de vous la communiquer. »

Le supérieur poursuivit :

— « Je ne vois pas, toutefois, quelles autres raisons que celles inspirées par l'esprit tentateur peuvent faire surgir un doute dans votre esprit et encore moins une difficulté dans une question si nettement résolue et aussi indiscutable. Toutefois, exposez vos tourments, car il est aussi de mon devoir de vous venir en aide.

— » Je serai sincère et je dois l'être, mon père, car mon état l'exige. »

Le frère exposa alors à son supérieur ce que les pages précédentes nous ont révélé des secousses et des ébranlements de sa nature intime et ajouta :

— « Oh! mon père, je sens que je penche vers la ruine totale de ma personne!... Vous le savez et je vous prends à témoin, j'ai tout essayé, j'ai tenté l'impossible et personne ne m'a dépassé en courage afin de pouvoir porter le poids de ma vocation et en particulier de mon vœu de chasteté. C'est donc épreuve faite, et en présence de l'anéantissement qui me menace que je suis contraint de vous dire : Non seulement cette vie, ce vœu ne sont pas possibles, pour moi du moins, mais mon serment de chasteté lui-même ne me semble pas valable.

— » Comment cela? repartit sévèrement l'abbé.

— » Oui, mon père. Je savais alors, il est vrai, ce que c'est que d'éprouver un commencement d'inclination enfantine ou d'affection humaine; mais les sens y restaient complètement étrangers et ils ne s'étaient jamais révélés à moi. Pour être entièrement vrai, j'ajouterai que je n'avais pas même *une idée* de l'objet réel du vœu de continence. Ma volonté s'est engagée pour une matière qu'elle croyait connaître, mais dont, seul, le cours des diaconales m'a donné la notion première. Jusque-là, grâce à l'internat et à la piété des séminaires, j'avais conservé mon ignorance et mon entière pureté. »

Le père continua :

— « Pourquoi n'avez-vous pas présenté au moment des diaconales la question que vous me posez en cet instant ?

— » D'abord parce que mon vœu était déjà prononcé ; ensuite parce que je ne pouvais pas encore, même durant ce cours, soupçonner la gravité de ce que j'avais promis ; il s'agit en effet ici d'un objet essentiellement pratique ; je ne pouvais donc alors prévoir ni les difficultés, ni l'impossibilité de sa réalisation vraie et consciencieuse. Certes, si j'avais pu soupçonner le fond de ce dont il était question, je n'aurais jamais osé assumer la responsabilité d'un serment que seul un ange peut prononcer sans la crainte d'un parjure ultérieur.

— » Hélas, c'est trop tard, mon frère ; il aurait fallu demander la dispense de votre vœu avant votre prêtrise.

— » Mais, mon père, ce n'est qu'après mon ordination et dans les maisons où m'a placé Mgr Bellegarde que, pour la première fois, j'eus la conscience suffisante de mon action déjà irrévocable selon vous. Je ne pouvais donc avant ce temps songer à une dispense. Une fois la connaissance acquise, je ne pouvais non plus honnêtement songer à me défaire de mes serments avant d'en avoir loyalement essayé l'accomplissement. Cet essai, je l'ai fait durant cinq ans ; j'ai lutté jusqu'au sang, jusqu'au désespoir, mais tout a été vain. Le moment est donc venu, mais seulement à cette heure, après épreuve convaincante faite, de poser cette question à mes supérieurs : Suis-je tenu à un vœu que Mgr de S. a déclaré devant vous, il y a quelque temps, être violé par plus de la moitié de son clergé, dont les victimes, dit-on, peuplent par milliers les grandes capitales, et que j'ai prononcé dans une ignorance complète? Daignez répondre, mon révérend père, car c'est loyalement que je vous parle, et c'est également à votre loyauté que je m'adresse.

— » C'est trop tard, vous ai-je dit, et impossible, répéta le supérieur.

— » Cependant, mon père, la loi du célibat est une loi ecclésiastique, et l'Église qui l'a imposée peut aussi en décharger ; du reste, elle l'a déjà fait en mainte circonstance.

— » Peut-être dans une ou deux occasions et lorsqu'il s'agissait d'un intérêt supérieur ou général. Dans votre cas, elle ne le fera pas et ne peut le faire. »

L'abbé refusa d'en dire davantage.

— « S'il en est ainsi, répliqua Francisque profondément impressionné, pour ne pas dire consterné, je doute que l'Église soit la gardienne et la mère de toutes les âmes qui ont cru en elle.

— » Quel orgueil et quelle présomption ne sont pas les vôtres ! répondit avec vivacité et indignation l'abbé. Dieu vous en châtiera !

— » Oh ! pardon, mon père, si je vous ai blessé ! mais ce n'est ni la présomption, ni l'orgueil, je vous assure, qui parlent en moi, du moins en ce moment. Hélas ! vous n'avez devant vous qu'un homme irrémédiablement malheureux...; une âme découragée, à laquelle la certitude et le désespoir de son impuissance ont arraché devant vous, mon bon père, une demande et une plainte aussi respectueuses qu'elles sont douloureuses. Oh ! ce qui me force à parler, c'est l'épouvante d'un enfer certain !... Avant d'y tomber pour jamais, et pour ne pas m'y engouffrer, je me demande et je vous demande si, par la dispense que j'implore, on ne pourrait pas m'épargner cette issue fatale : une éternité de supplices !... »

Le révérend père abbé, apaisé par ce cri du cœur,

garda un instant le silence pour laisser au novice le temps de reprendre un peu de calme; puis il lui dit avec bonté et douceur :

— « Courage, encore une fois, mon cher frère; vous avez jusqu'ici vaillamment lutté; vous le ferez encore. Oui, courage! je veux prier pour vous.

— » Je le veux bien, répondit Francisque qui versait des larmes; mais l'inéluctable pressentiment de ma perte m'envahit de toutes parts. »

Et le novice continua la lutte. Peut-être même, soutenu par l'affirmation énergique de ses supérieurs, fût-il demeuré à la Trappe, dût-il y périr intellectuellement et physiquement.

Mais le cloître, qui frappait mortellement son cœur et qui sapait l'équilibre de sa vie, apportait aussi l'ébranlement du *doute* dans son *intelligence*.

En effet, le monastère où le prêtre était allé s'ensevelir pour oublier le monde était, à un point de vue spécial, précisément, une enceinte favorable dans laquelle tous les faits et les expériences diverses que Francisque avait recueillis au milieu du monde comme autant de semences devaient croître en moissons d'idées et de sentiments, et finir non seulement par réclamer l'attention de frère Renovat, mais par lui imposer la comparaison entre la civilisation et Rome qui la condamne.

Dans le recueillement de la Trappe, la voix de Rome n'était pas la seule qui se fît entendre; mais, à côté d'elle, résonnaient, puis retentissaient toujours plus forts les échos de celle du ministre Bardot, ce prophète de son avenir; de celle de son visiteur de Sanctis; ceux des voix de la science, de la famille, de l'État qui protestaient contre l'Église cléricale et réclamaient d'être écoutées aussi.

Rome lui disait il est vrai : « La vie spirituelle n'est

que dans mon sein ! » Mais les autres voix lui répondaient : « Elle palpite dans toutes les sphères de la culture humaine ! »

Rome disait : « Le tout de l'homme réside exclusivement dans la piété. » Les autres voix répondaient : « L'homme parfait selon Dieu est celui qui développe et déploie toutes ses nobles facultés physiques et morales dans un harmonieux équilibre sous le souffle de la liberté. »

Rome disait : « Le but de la vie de l'homme est en dehors de ce monde. » Les autres voix répondaient ; « Erreur ! »

Rome disait : « Le ciel est la vision béatifique de Dieu. » Les autres voix répondaient : « La vie immortelle a déjà commencé ici-bas ; elle est l'amour, le culte de la vérité, de la beauté et de la bonté, sous les voiles de la création, dont le Christ est la plénitude, et l'atome infime le sanctuaire imperceptible. Après le sépulcre, cette vie ne change pas de nature ; il n'y a de différence que dans son progrès et sa perfection.

Rome disait : « La nature est tombée. » Mais les voix répondaient : « L'univers et chacun de ses êtres sont et restent tels qu'ils ont été créés, des temples innombrables où réside leur auteur qui dispense à toute intelligence qui cherche la vérité les aliments immortels après lesquels elle aspire. »

Rome disait : « L'état de mariage, la famille est la condition inférieure ; le célibat religieux, la haute perfection. » D'autres voix répondaient : « La famille, c'est le foyer des vertus désintéressées et héroïques ; c'est le noviciat providentiel de la famille du ciel. La famille est la révélation la plus intime du Dieu bon et amour, la manifestation la plus complète des entrailles de Dieu père de l'univers, père de la famille des esprits. »

Rome disait : « L'État n'a de mission que celle de maintenir la paix et l'ordre extérieurs ; il n'est rien pour la vie spirituelle s'il n'est le bras de l'Église catholique. »

Les autres voix répondaient : « L'État, la patrie, la société, c'est la *grande famille*, c'est la paternité spirituelle et physique dans sa large extension. C'est le foyer domestique de tout un peuple d'esprits aussi bien que de corps, le foyer domestique de la naissance, de l'éducation et du banquet des intelligences ; c'est celui de la vie éternelle durant l'étape terrestre de cette humanité qui doit poursuivre son existence à travers les siècles et dans d'autres espaces. L'État et la patrie, c'est la puissance créatrice et la source d'où sortent tous les éléments du festin immatériel de la nation, les splendeurs du beau, les rayons de la science, le droit, la justice ; l'État et la patrie, ce sont eux qui forment et donnent les maîtres de la vie morale et religieuse, les artistes et les savants, les législateurs et les héros, les poètes et les prêtres, les martyrs du devoir et les saints. L'État et la patrie sont l'enceinte, l'appui, le défenseur des Églises et de la religion, aussi bien que des autres institutions de la vie universelle des esprits, telles que la magistrature, les universités, les Académies et les divers centres d'activité et d'existence. L'État et la patrie, en un mot, voilà le noble père, l'auguste mère de la vie organique, intellectuelle et morale, humaine et religieuse enfin. Ils ne sont donc pas indifférents dans la sphère des âmes. »

Rome disait encore : « Je suis la seule Église ; hors de moi pas de salut ! » Mais des centaines de millions de voix de toute langue, de toute tribu et de toute zone protestaient aussitôt avec indignation en disant : « Pourquoi alors Dieu nous a-t-il fait naître en dehors de cette Église ? »

Rome disait : « Tous, vous naissez coupables et dignes de damnation éternelle. » Mais une clameur immense répondait : « Nous sommes nés inconscients ; comment aurions-nous à répondre moralement de la faute d'un autre ? »

Rome disait aussi : « Seul, le petit nombre sera sauvé ! » Mais d'autres voix répondaient : « Quoi ! le démon, le mal pourrait éternellement braver Dieu et lui dire : « Pauvre roi ! malgré ta puissance et ta mi-
» séricorde, tu n'auras pour sujets qu'une poignée
» d'élus, tandis que moi, l'ennemi des hommes, qui ne
» leur offrirai que supplices et que haine, je compterai
» aux siècles des siècles, dans mon royaume, des lé-
» gions innombrables ! »

Rome disait : « Pour être sauvé, il faut posséder la foi à toutes les vérités religieuses sans exception. » Les autres voix répondaient : « Il suffit que notre vie soit conforme à nos convictions, pourvu qu'elle soit sincère et que notre recherche de la vérité soit sérieuse. »

Rome disait : « En dehors de moi, il n'y a ni moralité, ni piété, ni vraie civilisation. » Mais là, en particulier, les autres voix disaient à Francisque : « Nous en appelons à ton témoignage personnel ; tu as vu, entendu ; juge donc. Le contraire n'est-il pas plus vrai ?... »

Et ces voix continuaient dans toutes les sphères leur querelle solennelle devant la conscience du frère, jusqu'à ce qu'enfin le novice, qui, par suite de son éducation, avait jusque-là pris sans cesse parti pour son Église, finit par le doute, puis par l'impartialité et enfin par la résolution de vouloir sonder également jusque dans leur base et par une étude indépendante et complète les raisons et la valeur d'adversaires injustement méconnus jusqu'alors présent.

C'est là, en effet, que devait aboutir l'âme droite de Francisque.

Ce ne fut pas, toutefois, sans de longues résistances de sa volonté et sans avoir exposé plusieurs fois ses doutes à son révérend supérieur.

Le père abbé s'en indignait parfois ; et alors, tantôt il accusait d'orgueil son novice, tantôt il déclarait ses incertitudes un châtiment de son séjour dans le monde ; surtout il exigeait de lui une soumission de l'esprit d'autant plus rigoureuse et plus aveugle qu'il voyait la tentation grandir.

Frère Renovat réussit assez bien dans les premiers temps à soumettre sa raison dans cette guerre de convictions ; il alla même jusqu'à venir trouver une fois le père abbé et à pouvoir lui dire avec sincérité, mais après des efforts inouïs contre sa propre pensée :

— « Mon père, si vous me déclariez qu'un objet que je crois en métal d'argent est en bois grossier, je changerais ma foi et dirais comme vous : oui, il est en bois grossier. »

Et comme le père Bruno désirait une raison et une preuve de la conviction du novice, celui-ci poursuivit :

— « C'est qu'en effet, mon père, je sais pertinemment, d'un côté, que je puis me tromper, et de l'autre je sens que, si vous m'assuriez la chose au nom de votre autorité comme certaine, je croirais alors que, s'il y a erreur, celle-ci viendrait plutôt de moi, votre inférieur faillible, que de vous, mon supérieur. »

Le Père Bruno, charmé de son subordonné, lui dit :

— « C'est bien, mon frère ; persévérez avec la même résolution contre votre raison superbe, et Dieu vous donnera de remporter, fût-ce à la pointe de l'épée, la victoire sur votre esprit, comme il semble que vous l'ayez obtenue sur votre cœur et sur votre chair fragile.

Mais chez Francisque, le frère en religion ne devait pas réduire à la servitude le fils de l'homme.

La lutte se poursuivait donc. Elle crût en intensité de mois en mois, de semaine en semaine, et enfin de jour en jour. Elle prit des proportions telles, que le salut du novice imposa à sa conscience de quitter son genre de vie.

En effet, la guerre ravageait sans pitié organes, sentiment, raison; cette lutte était arrivée à la période de fureur; c'était dans toutes ses facultés des commotions violentes, et jamais le repos.

Encore si, dans cette lutte corps à corps, frère Renovat eût senti un roc solide sous son pied pour la résistance! Si seulement l'espoir d'une fin ou de la victoire fût venu le soutenir! Mais il savait que, désormais, il n'y avait ni issue ni triomphe possibles... Si du moins il eût, pour l'instant, trouvé la joie ou la paix de la conscience! Mais le cloître ne les avait jamais eues pour lui, il ne les aurait donc jamais...

La Trappe ne lui apportait que les terreurs de Béthanie, les angoisses de Sion, les désespoirs de Montretout réunis dans un cruel et sombre désenchantement; elle avait fait de son être l'abîme sans fond de toutes les douleurs morales.

Dans cet état, le prêtre sentit que la vie se retirait de lui pour se réfugier et se concentrer dans le cerveau.

Hélas! après deux ans de zèle sans défaillance de la part de la volonté, il ne restait plus de Francisque que l'énergie et la vie de la tête; le reste semblait s'être désorganisé, éteint!...

Mais qu'allait donc devenir le frère? Qu'allait-il lui survenir? A coup sûr une congestion cérébrale..., l'exaltation dans les idées..., la folie!...

C'est alors que l'instinct de la conservation le sauva;

après lui avoir donné l'intuition claire et effrayante à la fois d'une catastrophe certaine et épouvantable, il lui inspira une résolution irrévocable. « Jusqu'ici, se dit-il dans le sentiment d'une conviction poignante, mon existence n'a été qu'une erreur ! Hélas ! elle est toute à refaire !... »

Six mois plus tard, après avoir, à force de volonté, vaincu les obstacles presque insurmontables qu'opposaient ses supérieurs à son départ, Francisque se présentait à l'université de N..., demandant à la science d'être le premier rayon qui éclairât la voie nouvelle qu'il allait parcourir.

Toute sa fortune et son appui consistaient dans son passeport et un simple petit bout de papier qu'il avait dû arracher à ses préposés et qui relatait uniquement ce qui suit : « L'abbé Francisque, entré à la Trappe le... du mois de... 18..., sorti par sa seule volonté le... 18..., a rempli son devoir avec un zèle intelligent. »

Suivaient deux signatures, celles du prieur de la Trappe et du directeur de la colonie pénitentiaire où Francisque avait été aumônier.

A part ce témoignage dont on conçoit le laconisme, Francisque arrivait sans soutien, sans ressources. Je me trompe : il avait Dieu avec lui, comme on va le voir.

En effet, s'étant présenté devant deux des autorités universitaires, ces personnages honorables reçurent le solliciteur avec froideur et défiance ; c'était naturel, puisqu'il n'était pour eux qu'un inconnu. On voulut ensuite le dissuader de son projet qui paraissait chimérique et impraticable dans les circonstances données :

— « Que voulez-vous faire, à votre âge et sans fortune ? Avez-vous donc songé aux années et aux dépenses que ces études exigent?... Cherchez ailleurs. »

On le congédiait donc ; c'est alors que Francisque, en présence de ces difficultés, répondit à ces hommes avec une résolution aussi surprenante que respectueuse :

— « Messieurs, ma décision irrévocable est d'étudier. Si les hommes devaient me refuser leur concours, il me reste l'aide de Dieu et mon courage ; avec ces deux appuis j'atteindrai mon but. Voici deux ans et demi que je couche sur la dure ; eh bien, je trouverai toujours ici une porte cochère pour abriter mon corps durant les nuits. Pour ma nourriture, un morceau de pain me suffit, et la charité ne me le refusera pas. Enfin, comme certains cours sont libres et gratuits, je commencerai par ceux-là dès maintenant ; quant aux autres, la Providence et le temps finiront par tout arranger à l'heure voulue.

— » Ainsi donc, monsieur l'abbé, vous persistez, repartirent les deux professeurs surpris.

— » Je suis inébranlablement résolu, répéta Francisque en les quittant. »

Le soir même, une famille de la ville était priée, au nom d'un des doyens de l'université, de donner asile et hospitalité à l'étranger.

D'où provenait ce changement inopiné dans la conduite des hommes auxquels Francisque s'était adressé en vain dans le cours de la journée? C'est que la démarche du prêtre, sa parole franche et sa résolution avaient quelque chose de si extraordinaire, qu'immédiatement après sa sortie les deux professeurs s'étaient écriés : « Nous ne pouvons réellement pas livrer à l'abandon ce réfugié ; il n'est certes pas comme les autres ; il y a en lui quelque chose d'étonnant. »

De là, l'ordre donné de l'accueillir.

Francisque vit dans ce revirement inattendu des

esprits en sa faveur la trace du doigt de Dieu. Il l'en remercia du plus profond de son cœur et envisagea dès lors l'avenir avec un calme et une confiance inaltérables.

En effet, le Seigneur, qui venait de le protéger si visiblement, avait dû être celui qui pendant deux ans et demi avait inspiré la voix intérieure qui lui répétait chaque matin : « Francisque, tu ne resteras pas à la Trappe ! » C'était lui aussi qui avait dû le conduire dans une voie nouvelle, puisqu'il lui en avait si merveilleusement ouvert l'entrée ; ce serait donc lui qui lui en assurerait désormais le succès après avoir fixé tout son avenir.

Il en fut ainsi.

Francisque avait réellement trouvé et pris possession pour toujours du vrai sol de l'existence, celui de la liberté de l'étude et de la liberté de la conscience.

C'est dans ce sol qu'aux beaux rayons de la science indépendante et sous l'influence de l'amitié élevée et pure devait naître l'homme nouveau ; c'est dans ce champ fécond, au milieu duquel l'exilé était venu poser sa tente, que devait s'épanouir et mûrir pour lui la véritable moisson ou vie spirituelle,

Celle de l'*Humanisme chrétien*.

FIN DE FRANCISQUE

TABLE

LIVRE III

SION ou le Grand Séminaire

LIVRE IV

Les Établissements de MONTRETOUT

LIVRE V

LA GRANDE TRAPPE ou le Noviciat des Trappistes

Paris. — Imprimerie Vve P. LAROUSSE et Cie, rue Montparnasse, 19.